A PEQUENA BIBLIA SIMPLIFICADA

Um Breve Resumo Cronológico
do Antigo e do Novo Testamento

Resumida, Organizada, e Explicada por
Peter J. Bylsma

BYBLIO
PRESS
Inspire, Inform,
and Transform

Dúvidas e pedidos de livros devem ser endereçados para:

Byblio Press
11410 NE 124th St., #260
Kirkland, WA 98034 USA
1-321-425-5757
www.bybliopress.com
www.shortbible.com

Pedidos: Este livro pode ser encomendado entrando em contato com a editora no endereço acima. Descontos especiais estão disponíveis em compras em quantidade por empresas, associações e outros. Para mais detalhes, entre em contato com a editora no endereço acima. As opiniões expressas neste trabalho são exclusivamente do autor e não refletem necessariamente as opiniões da editora, e a editora se isenta de qualquer responsabilidade por elas.

Mapas criados por David C. Hoerlein
Impresso nos Estados Unidos da América

ISBN Capa comum: 978-1-964060-13-2
ISBN eBook: 978-1-964060-14-9

Número de controle da Biblioteca do Congresso: 2024911398

Contents

Apêndices

Prefácio

Comecei a escrever *A Pequena Bíblia* na primavera de 2020, quando a pandemia do COVID-19 teve início. Eu já estudava a Bíblia há mais de 50 anos, mas não entendia como cada uma de suas partes se encaixava em uma história maior. As histórias bíblicas eram como peças de um quebra-cabeça que não podia ser montado, pois eu não conseguia ver a imagem na caixa. Muitas pessoas que tentaram ler a Bíblia inteira não conseguiram terminá-la por ser um texto muito longo, com algumas passagens complicadas, e muitas vezes também por não terem tempo para ler tudo.

Depois que publiquei *A Pequena Bíblia* em 2021, se tornou óbvio que seria necessário um resumo ainda menor da Bíblia como um todo, e que ele precisaria ser escrito em uma linguagem mais simples, para que pudesse ser lido por e para crianças de, pelo menos, 10 anos de idade. Como resultado, eu escrevi *A Pequena Bíblia Simplificada*. Ela é destinada a Cristãos que nunca leram a Bíblia por completo e para aqueles que desejam ler um livro interessante, que contenha mensagens importantes sobre a vida, mas não têm tempo para ler um livro longo.

Assim como nas outras versões publicadas de *A Pequena Bíblia*, doarei 90% de todos os *royalties* que receber da venda deste livro através da Bylsma Foundation para organizações sem fins lucrativos que ajudam pessoas necessitadas, promovem a justiça no mundo, buscam e divulgam a verdade, ajudam as pessoas a entenderem as histórias e significados da Bíblia e encorajam aqueles que precisam de boas notícias.

Peter J. Bylsma
Julho 2022

Introdução

A Bíblia Sagrada é uma coleção de 66 documentos antigos escritos por muitos autores ao longo de um período de 2 mil anos. No final do século IV, os líderes da igreja revisaram todos os documentos disponíveis e decidiram por um conjunto final que agora é conhecido como *cânone*. Os livros foram então organizados em sua ordem atual e traduzidos para o latim a partir do texto original em hebraico e grego.

Alguns dos documentos ('livros') são bem longos, enquanto outros têm apenas alguns parágrafos. Esses livros foram divididos em capítulos e versículos para que os leitores possam encontrar passagens específicas com facilidade. Existem mais de 1.100 capítulos em toda a Bíblia, e seriam necessárias mais de 2 mil páginas para publicá-la no formato de um livro moderno. Os nomes de todos os livros encontram-se no Apêndice A.

A Bíblia está dividida em duas partes. O Antigo Testamento é composto por 39 livros e abrange cerca de 1.500 anos de história dos israelitas. O Novo Testamento tem 27 livros e relata eventos do primeiro século d.C. na Palestina e na região oriental do Mar Mediterrâneo. Neste livro, a Parte Um resume o Antigo Testamento; a Parte Dois resume o Novo Testamento. Um período de 400 anos separa os eventos descritos em cada uma das duas partes e é discutido no Capítulo 14.

Várias versões da Bíblia foram escritas ao longo dos séculos. A versão mais antiga em inglês foi criada no início dos anos 1600 por estudiosos religiosos que trabalhavam para o rei James da Inglaterra. Isso deu início à criação de traduções para outros idiomas, e hoje existem muitas traduções e versões da Bíblia, incluindo versões parafraseadas que são mais fáceis de ler e entender (ver Apêndice C).

Conteúdo da Bíblia

Os livros da Bíblia refletem vários tipos de literatura. Eles incluem narrativas sobre vários heróis, relatos históricos, apresentações legais, biografias, poesia, genealogias e informações do censo, literatura de sabedoria e provérbios, coleções de contos, parábolas, cartas inspiradoras e previsões altamente simbólicas sobre o futuro.

O conteúdo da Bíblia muitas vezes carece de detalhes que o leitor pode querer saber. Em contraste, algumas seções incluem muitos detalhes, alguns dos quais não são importantes. Os conteúdos não são apresentados em sequência, dificultando a compreensão de alguns dos principais eventos. A maioria dos escritos foram realizados quando as atividades agrícolas eram a principal ocupação, por isso há muitas referências e metáforas usando itens comuns da época (ovelhas, cabras, terra, sementes, água, trigo, peixes, vinhas, deserto). As histórias muitas vezes têm um rico simbolismo, e o diálogo se mistura com a narração.

A Bíblia é um livro sério que tem pouco humor ou romance. Há muitas partes tristes, mas também muitos heróis e vitórias. Há também grandes lacunas na narrativa bíblica que precisam ser preenchidas para que os leitores modernos possam entender o contexto das histórias.

Resumo dos Principais Pontos

A Bíblia descreve um Deus amoroso e misericordioso que deseja um relacionamento com os seres humanos no mundo onde o bem e o mal coexistem. O termo *Deus* descreve uma força poderosa que tem diferentes formas, semelhante à forma como a água tem duas outras formas (vapor e gelo). O termo *Senhor* também é usado como uma palavra para Deus, e Deus tem uma forma de Espírito. Os seres humanos são únicos entre todos os seres vivos porque somos feitos à imagem de Deus: somos capazes de distinguir o certo do errado, podemos ter relacionamentos íntimos com Deus e com os outros e podemos amar uns aos outros de maneira profunda e sacrificial.

A Bíblia tem uma série de conceitos presentes em seu caminho desde o início da história até o fim.

- O mundo tem uma dimensão física que pode ser vista e uma dimensão invisível que é sobrenatural e espiritual que não pode ser vista.
- Forças invisíveis têm poderes incomuns. Algumas forças são boas e amorosas, mas outras que têm motivações malignas fazem coisas ruins e tentam destruir o que é bom.

- Existe apenas uma força verdadeira e suprema (Deus). Algumas pessoas acreditam que existem muitos deuses, mas esses deuses não são como o verdadeiro Deus. Embora a natureza de Deus não mude, os métodos de Deus são imprevisíveis, flexíveis e muitas vezes se alteram. Deus pode mudar de ideia ao ouvir os pedidos sinceros das pessoas ('orações').

- Existe vida após a morte física, e Deus decide o que acontece com uma pessoa após sua morte. Deus ama e perdoa a todos no mundo, por isso é possível que todos entrem em alguma forma de vida feliz após a morte. Isso se aplica a todas as pessoas, não importa o que tenham feito durante suas vidas.

- Deus é sempre bom, misericordioso, compassivo, paciente e amoroso. Deus quer que todas as pessoas vivam uma vida boa e dá às pessoas muito mais do que merecemos (essa bondade não merecida é chamada de 'graça').

- Deus quer ter um relacionamento amoroso com todas as pessoas no mundo. Não importa sua aparência, onde nasceram ou que tipo de família ou tradições eles têm.

- Existem maneiras certas e erradas de viver. Obedecer às instruções e aos mandamentos de Deus nos ajuda a lidar com os problemas da vida. Não seguir essas instruções e comandos pode levar a lutas severas e à separação de Deus. Com a ajuda de Deus, podemos mudar e fazer o bem.

- Deus escolheu pessoas para mostrar ao mundo como a vida e os relacionamentos devem ser na Terra. No início, Deus usou indivíduos e famílias, depois uma tribo especial de pessoas (os israelitas) que viviam em uma área específica (Canaã, hoje conhecida como Palestina). Quando essas pessoas foram egoístas, desobedeceram aos ensinamentos de Deus e não viveram da maneira correta, Deus lhes enviou mensagens através de pessoas corajosas para lembrá-las de como deveriam viver. Quando as pessoas da tribo desobedeceram consistentemente, Deus adotou todos no mundo como parte da família de Deus. O povo de Deus é chamado a amar os outros e garantir que a vida seja justa (fazer justiça) para todos.

- Quando os relacionamentos são rompidos ou prejudicados, alguma forma de sacrifício é necessária para que o relacionamento seja restabelecido. No entanto, esses sacrifícios devem ser sinceros — nossas motivações e ações provam que estamos arrependidos e que queremos consertar o relacionamento.

- Nossos planos são interrompidos por eventos inesperados que estão fora do nosso controle. Deus desafia nossas vidas, corações e prioridades de maneiras incomuns que alteram nossa direção. Em um mundo onde o bem e o mal coexistem, as pessoas boas sofrem e as pessoas más prosperam. A fidelidade a Deus e a forma como reagimos às nossas circunstâncias são o que mais importa. O amor, o perdão e a graça ilimitados de Deus são presentes maravilhosos para todas as pessoas, mesmo que nenhum de nós os mereça.

- Deus quer que as pessoas ajudem os necessitados. Deus se preocupa especialmente com os estrangeiros e os doentes, pobres, abandonados, desanimados e sem apoio. Ajudar essas pessoas fornece evidências de que uma pessoa está obedecendo a Deus.

- Os caminhos e desejos de Deus para nós são muitas vezes diferentes das maneiras como normalmente reagimos. Por exemplo, devemos amar nosso inimigo e depender de Deus e dos outros, em vez de fazer o que queremos ou tentar fazer as coisas por nós mesmos.

Por fim, a Bíblia é uma longa e complexa história de amor. Esse amor não é físico, emocional ou sentimental. Em vez disso, é a forma de amor que sempre apoia, defende e se sacrifica pelos outros e busca constantemente o que é certo e melhor para o mundo. A Bíblia encoraja todos a aprender com suas histórias e ensinamentos e a considerar seguir este modo de vida.

Interpretando a Bíblia

Interpretar a Bíblia pode ser um desafio. Em alguns casos, o autor ou personagem diz ao público o que a história significa. Outras vezes, o autor apenas conta uma história sem dizer mais nada, geralmente porque o público entendeu a intenção por trás do que está sendo dito. Então, o leitor precisa entender o cenário para compreender o significado completo de algumas histórias.

Às vezes, uma orientação específica é dada para pessoas em um local em um determinado momento, e pode não se aplicar àqueles que vivem em outras áreas ou épocas — as orientações não são uma verdade universal para que todos sigam o tempo todo. As interpretações corretas são geralmente aquelas que são consistentes com os principais temas que permeiam todos os documentos.

Enquanto os escritos bíblicos falam ao mundo sobre verdades relacionadas ao bem e ao mal, nem tudo o que foi escrito é literalmente verdadeiro. Os diversos autores utilizaram diferentes formas de transmitir significados essenciais, como alegorias, metáforas, exageros e parábolas. Suas audiências sabiam que eles queriam transmitir um ponto, em vez de serem interpretados literalmente ou relatar fatos históricos.

A Natureza de Deus

O termo hebraico Deus é um substantivo plural para uma força poderosa que tem formas diferentes, semelhante à forma como elementos e compostos têm formas diferentes (sólido, líquido, gás). O termo Senhor é usado nos escritos bíblicos como outra palavra para Deus. Os diferentes termos para Deus eram tipicamente pronomes masculinos (ele, dele, ele) ou o termo Pai. No entanto, Deus não é uma divindade masculina e não é masculino nem feminino. Como uma força multidimensional, Deus criou os humanos, masculinos e femininos, à própria 'imagem' de Deus: são capazes de distinguir entre o certo e o errado, possuem uma alma, tem autoconsciência e consciência de seu entorno, são capazes de ter relacionamentos significativos com Deus e com os outros, e são dispostos a amar de forma sacrificial.

Deus se comunica com os humanos de muitas maneiras diferentes. Embora os eventos dos livros tenham ocorrido séculos atrás, há evidências de que Deus continua a se comunicar com as pessoas de todas essas maneiras.

1. A incrível beleza do universo e seus ciclos previsíveis e 'leis da natureza' inspiraram os humanos a ver o planeta e os mundos além como uma criação ordenada e bela que não foi projetada aleatoriamente.
2. Deus se comunica usando um 'Espírito' que influencia a mente e as emoções humanas e fornece orientação aos humanos sobre suas escolhas morais.
3. Quando os humanos dedicam tempo para ouvir e buscar orientação, a comunicação pode ocorrer por meio de insights e uma 'voz' inaudível em suas mentes.

4. Às vezes, as comunicações são mais diretas — através de sonhos, visões ou mensagens de anjos ou 'estranhos sagrados.'

5. Em raras ocasiões, Deus interrompe as leis da natureza para intervir diretamente nas atividades humanas, muitas vezes criando eventos naturais raros em momentos estratégicos. Esses eventos são chamados de 'milagres.'

6. Às vezes, os humanos são inspirados pelo Espírito a falar a palavra de Deus aos outros de maneira extraordinária e convincente.

7. Outros crentes dão conselhos piedosos e repreendem outros usando seus 'dons espirituais.'

8. A própria Bíblia está disponível para estudo para que possamos aprender sobre os caminhos de Deus muito depois dos eventos terem ocorrido.

9. Finalmente, Deus assumiu a forma humana e viveu na terra, dando-nos o exemplo mais concreto de como viver e amar uns aos outros.

Deus usa muitas estratégias e táticas diferentes para atingir o objetivo geral de mostrar ao mundo a forma correta de viver. Muitos personagens da Bíblia falam por Deus, e alguns deles agem e falam de maneiras incomuns e bizarras. Diferentes tipos de milagres ocorrem. A punição vem de diferentes formas, às vezes de maneiras inesperadas. Embora a natureza intrínseca de Deus não mude, os métodos de Deus são imprevisíveis e se alteram muitas vezes.

Organização e Conteúdo deste Livro

A Parte 1 resume o Antigo Testamento, com o Capítulo 13 descrevendo livros únicos que não se encaixam em um relato cronológico. A Parte 2 resume o Novo Testamento. Um período de 400 anos separa os eventos descritos no Antigo e no Novo Testamento, e o Capítulo 14 fornece informações sobre o que aconteceu durante esse período.

Os apêndices no final deste livro fornecem os nomes de todos os livros da Bíblia, uma linha do tempo dos principais eventos que ocorreram, sugestões para leitura adicional, um índice dos principais nomes e assuntos, as seções da Bíblia que são citadas, como os capítulos deste livro se alinham com os livros da Bíblia e mapas para mostrar onde ocorreram os principais eventos.

PARTE UM

O Antigo Testamento

Capítulo I

O Começo

A Criação, as Influências Malignas e os Primeiros Acordos

Antes que o tempo começasse ou qualquer coisa existisse, um Deus multidimensional estava presente no universo. Esse Deus era todo-poderoso, existia em todos os lugares, e sabia de todas as coisas. O caráter de Deus era inteiramente bom, misericordioso, assistencial e bondoso, e Deus estava constantemente criando. Deus criou primeiro os anjos, que deveriam adorar o criador e ajudar na obra de Deus. Deus criou a luz, e depois um mundo físico composto por um número extraordinário de estrelas e planetas. Em um planeta único, Deus criou águas e terras secas que eventualmente produziram organismos vivos — plantas e animais na terra e nas águas que eram todos autossustentáveis. E tudo era bom.

Mas alguns dos anjos tinham inveja do poder de Deus e o queriam para si. Eles se rebelaram, fazendo com que o mal entrasse no universo. Tudo o que era bom agora existe ao lado de forças impuras que lutam contra o que é bom.

Deus então fez a criação mais importante, os humanos, que eram únicos em um planeta único. Deus queria ter um relacionamento com eles, então Deus lhes deu algumas das mesmas qualidades de Deus — criativos, necessitando se relacionar com os outros, capazes de distinguir entre o certo e o errado, capazes de amar aos outros sem quaisquer condições, e dispostos a colocar os interesses alheios antes dos seus. Os dois humanos, 'imagens de Deus', homem e mulher, uniram-se e tiveram filhos para que a raça humana continuasse e crescesse. Deus deu aos humanos o planeta inteiro e todos os seres vivos nele para que desfrutassem. Os humanos deveriam cuidar do planeta e obedecer a certas regras para que fossem autossustentáveis e mantivessem a harmonia. Deus achou que tudo isso era muito bom.

No início, os humanos desfrutavam de uma vida perfeita e feliz no planeta e seguiam as instruções de Deus. Mas em determinado momento, o líder dos anjos do mal (um adversário chamado Satanás) se infiltrou em suas consciências, semeando dúvida se a vida era mesmo boa. Os humanos acabaram acreditando nas mentiras do anjo do mal e violaram as regras que Deus lhes havia dito para seguir. A desobediência e egoísmo infectaram os humanos com uma doença invisível chamada pecado, que coexistia com sua natureza invisível de bondade. O mal trouxe consigo a dor e transformou a vida em uma luta.

Deus ficou bravo por Satanás ter prejudicado a melhor criação. Deus havia permitido que os humanos fizessem escolhas sobre suas vidas e queria um relacionamento com os humanos, mas somente se os humanos também quisessem esse tipo de relacionamento. Deus sabia que com o mal no mundo, alguns decidiriam não buscar um relacionamento com Deus e, em vez disso, seguiriam seu próprio caminho. E muitas pessoas e anjos escolheram seguir os caminhos do mal. Mas ao invés de destruir o mal, Deus permitiu que o mal existisse — matar todo o mal significaria matar todos os humanos também. Então, agora vivemos em um mundo onde Deus batalha contra Satanás e outras forças do mal, até que chegará o momento em que um dos lados será vitorioso.

Ninguém sabe quando, onde ou como todos esses eventos aconteceram. O que sabemos é que (1) uma força boa criou o universo e todas as coisas nele, (2) os humanos fazem escolhas que podem ser boas ou más e (3) Deus revela constantemente os benefícios de escolher o bem. Deus ajuda as pessoas a pensar e agir com bondade e, às vezes, se opõe ao mal com medidas diretas, a fim de que os humanos desfrutem de uma vida melhor e relacionamentos significativos com Deus e com os outros. No entanto, as forças do mal ainda existem e querem perturbar o bem. Na maioria das vezes, as influências do bem e do mal aparecem nas ações de indivíduos, organizações e na forma como as pessoas vivem juntas no mundo.

Adão, Eva e Noé

Os registros das primeiras atividades humanas descrevem a interação das forças do bem e do mal atuantes no mundo. O primeiro casal conhecido, Adão e Eva, vivia em um jardim chamado Éden e tinham dois filhos. O irmão mais velho (Caim) matou seu irmão mais novo (Abel) por ciúmes. Caim foi mandado para longe da família e iniciou sua própria família em outro lugar. Adão e Eva então tiveram mais filhos, que tiveram seus próprios filhos — até que chegou um ponto em que havia milhares de pessoas vivendo na Terra.

Todas as pessoas na Terra interagiam entre si ao longo do tempo. Mas à medida que a população humana crescia, a vida se tornava cada vez mais violenta e impura, trazendo consigo muita dor e tristeza. Até que havia tanto mal no mundo que Deus criou uma maneira de eliminar o mal. Deus chamou Noé, um bom homem com uma boa família, para construir uma grande arca que pudesse abrigar toda a sua família e um pequeno número de cada uma das espécies animais conhecidas. Quando a arca ficou pronta, Deus fez com que chuvas fortes caíssem por muito tempo. Isso causou uma enorme inundação que afogou todos os humanos e animais que haviam sido deixados para trás.

Até que a chuva parou e o nível da água baixou o suficiente para que as plantas ficassem expostas e começassem a crescer novamente. A arca finalmente assentou em um terreno elevado, e todos os animais e os membros da família de Noé deixaram a arca e construíram suas casas novamente. Noé e sua família seguiram a tradição local de oferecer um sacrifício em agradecimento a um Deus que não conheciam. Um arco-íris apareceu, um sinal de que Deus nunca mais limparia todo o mal da Terra.

Abraão e Sara

Há cerca de 4 mil anos, Deus disse a um homem chamado Abrão para se mudar para Canaã (esta área agora é chamada de Palestina). Ele morava com sua esposa Sarai na cidade de Ur, no sudeste do Iraque. Canaã estava localizada na costa oriental do Mar Mediterrâneo e tinha um solo muito fértil. Naquela época, Canaã conectava as principais rotas comerciais da África, Ásia e Europa, de modo que seu povo frequentemente interagia com aqueles que viviam em muitas partes do mundo. Abrão obedeceu a Deus e mudou sua residência para Canaã, a mais de 2 mil quilômetros dali.

Até que Deus disse a Abrão que ele lideraria uma tribo específica que deveria agir de uma forma que demonstrasse aos outros como os humanos deveriam viver no mundo. Os membros de sua família e seus descendentes deveriam obedecer aos mandamentos de Deus e tratar os outros com justiça. Deus fez uma promessa a Abrão: 'Farei de ti uma grande nação e te abençoarei e engrandecerei teu nome. Você será uma bênção e todas as famílias da terra serão abençoadas.' Deus disse a Abrão que seus descendentes se tornariam tão incontáveis quanto as estrelas.

Abrão se convenceu de que deveria colocar sua fé nesse Deus. Ele havia obedecido a Deus e deixado sua casa por um futuro desconhecido, e Deus considerou isso um sinal de retidão (vida santa). Seu nome foi mudado para Abraão e Sarai tornou-se Sara.

No fim das contas, Deus trocou a sua promessa a Abraão por um acordo mútuo (uma 'aliança'). Os descendentes de Abraão seriam muito frutíferos e governariam a região desde que seus descendentes confiassem e obedecessem a Deus. Como um sinal do acordo, todos os descendentes masculinos de Abraão teriam que ser circuncidados. Isso também se aplicava a seus servos e escravos de outras tribos. Isso distinguiria aqueles que seguiam seu Deus de todos os outros. Qualquer descendente do sexo masculino que não fosse circuncidado estava fazendo a escolha de rejeitar o acordo.

Mas depois de tentar por muitos anos ter um bebê, Sara não conseguia engravidar. Isso tornou impossível que Abraão tivesse descendentes. Então Sara lhe disse para ter um filho com Agar, sua serva do Egito. Agar teve um menino e, à medida que ele crescia, Sara ficava com mais e mais ciúmes e queria um filho seu. Ela tratava tanto Agar quanto o menino com severidade, por fim fazendo com que eles saíssem de casa e fossem para o deserto. Um anjo disse a Agar que o nome do menino deveria ser Ismael e que seus descendentes se estabeleceriam ao leste e também seriam incontáveis como as estrelas.

Quando Sara já tinha passado da idade de ter filhos, um anjo disse a ela e a Abraão que eles teriam um filho. Ambos riram da ideia, mas Deus disse que um menino nasceria em um ano e deveria se chamar Isaque ('filho da promessa'). Isaque logo nasceu em Berseba, uma cidade desértica a sudoeste de Canaã.

Deus testa Abraão

Quando Isaque ainda era menino, Deus testou a fé de Abraão. Deus disse a Abraão para levar Isaque a uma montanha distante para ser queimado como oferenda. Mostrando sua fé em Deus, Abraão fez como lhe foi dito. Ele e Isaque viajaram para a montanha e levaram lenha, fogo e uma faca para fazer a oferenda.

Enquanto subiam a montanha, Isaque perguntou ao pai onde estava o cordeiro que seria queimado como oferenda. Abraão disse que Deus proveria o cordeiro. Então Abraão construiu um altar e arrumou a lenha; então ele amarrou Isaque e o colocou na lenha do altar. Quando Abraão estava prestes a matar Isaque, ele ouviu uma voz dizendo: 'Não mate o menino. Como você estava disposto a matar seu único filho por mim, sei que você me obedecerá.' Então Abraão viu um bode em um arbusto e o usou como oferenda no lugar de Isaque.

A voz continuou: 'Porque você me obedeceu, eu o abençoarei e aumentarei seus descendentes para que sejam tão numerosos quanto as estrelas do céu e a areia da praia. Todas as nações da Terra serão abençoadas por meio de seus descendentes.'

Isaque e Rebeca

Quando Isaque se tornou um homem, Abraão enviou seu principal conselheiro a Harã para encontrar uma esposa adequada para Isaque. Abraão havia parado ali a caminho de Canaã e de seus parentes que viviam lá (a cidade estava localizada no sul da Turquia). A mulher tinha que ser parente, ter um espírito gracioso e ser amigável com estranhos. Uma mulher muito bonita e honesta chamada Rebeca tinha essas qualidades, e sua família concordou em deixá-la se casar com Isaque. Depois de casados, eles viveram com Abraão e Sara e seus parentes perto de Berseba por muitos anos.

Esaú e Jacó

Isaque e Rebeca também tiveram dificuldades para ter um filho durante muitos anos, mas acabaram tendo gêmeos. O primeiro bebê, Esaú, tinha cabelos ruivos. O segundo bebê se chamava Jacó e tinha cabelos lisos. Esaú era o filho favorito de Isaque, e Jacó era o favorito de Rebeca. Um dia, Esaú entrou na tenda com muita fome e pediu a Jacó um pouco do guisado que ele havia preparado. Jacó disse que lhe daria a comida se Esaú lhe desse os direitos de filho primogênito. Esaú concordou em trocar sua herança substancial pela comida.

Quando Isaque estava morrendo e quase cego, ele pediu a Esaú para ir caçar, depois cozinhar a caça para que ele pudesse comer e abençoar Esaú como o filho primogênito. Rebeca ouviu a conversa e criou um plano para que, em vez disso, Isaque abençoasse Jacó. Ela pediu a Jacó que matasse dois cabritos do rebanho para que pudessem ser cozidos e servidos a Isaque antes que Esaú voltasse da caça. Jacó não achou que fosse uma boa ideia — ele sabia que seu pai perceberia a diferença entre seus dois filhos.

Mesmo assim, Jacó fez o que lhe foi dito e Rebeca cozinhou os animais. Ela então fez Jacó vestir as roupas de Esaú para que Isaque pensasse que Jacó era Esaú caso eles se aproximassem. Jacó disse que era Esaú, e Isaque ficou confuso ao ouvir a voz de Jacó logo depois de enviar Esaú para caçar. Quando Jacó se aproximou, Isaque sentiu e cheirou as roupas de Esaú, e perguntou várias vezes se era Esaú. Jacó mentiu várias vezes, dizendo que era Esaú. Como Isaque estava quase cego, ele não reconheceu Jacó.

Enfim, Isaque acreditou nas mentiras de Jacó e abençoou Jacó em vez de Esaú. Na bênção, Isaque disse: 'Que Deus lhe dê boa terra e abundância de grãos e vinho. Que as pessoas e nações o sirvam. Lidere seus irmãos. Aqueles que te abençoarem serão abençoados, e aqueles que te amaldiçoarem serão amaldiçoados.'

Logo depois que Isaque deu sua bênção a Jacó, Esaú voltou do campo. Isaque então percebeu que havia sido enganado quando ouviu a voz de Esaú. Mas Isaque não removeu a bênção que havia dado a Jacó e não deu outra bênção a Esaú. Isso deixou Esaú muito chateado — ele havia perdido tanto o seu direito de primogênito quanto a bênção do pai (ambos normalmente eram dados ao filho primogênito). Esaú planejou matar Jacó, mas Rebeca descobriu o plano e mandou Jacó embora para que ele pudesse ficar seguro.

Jacó e sua Família

Jacó mudou-se para Harã, onde Rebeca havia morado. No caminho, ele sonhou que seus descendentes se espalhavam em todas as direções, e que através de seus descendentes, todas as famílias da Terra seriam abençoadas. Esta era a mesma mensagem que Deus havia dado a Abraão e a Isaque.

Jacó logo conheceu uma linda pastora chamada Raquel em Harã. Ela era sua prima (filha de Labão, irmão de Rebeca). Jacó queria que Raquel fosse sua esposa e concordou em trabalhar para Labão por sete anos para pagar por ela. Mas Raquel tinha uma irmã mais velha menos atraente,

Lia, e o costume era que a filha mais velha se casasse primeiro. Quando Jacó terminou de trabalhar para pagar por Raquel, Labão disse que ele também tinha que pagar por Lia. Então Jacó trabalhou por mais sete anos para pagar por Raquel.

Enquanto Jacó trabalhava para Labão, ele iniciou sua família com as duas esposas. Jacó amava Raquel mais do que Lia, o que causou uma divisão entre as irmãs. Lia teve quatro filhos — Rúben, Simeão, Levi e Judá. Raquel não conseguia ter filhos, o que causou mais tensão entre as duas esposas. Raquel tinha ciúmes de Lia e queria seus próprios filhos. Raquel concordou em deixar Jacó ter sua serva Bila como mais uma esposa para que ela pudesse ter filhos que seriam considerados seus próprios descendentes. Bila teve dois filhos, Dã e Naftali.

Enquanto Lia observava o crescimento da família de Raquel, ela decidiu dar a Jacó sua serva, Zilpa, como esposa. Zilpa teve dois filhos, Gade e Aser. Então Lia teve mais dois filhos, Issacar e Zebulom, e uma filha, Diná. Finalmente, depois de todos os anos sem poder ter um filho, Raquel surpreendentemente ficou grávida e deu à luz um filho chamado José.

Depois que Jacó pagou sua dívida pelas filhas de Labão, ele trabalhou mais seis anos para Labão, e ambas as famílias prosperaram. Jacó então se preparou para retornar a Canaã, onde herdaria a propriedade de Isaque, desenvolveria sua família e trabalharia do seu jeito. Jacó tinha muito sucesso em criar animais saudáveis, o que deixava os filhos de Labão com inveja. Antes de retornar a Canaã, Raquel roubou alguns ídolos valiosos da casa de Labão. A família foi embora sem fazer a festa de despedida usual.

Quando Labão e seus irmãos descobriram o roubo e que toda a família de Jacó havia ido embora, eles pensaram que Jacó estava tentando escapar. A família de Labão perseguiu Jacó e sua caravana por uma semana. Quando os alcançaram, confrontaram Jacó pelo roubo. Ele ficou surpreso com a acusação e disse a Labão para procurar por qualquer item roubado. Ele disse que quem quer que tivesse os ídolos roubados morreria (ele não sabia que Raquel os havia roubado da casa de Labão).

Raquel sentou-se nos ídolos que ela havia roubado, então Labão não encontrou o que ela havia levado, e Jacó se sentiu injustamente acusado. Ele havia ajudado Labão a ficar rico e não era pago há seis anos. Eles finalmente concordaram como primos que deveriam apoiar um ao outro e se tornaram amigos.

CAPÍTULO 2

Jacó Retorna a Canaã

Crises Familiares e uma Mudança para o Egito

Enquanto Jacó viajava para Canaã, ele enviou mensagens a Esaú para dizer que estava voltando para casa e que compartilharia sua riqueza com ele. Esaú foi ao encontro da caravana de Jacó, e Jacó lhe enviou alguns animais como presente, para deixar Esaú feliz. No caminho, Jacó encontrou um estranho e lutou com ele por várias horas, mas nenhum dos dois conseguiu vencer. O estranho quis parar de lutar, mas Jacó disse que não iria parar até que recebesse a bênção do estranho. O estranho, então, o abençoou e lhe deu o nome de Israel.

Quando Esaú e seus homens chegaram a Jacó e sua família, Jacó ficou em frente à sua família e caravana quando encontrou Esaú e seus homens; Raquel com José eram os últimos do grupo. Jacó se curvou para Esaú para lhe prestar honra, mas para surpresa de Jacó, Esaú o abraçou e eles choraram nos braços um do outro. Esaú então retornou para sua casa em Edom e Jacó viajou para uma região perto da cidade de Siquém. Quando Diná entrou na cidade, ela foi atacada por ser muito bonita. Os filhos de Jacó descobriram o que aconteceu e se vingaram matando todos os homens da cidade.

Jacó ficou sabendo desses crimes e ficou muito chateado — todos na área se voltariam contra eles. Quando Jacó e sua família se mudaram para o sul, as pessoas pelo caminho ficavam com medo deles e ninguém os incomodava.

Raquel morreu mais tarde, ao dar à luz outro filho, Benjamim. Assim Jacó teve 12 filhos e uma filha, estes eram os filhos de Israel: Rúben, Simeão, Levi, Judá, Issacar, Zebulom, Diná, Dã, Naftali, Gade, Aser, José e Benjamim.

José e Seus Irmãos

Jacó amava José mais do que todos os seus filhos e fez para ele uma túnica com muitas cores. José contava a Jacó sobre as coisas ruins que seus irmãos faziam, e eles passaram a odiá-lo e a zombar dele. José tinha sonhos em que era o chefe de seus irmãos, o que os fez odiá-lo ainda mais.

Até que um ano, José foi enviado para ver seus irmãos, que estavam observando os animais pastarem em pastagens melhores. Quando os irmãos o viram chegando, planejaram um plano para se livrar dele. Eles arrancaram seu casaco colorido, o jogaram em um poço profundo e o venderam a comerciantes estrangeiros que o levaram para o Egito. Os irmãos então cobriram a túnica de José com sangue animal e a levaram para Jacó, que acreditou que José havia sido morto por um animal selvagem. Jacó ficou tão triste que chorou por semanas. Ninguém pôde consolá-lo.

José no Egito

Os comerciantes venderam José a Potifar, o líder daqueles que guardavam o rei egípcio (Faraó). José era tão inteligente que Potifar o encarregou de tudo em sua casa. José também era jovem e bonito, e a esposa de Potifar tentou fazer com que ele a amasse muitas vezes. Mas José resistiu. Um dia, quando apenas José e a esposa estavam em casa, a esposa tentou abraçá-lo apaixonadamente, mas José saiu correndo de casa. Para se vingar, a esposa disse a Potifar que José a havia atacado, mas fugiu quando ela gritou. Potifar, então, colocou José na prisão.

Mas José era um líder na prisão. Ele interpretou os sonhos de alguns dos prisioneiros e os eventos que ele previu se tornaram realidade. Um dos prisioneiros conhecia bem o rei e ficou sabendo de tudo o que acontecera com José. Quando o homem saiu da prisão e voltou para servir ao rei, ele disse a Faraó que José sabia interpretar sonhos. Quando Faraó tinha sonhos que não conseguia entender, ele fazia com que José os explicasse. José dizia que era apenas um porta-voz de seu Deus, que era o verdadeiro intérprete.

José disse a Faraó que os sonhos previam sete anos de colheitas muito boas, mas depois sete anos de fome implacável. José sugeriu que o Faraó contratasse alguém muito sábio para criar um sistema de armazenamento reserva de alimentos durante os anos de abundância, para que os alimentos pudessem ser usados durante os anos de fome.

Faraó gostou muito desse plano e viu que José tinha sabedoria dada por Deus. Faraó colocou José, um estrangeiro que tinha apenas 30 anos na época, no comando de todo o reino egípcio — apenas Faraó tinha uma posição mais alta. José colocou em prática o plano de armazenar alimentos durante os sete anos de boas colheitas para se preparar para a fome que se aproximava. Enquanto isso acontecia, José formou uma família com sua esposa egípcia e teve dois filhos, Manassés e Efraim.

A Fome Leva os Israelitas ao Egito

A fome afetou toda a região, incluindo Canaã, e a única coisa que crescia era grãos para pão. Pessoas de todos os lugares vinham ao Egito para obter comida, e Jacó enviou 10 de seus filhos ao Egito para obter grãos, enquanto Benjamim ficou para trás. Quando os irmãos chegaram, eles foram até José para comprar grãos, porque ele era o responsável por toda a comida no Egito. Mas os irmãos de José não o reconheceram porque ele havia se disfarçado ao vê-los chegando, e porque todos pensavam que ele estava morto.

José começou a questioná-los duramente, acusando-os de serem espiões que queriam informações sobre o Egito. Quando ele os interrogou sobre sua família, eles disseram que seu pai e um irmão ainda moravam em Canaã. Os irmãos consultaram-se em particular, dizendo que agora estavam pagando o preço pelo seu pecado de ter tratado mal e vendido José. Os irmãos não perceberam que José podia compreender o que eles estavam dizendo pois sabia o idioma deles. José ficou tão cheio de emoções fortes por ver seus irmãos que teve que sair da sala para ir chorar sozinho.

Quando José voltou, ele foi gentil e vendeu-lhes grãos para levar de volta a Canaã. Ele também lhes deu suprimentos para a viagem de volta para casa. Mas ele manteve Simeão na prisão até que todos os irmãos, incluindo Benjamim, pudessem retornar juntos. Quando os irmãos pararam para alimentar seus burros durante a viagem de volta, encontraram todo o dinheiro que usaram para pagar os grãos nos sacos de ração de seus burros.

Jacó ficou muito preocupado quando os irmãos chegaram em casa e lhe contaram o que aconteceu no Egito. Ele não queria que Benjamim voltasse com eles para o Egito — ele não queria perder o outro filho de Raquel. Quando todos os grãos acabaram, Jacó pediu a seus filhos que fossem ao Egito comprar mais grãos, e eles levaram Benjamim com eles.

Quando todos foram ver José, relataram que seu pai ainda estava vivo e apresentaram Benjamim como o irmão mais novo. Quando viu Benjamim, José ficou tão emocionado que novamente teve que sair da sala para esconder suas lágrimas. Depois de se recompor, José voltou e deu a todos uma quantidade incrível de comida (Benjamim recebeu bem mais do que os outros). Simeão foi solto da prisão para poder ficar lá com eles, e todos os irmãos ficaram surpresos por serem tratados tão bem.

José então pregou uma peça nos irmãos. Ele pediu ao seu servo que enchesse as bagagens com mantimento e colocasse a prata de cada um na boca de sua bagagem. Mas o servo colocou a taça de prata de José na bagagem de Benjamim. Depois que os irmãos saíram da cidade, José enviou o servo para pegá-los e os acusou de roubar a taça. Eles negaram ter pegado qualquer coisa que não pertencesse a eles. Todos eles concordaram que, se alguém tivesse realmente pegado algo, essa pessoa se tornaria escrava de José. Depois de uma busca rápida, o servo encontrou a taça na bagagem de Benjamim.

Todos os irmãos ficaram muito aborrecidos e voltaram imediatamente para ver José. Judá, um dos irmãos mais velhos, falou em particular com José e contou-lhe como o pai deles não queria que o filho mais novo tivesse voltado com eles para o Egito — ele já havia perdido um filho de sua esposa favorita e não queria perder o outro. Mas Jacó havia permitido que Benjamim fosse para o Egito porque era uma condição para eles comprarem mais grãos. Judá disse que, se Benjamim não pudesse voltar com eles, seu pai certamente morreria. Judá então se ofereceu para ser escravo no lugar de Benjamim.

Nesse momento, José não conseguiu mais se conter. Ele pediu que todos que estivessem na casa saíssem, exceto os 11 irmãos. Ele chorou tão alto que todos os vizinhos podiam ouvi-lo. Ele então contou a seus irmãos sua verdadeira identidade, mas eles não o entenderam. Ele os fez se aproximar e falou com eles baixinho:

Eu sou José, seu irmão. Vocês me venderam aos homens que iam ao Egito! Não fiquem aflitos ou bravos com vocês mesmos. Foi Deus quem me enviou aqui para salvar suas vidas. Já houve dois anos de fome, e ainda haverá mais cinco. Mas Deus me enviou à frente de vocês para lhes preservar como remanescentes nesta terra e mantê-los vivos. Não foram vocês que me mandaram para cá, mas sim o próprio Deus, que me fez como um pai para o Faraó e senhor de todo o palácio e governador de todo o Egito. Voltem para casa e digam a nosso pai que estou vivo e que vocês devem todos vir viver na região de Gósen e ficar perto de mim. Se não vierem, acabarão na miséria.

Os irmãos voltaram para casa e contaram a Jacó tudo sobre a viagem e que José estava vivo e era um governante no Egito. Faraó ficou feliz em saber que os irmãos de José tinham vindo ao Egito e convidou Jacó e todos os seus parentes para se mudarem para o Egito, onde a vida era boa e onde todos viveriam na melhor terra. Todos se mudaram para o Egito e trouxeram todo o seu gado e bens. Deus falou a Jacó em sonho, e disse: 'Eu sou o Deus de seu pai; estarei com você no Egito e o levarei a Canaã novamente.'

José foi até Gósen em sua carruagem para encontrar Jacó e o resto da família quando eles chegaram. Eles receberam a melhor terra, no delta do rio Nilo, e José forneceu comida a todas as famílias.

Capítulo 3

A Vida no Egito

Deus Resgata os Israelitas da Opressão

Jacó e sua família moraram em Gósen por 17 anos. Antes de morrer, ele abençoou seus 12 filhos e os dois filhos de José, Manassés e Efraim. Depois que Jacó morreu, os irmãos de José temiam que ele ficasse bravo com eles pelas coisas horríveis que haviam feito com ele. Eles pediram que ele os perdoasse e se curvaram diante dele. Mas José explicou que cuidaria deles, mesmo que tivessem o tratado mal. Deus transformou todas as coisas ruins em algo bom.

Os Israelitas Sofrem no Egito

A tribo de Jacó e seus descendentes eram chamados de Israelitas e falavam a língua hebraica. Eles continuaram a prosperar e crescer em número depois que José e seus irmãos morreram. Mas um novo faraó não se importou com o que José havia feito e notou que o número de Israelitas superava o de egípcios. Ele decidiu escravizar os Israelitas e os fez trabalhar nas lavouras e na construção das cidades egípcias. Quando a população Israelita continuou a crescer, o faraó ordenou que as enfermeiras egípcias matassem todos os seus bebês que fossem meninos. Os Israelitas passaram por dificuldades extremas e clamaram ao seu Deus.

Moisés Nasce, e Então Fala com Deus

Naquela época, uma família Israelita com um menino e uma menina teve outro menino. Eles temiam que os egípcios o matassem, então o esconderam por três meses. Mas eles logo perceberam que não poderiam mais escondê-lo, então o colocaram em uma cesta e a empurraram através das plantas que cresciam à beira do rio Nilo. Sua irmã se escondeu e ficou olhando para ver o que aconteceria com a cesta flutuante.

A filha do faraó estava se banhando no Nilo ali perto e viu o cesto entre os juncos. Ao abri-lo viu um bebê israelita chorando. Ficou com pena dele. Então a irmã aproximou-se e perguntou à filha do faraó: 'Devo chamar alguém para amamentar o menino para você?' Ela concordou e a moça foi chamar a mãe do menino para que o amamentasse até que ele pudesse se alimentar com alimentos sólidos. A filha do faraó o adotou como seu filho e lhe deu o nome de Moisés.

Como neto adotivo de Faraó, Moisés tornou-se bem-educado e um bom escritor. Quando ficou mais velho, descobriu que era adotado e quem eram seus verdadeiros pai e mãe. Ele passou a amar os Israelitas e viu como eles eram tratados com severidade. Um dia ele viu um egípcio espancando um trabalhador Israelita. Quando Moisés achou que ninguém estava olhando, ele matou o egípcio. Mas alguns Israelitas viram o que aconteceu e, por fim, Faraó ficou sabendo. Faraó tentou matar Moisés, mas Moisés escapou para Midiã, uma região desértica a várias centenas de quilômetros de distância.

Quando Moisés estava em Midiã, casou-se com a filha de Jetro e constituiu família. Moisés cuidava dos rebanhos de Jetro, e quando ele estava ao pé de uma montanha, um Anjo lhe apareceu numa chama de foto que saía do meio de uma sarça. Mas o fogo não queimava a sarça, e Moisés tentou descobrir por quê.

Então ele ouviu uma voz vindo da sarça. 'Moisés! Não se aproxime. Tire as sandálias, pois você está em solo santo. Eu sou o Deus de Abraão, Isaque e Jacó. Tenho visto a dor do meu povo no Egito, e escutei seu clamor. Vim para livrá-los e guiá-los a uma terra boa, onde manam leite e mel. Eu o envio ao Faraó para que você tire meu povo, o povo de Israel, do Egito.'

Mas Moisés disse a Deus: 'Quem sou eu para ir ao Faraó e tirar os israelitas do Egito?'

Deus respondeu: 'Eu estarei com você, e quando você os tirar do Egito, vocês devem prestar culto a Deus neste monte.'

Moisés respondeu: 'Os israelitas vão querer saber o seu nome. O que devo dizer a eles?' Deus disse a Moisés:

Diga que EU SOU me enviou. O Deus dos nossos antepassados — Abraão, Isaque e Jacó — me enviou. Diga às autoridades de Israel: O Senhor apareceu a mim e disse: 'Estou preocupado com vocês e com o que foi feito a vocês no Egito. Então vou tirá-los da escravidão e levá-los a Canaã, a terra onde manam leite e mel.' Eles te ouvirão. Depois você irá com elas ao rei do Egito e lhe dirá: 'O Senhor, o Deus dos israelitas, veio ao nosso encontro. Por favor, vamos para o deserto para que possamos oferecer sacrifícios ao nosso Deus.' Mas sei que o rei não os deixará ir a menos que seja forçado. Eu então ferirei o Egito com muitos milagres e, depois disso, ele o deixará sair. Os vizinhos egípcios lhe darão objetos de prata e de ouro e roupas para levar com vocês.

Moisés ainda estava preocupado em fazer o que Deus queria que ele fizesse. Ele perguntou: 'E se eles não acreditarem em mim nem quiserem me ouvir? Eles podem duvidar que Deus apareceu para mim.'

O Senhor lhe disse: 'Que é isso em sua mão?'

E Moisés respondeu: 'Uma vara.'

Então o Senhor disse: 'Jogue-a ao chão.' Moisés a jogou no chão, e ela se transformou numa serpente, assustando Moisés. Mas o Senhor lhe disse: 'Pegue-a pela cauda', e quando Moisés fez isso, a cobra voltou a se transformar numa vara em sua mão.

O Senhor então disse: 'Agora coloque a mão por dentro de sua túnica.' Quando Moisés fez isso e depois a tirou, sua mão parecia branca como lepra (uma temida doença de pele). Então o Senhor disse: 'Agora coloque de novo a mão por dentro da túnica.' Quando ele colocou e tirou, sua pele estava normal novamente.

O Senhor prosseguiu: 'Se eles não acreditarem em você por causa do primeiro sinal, acreditarão no segundo. E se não acreditarem depois destes dois sinais, tire um pouco de água do Nilo e derrame-a no solo. A água se transformará em sangue.'

Moisés inventou mais desculpas sobre porque ele não deveria voltar ao Egito. Ele disse a Deus: 'Não sou um bom orador e falo devagar. Por favor, peço-te que envie outra pessoa.' O Senhor ficou irado com as desculpas de Moisés e continuou:

Quem deu boca ao homem? Quem é que o faz surdo ou mudo? Sou eu! Agora, vá! Eu estarei em sua boca e o ensinarei o que dizer. Seu irmão mais velho, Arão, fala bem. Ele já está vindo ao seu encontro. Diga a ele o que eu lhe disse, e ele falará por você. E leve na mão esta vara para fazer os sinais miraculosos, assim todos verão que Deus está com você.

Moisés Volta ao Egito

Moisés então encontrou Arão e eles voltaram para o Egito. Ele explicou o que Deus lhe disse e mostrou os sinais que ele poderia fazer com a ajuda de Deus. Quando ambos chegaram ao Egito, encontraram-se com os líderes Israelitas. Arão lhes contou o que Deus disse a Moisés, e Moisés realizou os sinais ao povo. O povo acreditou, e quando eles ouviram que Deus estava preocupado com eles e sabia o que estava acontecendo com eles, eles se curvaram e adoraram seu Senhor.

Moisés também realizou todos os sinais diante do novo rei. Aarão disse ao Faraó: 'Nosso Senhor, o Deus de Israel, diz: 'Deixe meu povo ir para que eles possam celebrar um banquete para mim no deserto.' Mas o rei não os deixou ir — ele não conseguia ficar sem tantos trabalhadores.

Faraó então fez os Israelitas trabalharem ainda mais. Ele os fez ajuntar a própria palha para os tijolos que estavam fazendo, mas eles ainda tinham que fazer a mesma quantidade de tijolos. Quando não conseguiam fazer tijolos suficientes, os capatazes Israelitas eram espancados e as pessoas eram acusadas de serem preguiçosas. Os capatazes ficaram bravos com Moisés por ter voltado e dificultado ainda mais o trabalho deles.

Moisés se arrependeu de ter voltado ao Egito porque havia piorado as coisas, não melhorado. Quando Moisés disse ao povo novamente que o Senhor havia prometido libertá-los do Egito, eles não acreditaram que isso aconteceria. Todo mundo só conseguia pensar em como sua vida havia se tornado cruel.

O Senhor disse a Moisés e Arão que voltassem ao Faraó e lhe dissessem novamente para deixar o povo Israelita partir. Eles falaram com Faraó muitas vezes, e todas as vezes eles mostraram o poder de Deus a Faraó em alguma forma de aflição que feria apenas os egípcios. Em cada uma das vezes, Moisés dizia a Faraó por meio de Arão, que o Deus dos Israelitas havia dito: 'Deixe meu povo ir para que me sirva.' Em cada uma das vezes o Faraó concordava em deixá-los partir, e em cada uma das vezes Moisés estendia sua mão e fazia a aflição parar. Mas assim que as coisas melhoravam, Faraó mudava de ideia e se recusava a deixar o povo ir.

Esses atos mostraram que o poder do Deus Israelita era muito mais forte do que os poderes mágicos dos sacerdotes dos deuses egípcios. Aqui estão algumas das coisas que aconteceram.

- Moisés e Arão primeiro golpearam o rio Nilo com seus cajados e toda a água se transformou em sangue. Eles estenderam as mãos sobre todos os tipos de água e a água se transformou em sangue. Os peixes morreram e a água ficou poluída para que os egípcios não pudessem beber.
- Rãs invadiram tudo no mundo dos egípcios e enxames de piolhos, moscas e gafanhotos encheram o ar.
- Moisés e Arão causaram doenças para matar todo o gado egípcio, chuvas de granizo destruíram todas as plantações e os animais e pessoas que estavam sem abrigo, e feridas surgiram na pele dos egípcios e em seus animais.

Uma última aflição convenceu o Faraó a deixá-los ir. Deus disse a Moisés que todos os Israelitas reunissem objetos de ouro e prata e roupas de seus vizinhos. A maioria dos egípcios respeitava os Israelitas e lhes dava o que eles pediam. Então, à meia-noite, Deus fez com que todos os primogênitos e gado morressem. Mas os Israelitas evitariam essa catástrofe se seguissem certas instruções. Eles deveriam matar um cordeiro ou cabrito jovem e perfeito ao pôr do sol, então espalhar um pouco do sangue do cordeiro nas laterais e nas vigas superiores das portas de suas casas. Eles deveriam assar o cordeiro e comer tudo muito rápido, junto com ervas amargas e pão sem fermento. O sangue nas portas era um sinal para Deus de que o anjo da morte passaria sobre a família que morava lá dentro, poupando o primogênito da morte. As pessoas não deveriam sair até de manhã e deveriam queimar quaisquer sobras desta refeição da Páscoa judaica. E eles deveriam se lembrar desses eventos, repetindo os passos que haviam tomado, e fazer dela uma celebração anual permanente para lembrar como Deus os salvou da escravidão. Naquela noite, os Israelitas fizeram o que Moisés disse que deveriam fazer.

Moisés havia dito a Faraó: 'Meu Deus diz a você: Israel é meu filho, meu primogênito, e me servirá. Mas você se recusa a deixá-lo ir; por isso matarei o seu primogênito.' E naquela noite, tudo aconteceu da maneira que Deus disse que aconteceria. Em todos os lares do Egito, exceto os dos Israelitas, o primogênito da família e o gado morreram, vítimas inocentes da guerra entre o bem e o mal.

O faraó ficou tão aborrecido naquela noite que ordenou que todos os Israelitas e seus rebanhos saíssem do Egito o mais rápido possível. O êxodo em massa envolveu cerca de 600 mil homens, juntamente com suas esposas e filhos e seus rebanhos. Alguns escravos e estrangeiros deixaram o Egito com eles. Os descendentes de Jacó tinham estado no Egito há mais de 400 anos e agora estavam voltando para Canaã.

Capítulo 4

Os Israelitas Deixam o Egito

Deus Sustenta os Israelitas Descontentes e Oferece Leis para a Vida

Moisés liderou os Israelitas para o sul em direção ao Mar Vermelho. Eles seguiram colunas de nuvens durante o dia e colunas de fogo à noite. Logo depois que eles saíram, eles acabaram à beira-mar. Faraó estava acompanhando para onde os Israelitas estavam indo e queria que eles voltassem para ser escravos novamente. Ele sabia que eles estavam perto e presos entre o deserto e a água. Faraó pensou que eles poderiam ser facilmente capturados, então ele enviou seu exército em carruagens e cavalos para matá-los e capturá-los.

Quando os Israelitas viram o exército egípcio se aproximando, ficaram com medo e ficaram com raiva de Moisés por tê-los tirado do Egito. O povo dizia que seria melhor viver como escravo no Egito do que morrer no deserto.

Deus disse a Moisés que o povo começasse a caminhar em direção à água e que ele erguesse seu cajado e estendesse a mão sobre o mar para dividir as águas, para que todos pudessem atravessar em terra firme. Enquanto isso, uma coluna de nuvens se moveu entre os Israelitas e o exército egípcio durante a noite para proteger os Israelitas do ataque. Moisés ergueu seu cajado e sua mão acima da água, o que fez soprar um vento forte que separou as águas e secou o solo. Os Israelitas então caminharam em terra seca para o outro lado.

Pela manhã, os egípcios passaram a perseguir os Israelitas com suas carruagens e cavalos, usando o mesmo caminho através da água. Assim que todos os Israelitas haviam passado para o outro lado, Moisés estendeu a mão sobre o mar, fazendo o vento parar. A água rapidamente voltou ao seu nível normal e subiu rapidamente ao redor de todo o exército egípcio. Todos os soldados e cavalos egípcios morreram afogados.

Quando as pessoas viram os cadáveres flutuando na água, ficaram atordoadas com o poder de Deus e acreditaram em Moisés. Eles comemoraram sua vitória e honraram a Deus que os libertou e derrotou seu inimigo. Os Israelitas não podiam levar o crédito por derrotar o exército egípcio; foi somente Deus o responsável pela vitória.

Moisés Lidera o Povo no Deserto

Enquanto Moisés conduzia os Israelitas para o deserto, eles passaram por muitas dificuldades. Eles não conseguiram encontrar água suficiente para beber, mas Deus proveu água de maneiras milagrosas. Eles foram atacados por soldados de uma tribo próxima, mas Josué levou os Israelitas à vitória. A terra estava ficando rochosa e não podia produzir alimentos. Quando as pessoas se queixaram de fome e pensaram na comida que comiam no Egito, Deus fez uma substância doce parecida com biscoito (maná, ou 'pão') aparecer no chão pela manhã como geada, e fez pássaros ('carne') caírem do céu à noite. O pão durava apenas um dia (derretia ao sol ou apodrecia na manhã seguinte). No sexto dia da semana, havia o dobro no chão, e quando estava cozido, durava dois dias. Moisés disse ao povo que Deus queria que eles pegassem o que restava do sexto dia e que não fizessem nenhum trabalho no sétimo (último) dia da semana. Assim se estabeleceu a tradição do 'sábado', um dia de descanso no final da semana.

Quando os Israelitas estavam perto de Midiã, Moisés encontrou Jetro novamente e se juntou à sua família. Jethro disse a ele que supervisionar todas as pessoas era um trabalho muito grande para uma pessoa. Ele disse que Moisés deveria ser o representante de Deus para o povo e ensiná-los sobre as leis de Deus e como viver suas vidas. Mas que Moisés precisava escolher bons homens que amassem a Deus e odiassem a desonestidade para serem líderes e juízes que dariam bons conselhos e lidariam com pequenas divergências. Moisés deveria lidar apenas com os problemas grandes. Moisés seguiu o conselho de Jetro e montou o sistema para garantir que todos os líderes fossem supervisionados adequadamente.

Quando os Israelitas acamparam ao pé do Monte Sinai, Deus fez um acordo com o povo. Deus disse a Moisés: 'Diga aos da casa de Jacó e aos filhos de Israel: 'Vocês viram o que eu fiz aos egípcios. Se obedecerem aos meus mandamentos e leis, então serão o meu povo. Vocês serão uma nação santa para mim, e eu os manterei seguros e saudáveis.' Moisés disse ao povo o que Deus havia dito, e o povo concordou em obedecer.

Os Principais Mandamentos e Outras Leis

Então Deus desceu ao monte Sinai em uma nuvem de fumaça ardente que cobriu o monte, e Moisés subiu ao cume do monte onde se encontrou com Deus, que disse: 'Eu sou o Senhor teu Deus, que te tirou do Egito e da escravidão. Eu sou um Deus ciumento, que coloca os pecados dos pais que me desprezam em seus filhos. Mas mostrarei bondade aos que me amam e guardam os meus mandamentos.' Então Deus falou estes 10 mandamentos a Moisés.

(1) Eu devo ser seu único Deus. (2) Não farás nenhum ídolo, nenhuma imagem que se pareça com um Deus, e não adorarás ou servirás a elas. (3) Não use ou diga meu nome em vão — trate-o com grande respeito. (4) 'Lembra-te do dia de sábado, e o santifique. Faça todo o seu trabalho em seis dias, mas no sétimo dia, ninguém da tua casa, incluindo teus servos ou servas, teus animais e teus visitantes, deve fazer trabalho algum. (5) Honra teu pai e tua mãe, a fim de que tenhas vida longa. (6) Não matarás. (7) Não cometerás adultério. (8) Não furtarás. (9) Não darás falso testemunho contra o teu próximo. (10) Não desejarás nada que pertença ao teu próximo — nem sua casa, esposa ou servos, ou seus animais.

Além desses 10 mandamentos, Deus falou a Moisés sobre muitas leis que o povo deveria seguir. A maioria relacionada a ter justiça e garantir que as pessoas vivessem da maneira certa.

- Havia leis sobre possuir escravos (se uma pessoa compra um escravo Israelita, o escravo deve ser liberto no sétimo ano sem precisar pagar nada).
- Havia leis sobre danos pessoais. Por exemplo, 'uma pessoa que mata ou sequestra outra pessoa ou amaldiçoa seu pai ou sua mãe será condenada à morte. E se houver briga, a pena é igual ao que aconteceu: vida por vida, olho por olho, dente por dente, mão por mão.'
- Havia leis sobre direitos de propriedade e relacionamentos. Estas incluíam: 'Qualquer um que faça um sacrifício a outro deus será destruído. Não trate mal os estrangeiros, pois vocês eram estrangeiros no Egito. Não prejudique nenhuma viúva ou órfão. Se você os machucar e eles clamarem a mim, eu atenderei ao seu clamor.'

- Havia leis sobre dinheiro. 'Se você emprestar dinheiro a alguém do meu povo que seja necessitado, não cobre juros. Você não deve reter a oferta de sua colheita.'
- Havia leis sobre justiça e os princípios de uma vida correta. 'Não seja cúmplice do ímpio e conte mentiras. Se você encontrar perdido um animal que pertence ao seu inimigo, você deve levá-lo de volta a ele. Não aceite suborno, pois ele impede as pessoas de ver a verdade e prejudica os outros. Seja bom com o estrangeiro. Vocês sabem o que é ser estrangeiro. Plantem e colham em sua terra durante seis anos, mas no sétimo ano, não façam nada e deixem que os necessitados comam dela.'

Deus disse a Moisés que um anjo os protegeria enquanto viajavam para Canaã. Se o povo obedecesse a Deus, derrotaria aqueles que tentassem detê-los. Eles não deveriam ficar com nada relacionado aos deuses das tribos que conquistassem. Eles controlariam uma vasta região e a manteriam apenas para si, porque deixar outras tribos viverem entre eles prejudicaria seu modo de vida e amor a Deus.

Moisés desceu a montanha e contou ao povo o que Deus disse. O povo ouviu e disse que seguiria os mandamentos e leis de Deus. Moisés escreveu todas as coisas que Deus lhe disse para preservar os mandamentos e as leis como lembretes para outros no futuro.

Mais Viagens Pelo Monte

Deus chamou Moisés novamente ao monte e ele levou Josué com ele. Ficaram por 40 dias. Deus disse a Moisés que o povo deveria contribuir com algumas de suas posses para construir um tabernáculo onde Deus viveria com o povo. Além disso, uma grande caixa ornamentada (a Arca da Aliança) deveria ser construída para armazenar itens sagrados coletados ao longo do caminho para Canaã. Outros itens deveriam ser feitos para o tabernáculo, e Deus deu a Moisés instruções detalhadas sobre como todos eles deveriam ser feitos e usados. Os descendentes de Levi (levitas) tornaram-se sacerdotes ou trabalhadores que apoiavam as atividades religiosas. Instruções detalhadas também foram dadas sobre como os sacerdotes deveriam fazer sacrifícios e como outros atos de adoração deveriam ocorrer. O irmão de Moisés, Arão, deveria ser o Sumo Sacerdote, e seus filhos também seriam sacerdotes. Quando Deus terminou de dar essas instruções, Moisés desceu o monte com duas tábuas de pedra chatas que continham as palavras dos 10 mandamentos escritas nelas.

Quando Moisés e Josué voltaram, viram que algumas pessoas haviam construído uma estátua de ouro de um bezerro. Havia semanas desde que Moisés e Josué subiram a montanha e não retornaram, então o povo pensou que estavam mortos e disseram a Arão para criar o bezerro de ouro como o deus que deveriam seguir. O povo adorava o bezerro e fazia sacrifícios a ele.

Moisés ficou extremamente zangado quando viu o bezerro de ouro e as pessoas dançando ao redor dele. Moisés jogou as tábuas de pedra no chão, quebrando-as em pedaços. Moisés mandou queimar o bezerro de ouro. Então ele disse ao povo: 'Aqueles de vocês que vivem para o Senhor, venham a mim!' Os descendentes de Levi e muitos outros se reuniram com Moisés. Então Moisés disse aos Levitas que matassem aqueles que não se apresentaram. Cerca de 3 mil homens rebeldes e desobedientes foram mortos. Foi assim que os Israelitas ficaram livres de pessoas que causavam problemas enquanto viajavam.

Moisés então disse àqueles que adoravam o bezerro de ouro que haviam cometido um grande pecado. Moisés pediu a Deus que os perdoasse. Deus estava extremamente zangado, dizendo que o povo era muito teimoso em sua resistência à mudança, e queria destruir todos eles. Mas Moisés lembrou a Deus da promessa de torná-los uma grande nação. Deus então reconsiderou e disse a Moisés para continuar conduzindo o povo em direção a Canaã.

Moisés então subiu o monte pela terceira vez. Ele gravou mais duas tábuas de pedra com os 10 comandos para substituir aquelas que foram quebradas. Deus contou a Moisés novamente sobre o acordo original feito com Abraão, Isaque e Jacó: os Israelitas eram o povo de Deus e seriam abençoados e deveriam entrar em Canaã e obedecer aos mandamentos e leis de Deus. Quando Moisés desceu a montanha depois de 40 dias, seu rosto 'brilhava.' Ele então deu instruções sobre como construir um tabernáculo baseado em como Deus disse que deveria ser. Quando terminaram, foram realizadas cerimônias para abençoar os sacerdotes que trabalhariam nele. Quando as cerimônias terminaram, uma nuvem cobriu a tenda do tabernáculo, e Deus a encheu. O Deus que libertou e salvou Israel estava finalmente vivendo com o povo escolhido.

Mais Regras para Viver

Deus passou vários meses fornecendo a Moisés muitas regras sobre como os sacerdotes deveriam conduzir seus assuntos religiosos, como as pessoas deveriam adorar e como Israel — como povo de Deus — deveria viver em comunidade. Arão e seus descendentes, todos da tribo de Levi, foram oficialmente nomeados sacerdotes.

Algumas das regras eram leis específicas, enquanto outras eram princípios gerais. Deus era santo, e os Israelitas foram escolhidos para serem um povo santo, representantes de Deus na terra para mostrar aos outros como viver e glorificar a Deus. Mas como os humanos sempre irão pecar de alguma forma, as pessoas deveriam se apresentar diante de Deus e se arrepender, fazendo sacrifícios e queimando oferendas para mostrar sua tristeza e ser purificados de seus pecados. As ofertas e sacrifícios feitos no tabernáculo tinham que ser de alta qualidade, usando os melhores grãos e animais sem defeitos, o que simbolizava a perfeição.

O derramamento de sangue foi fundamental no sacrifício para consertar um relacionamento rompido entre Deus e os humanos. Deus disse a Moisés: 'A vida do corpo está no sangue.' O sangue deveria vir de animais, não de humanos. Por meio de sacrifícios e ofertas, Deus perdoou as pessoas, separando-as de seus pecados, restaurando o relacionamento entre Deus e os humanos. Relacionado a essa ideia havia um Dia de Expiação especial que deveria ser observado uma vez por ano. Envolvia sacrificar um bode e fazer o Sumo Sacerdote colocar as mãos na cabeça de outro bode, confessar todos os pecados do povo e transferir os pecados do povo para aquele bode. Este segundo bode era então solto no deserto para simbolizar que os pecados do povo haviam sido removidos (um 'bode expiatório').

Moisés deu instruções detalhadas sobre o que comer e o que não comer, o que podia ser tocado e o que não podia. As instruções eram práticas e ajudavam a manter a saúde das pessoas. Por exemplo, qualquer pessoa com uma doença de pele tinha que permanecer em quarentena e praticar o distanciamento social dos outros — eles tinham que sair do acampamento, usar roupas rasgadas, não pentear os cabelos e gritar: 'Impuro! Impuro!' para os outros até que ficassem saudáveis. Novos métodos de lavagem tinham que ser seguidos, que eram bastante avançados para a época; quando seguidos, esses métodos davam aos Israelitas uma vantagem na batalha e quanto tempo eles viveriam.

Enquanto a maioria dessas regras era sobre cerimônias religiosas e assuntos relacionados à saúde, algumas regras eram sobre os princípios de moralidade e justiça. Por exemplo, havia regras e penalidades associadas a crimes específicos, e as pessoas eram instruídas a 'amar o próximo como a si mesmo.' Os ricos e os pobres deveriam ser julgados da mesma maneira. Os estrangeiros deveriam ser aceitos e amados como todos os outros, assim como os egípcios haviam recebido os Israelitas durante a fome. Um campo não deveria ser colhido até suas bordas, e era permitido aos pobres e estrangeiros comer a comida nas bordas, bem como qualquer coisa que caísse no chão durante a primeira colheita.

Foi estabelecido um ano sabático semelhante ao dia semanal do sábado. No sétimo ano, a terra não deveria ser cultivada, e a comida que vinha dela deveria estar disponível gratuitamente para quem quisesse. Os alimentos do sexto ano deveriam ser armazenados para durar até o sétimo ano (semelhante à forma como o maná era tratado semanalmente). E a cada 50 anos — o ano extra após sete ciclos de anos sabáticos — o Ano do Jubileu era celebrado. Os bens dos pobres que haviam sido vendidos para que os pobres pudessem sobreviver tinham que ser devolvidos aos proprietários originais.

As regras e instruções terminavam com lembretes das consequências de como as pessoas vivem. Há muitas recompensas e bênçãos para aqueles que obedecem às leis e mandamentos de Deus, mas a punição ocorre quando as pessoas não obedecem. Se a nação de Israel quebrar seu acordo com Deus, perderia sua terra, se espalharia pela região e se tornaria escrava de seus inimigos. No entanto, mesmo depois que as pessoas desobedecem, há perdão e reconciliação quando as pessoas se arrependem e pedem perdão e começam a obedecer a Deus novamente. Não há condenação permanente para aqueles que desobedecem a Deus — sempre há uma maneira de ganhar os benefícios do acordo novamente. A natureza de Deus é perdoadora e extravagante quando se trata de estar em um relacionamento com os humanos, a criação mais valiosa.

Capítulo 5

A Vida no Deserto

A Falta de Fé Prolonga a Jornada de Volta a Canaã

Quando os Israelitas acamparam ao pé do monte Sinai, sua população era de vários milhões, incluindo um exército de cerca de 600 mil homens[1]. Toda a tribo dos Levitas cuidava de tudo relacionado ao tabernáculo e era dedicada a Deus. O tabernáculo estava localizado no centro de todos os acampamentos, e Moisés havia criado regras sobre como lidar com doentes e ladrões. Aqueles que queriam se dedicar a Deus por um período limitado de tempo faziam um voto nazireu de não consumir nenhuma forma de uva, não tocar uma pessoa morta e não raspar a cabeça (um sinal para os outros de que haviam feito o voto).

Um ano depois de deixar o Egito, o povo celebrou a Páscoa, e Moisés deu aos sacerdotes a bênção de Deus para dizer ao povo: 'O Senhor te abençoe e te guarde. O Senhor faça resplandecer o Seu rosto sobre ti e te conceda graça. o Senhor volte para ti o Seu rosto e te dê paz.'

Crises a Caminho de Canaã

Os Israelitas começaram então sua jornada em direção a Canaã, que ficava cerca de 400 quilômetros ao norte. Deus estava no tabernáculo, e quando a nuvem subiu do tabernáculo, os Israelitas seguiram em frente.

---

[1] Os grandes números presentes nas escrituras podem não significar o mesmo que nossa compreensão dos números. É improvável que vários milhões de pessoas pudessem sobreviver por longos períodos de tempo em áreas onde havia pouca água. Os israelitas podem ter tido um método diferente para contar pessoas e animais, e a palavra 'mil' pode não significar a mesma coisa que hoje (talvez um 0 tenha sido adicionado a alguns dos números, transformando 60 mil em 600 mil, quando algumas das primeiras histórias foram copiadas por outras pessoas muito tempo depois). A idade muito avançada que as pessoas diziam ter vivido pode refletir uma maneira diferente de como os números eram usados para medir o tempo. Diz-se que Matusalém foi o ser humano que viveu mais tempo e morreu aos 969 anos (veja Gênesis 5:7), mas sua idade inicialmente pode ter um ponto decimal, o que faria com que ele tivesse cerca de 97 anos.

Os sacerdotes usavam trombetas feitas de chifres de animais para anunciar reuniões, sinalizar o momento de avançar, preparar-se para a batalha e celebrar oferendas durante seus festivais.

Depois de viajar 50 quilômetros, algumas das pessoas começaram a reclamar da comida. Eles sonhavam com a comida que tinham no Egito, principalmente a carne, e estavam cansados de comer a mesma comida todos os dias. Deus ficou decepcionado com a atitude deles, o que assustou Moisés e o fez pensar que seu trabalho era demais para ele. Moisés disse a Deus: 'Não posso cuidar de todo esse povo sozinho; essa responsabilidade é grande demais para mim. Mate-me agora mesmo.' Deus disse a Moisés para reunir 70 homens ao redor de sua tenda, e o Espírito os encheu para que também se tornassem sábios e ajudassem a liderar o povo.

Espiões Vão para Canaã

Quando os Israelitas se aproximaram de Canaã, Deus disse a Moisés que um homem de cada uma das 12 tribos deveria viajar para Canaã para coletar informações sobre quem estava morando lá e que tipo de alimento estava sendo cultivado. Moisés disse aos 12 espiões: 'Vejam como é a terra e se o povo que vive lá é forte ou fraco, muitos ou poucos. Descubra se a terra é boa ou ruim, se o solo é fértil ou pobre, e se há árvores. Determine em que tipo de cidade eles vivem e se há muros e fortalezas. Se puderem, tragam alguns frutos da terra.'

Os 12 espiões exploraram a região minuciosamente e retornaram após 40 dias. Eles relataram que a terra era excelente, mas o povo era forte e seria difícil de derrotar em batalha. Dez espiões disseram que a ocupação de Canaã seria impossível porque as cidades eram grandes e bem defendidas e as diferentes tribos tinham combatentes impiedosos. As pessoas eram enormes — os espiões se sentiram como gafanhotos comparados a eles.

Mas dois dos espiões, Calebe e Josué, tinham uma opinião diferente. Eles disseram: 'O Senhor nos levará para a terra, se o Senhor se agradar de nós. Se não formos rebeldes contra o Senhor e não tivermos medo do povo que vive lá, vamos devorá-los. A proteção deles terá acabado se o Senhor estiver conosco.'

Os 10 céticos convenceram os líderes de que uma invasão bem-sucedida era impossível. Eles então começaram a gritar com Moisés e Arão por liderá-los em uma viagem sem sentido. Eles ameaçaram apedrejar

Calebe e Josué e até consideraram substituir Moisés por um líder que os levaria de volta ao Egito.

Deus ficou muito chateado com os Israelitas e disse a Moisés: 'Até quando eles se recusarão a crer em mim, mesmo depois de tudo que fiz por eles? Eu os atingirei com uma praga e os destruirei.'

Mas Moisés argumentou que a reputação de Deus seria arruinada porque todas as outras nações sabiam o que Deus havia prometido fazer pelos Israelitas. 'As nações dirão que não conseguiste levar teu povo à terra prometida, por isso os matou no deserto. O Senhor é conhecido como um Deus que é lento em irar-se, cheio de amor, e que perdoa nossa iniquidade e rebelião. Como um Deus de amor, perdoa o pecado destas pessoas, assim como tens perdoado desde que saíram do Egito.'

O Senhor concordou com Moisés. 'Eu os perdoarei, conforme você pediu. No entanto, nenhum dos que tiverem pelo menos 20 anos de idade, exceto Calebe e Josué, entrará em Canaã como eu prometi. Eles morrerão neste deserto. Seus filhos sofrerão pela sua infidelidade trabalhando como pastores no deserto por 40 anos, um ano para cada dia em que os espiões observaram a terra. Sofrerão por seus pecados e saberão como é me ter contra eles.'

Deus disse a Moisés para levar o povo ao deserto de volta ao Mar Vermelho. Os 10 espiões que agitaram a multidão pegaram uma praga e morreram. Depois de ver que esses espiões morreram e enfrentar a perspectiva de mais 40 anos de peregrinação no deserto, o povo se arrependeu. Mas muitas de suas confissões não eram genuínas; eles se arrependeram apenas para que a viagem para Canaã fosse retomada. Moisés disse a eles que eles tinham que ficar juntos e todos voltarem para o deserto, e que Deus não estaria com ninguém que deixasse o grupo. Mas alguns insistiram em rumar para o norte por conta própria para invadir Canaã. Quando o fizeram, foram derrotados.

Moisés é Desafiado

Enquanto as pessoas se preparavam para seguir para o sul, quatro homens trouxeram 250 líderes comunitários altamente respeitados até ele e desafiaram sua autoridade. Um dos rebeldes era um Levita que questionou a autoridade do sacerdócio da família de Arão. Moisés disse a todos que voltassem à sua tenda no dia seguinte. Quando eles voltaram no dia seguinte,

Deus disse a Moisés e Arão para se afastarem. Então Moisés disse aos que se reuniam perto das tendas: 'Se esses líderes rebeldes tiverem uma morte normal, então o Senhor não me enviou. Mas se o Senhor fizer algo incomum, então vocês saberão que esses homens trataram a Deus com desprezo.' Assim que Moisés disse isso, o chão se partiu, e os líderes rebeldes e suas famílias caíram em uma abertura no chão. Então a terra se fechou, e todos se foram. Então, fogo queimou os outros 250 homens.

No dia seguinte, toda a comunidade de Israel estava zangada com Moisés e Arão e reclamando que eles haviam matado muitos do povo de Deus. Líderes de cada uma das 12 tribos confrontaram Moisés e Arão. Deus fez uma praga infectar os Israelitas, e só parou quando Arão correu para fazer uma oferenda. Mas quando ele conseguiu terminar, milhares de pessoas haviam morrido.

Moisés Continua a Liderar

Quando os Israelitas se mudaram para o deserto, havia pouca água porque havia muitas pessoas vivendo à beira do deserto. As pessoas começaram a reclamar novamente e desejaram estar mortas ou de volta ao Egito. Deus disse a Moisés para pegar uma vara longa e dizer à rocha na frente deles para produzir água. Quando as pessoas se reuniram na rocha, Moisés ficou impaciente e bateu na rocha duas vezes com a vara, produzindo um jorro de água. Mas Moisés não honrou a Deus no processo e bateu na rocha em vez de dizer a ela para produzir água. Por causa de sua impaciência, Deus disse a Moisés e Arão que eles não poderiam entrar em Canaã.

Moisés conduziu o povo para o sul através de um vale controlado por alguns de seus inimigos, e o povo reclamou novamente da falta de água e pão e da comida miserável. Para puni-los, Deus enviou cobras venenosas, e muitos Israelitas foram mordidos e morreram. O povo confessou e pediu a Moisés que Deus levasse as cobras embora. O Senhor disse a Moisés para fazer uma cobra de bronze e colocá-la em uma haste, e que qualquer um que fosse mordido poderia olhar para ela e sobreviver.

Indo em Direção à Canaã

Os Israelitas então voltaram para uma região a leste de Canaã, onde encontraram vários inimigos ao longo do caminho. Os Israelitas venceram todas as batalhas e tomaram a terra do lado leste do Mar Salgado. Eles acamparam a leste do rio Jordão, em frente a Jericó, uma cidade grande e poderosa.

Moisés e os outros líderes Israelitas se prepararam para cruzar o rio Jordão em direção a Canaã. O número de soldados em seu exército era aproximadamente o mesmo de quando os Israelitas deixaram o Egito mais de 40 anos antes. Mas apenas dois deles eram as mesmas pessoas, Calebe e Josué, os dois espiões que acreditavam que Deus os levaria à vitória em Canaã.

Então Deus deu a Moisés instruções específicas sobre o que o povo deveria fazer quando entrasse em Canaã.

Quando vocês atravessarem o Jordão para entrar em Canaã, expulsem todos os habitantes de lá, destruam todas as suas imagens e todos os ídolos de seus deuses, e derrubem todos os seus altares. Ocupem e instalem-se na terra, pois eu a dei a vocês. Se vocês não os expulsarem, aqueles que ficarem se tornarão pedras de tropeço para vocês — eles lhes causarão problemas, e então farei a vocês o mesmo que planejo fazer a eles.

Já que Moisés não iria entrar em Canaã, Deus escolheu Josué para se tornar o novo líder dos Israelitas. Moisés deu instruções sobre como as ofertas e celebrações deveriam ocorrer em Canaã. Ele também registrou todos os eventos importantes que ocorreram e o que Deus lhe disse depois que os Israelitas deixaram o Egito.

Moisés Dá Suas Últimas Palavras

Antes de o povo cruzar o rio Jordão para Canaã, Moisés falou com eles e resumiu os principais eventos ocorridos nos últimos 40 anos. Ele enfatizou o quão importante era honrar a Deus, guardar os mandamentos e obedecer às regras que ele havia estabelecido — todas elas vinham de Deus.

Moisés também advertiu o povo sobre as consequências de não ser fiel. Ele sabia que seu maior desafio seria de natureza espiritual. Ele disse-lhes:

Se você se tornar corrupto e fizer o mal aos olhos do Senhor, Deus ficará irado e você rapidamente perecerá. O Senhor os espalhará entre outras nações, e apenas alguns de vocês sobreviverão. Mas se de lá você buscar o Senhor de todo o seu coração e de toda a sua alma, você encontrará a Deus. Mais tarde, você retornará ao Senhor, que é misericordioso e que não o abandonará nem destruirá nem esquecerá as promessas feitas com seus antepassados. Ouve, ó Israel: O Senhor nosso Deus é um só Senhor. Você deve amar o Senhor seu Deus com todo o seu coração, com toda a sua alma e com todas as suas forças.

Moisés deu mais instruções sobre o que deveria acontecer quando os Israelitas entrassem em Canaã. Deus os levaria à vitória sobre as maiores e mais fortes nações, e essas nações deveriam ser totalmente destruídas. Os Israelitas não deveriam ficar aterrorizados com as nações que ocupavam Canaã porque o 'grande e temível' Deus estava com eles. Eles não deveriam fazer nenhum tratado com as outras nações e não deveriam mostrar-lhes nenhuma misericórdia. Eles não deveriam se casar com pessoas das outras nações porque isso levaria os Israelitas a seguir outros deuses. Qualquer coisa relacionada a outro deus tinha que ser destruída.

Para evitar que os Israelitas ficassem arrogantes com seu sucesso, Moisés lhes disse: 'Não é porque você é justo ou bom que você tomará posse da terra deles. Mas é por causa da maldade dessas nações. Afinal, Deus nos considera um povo obstinado.' O povo deveria amar e obedecer a Deus, não de maneira formal e rotineira, mas porque Deus primeiro havia demonstrado amor pelos Israelitas de muitas maneiras. O amor estava no centro do relacionamento — tinha que ser demonstrado tanto por Deus quanto pelos Israelitas.

Moisés disse ao povo que se lembrasse da bondade de Deus lendo as histórias sobre como Deus os livrou do Egito e todas as outras coisas que haviam acontecido desde então. Moisés disse-lhes que se cercassem de lembretes dessa bondade e obedecessem aos mandamentos de Deus. Ele lhes deu esta mensagem de Deus:

Que minhas palavras estejam em seus corações e mentes; amarre-as como um sinal em suas mãos e testas. As ensinem aos seus filhos, falando sobre elas quando estiver em casa e andando pela estrada, quando se deitar e se levantar. Eu coloco diante de vocês uma bênção e uma maldição. Vocês serão abençoados se ouvirem meus mandamentos, mas serão amaldiçoados se não ouvirem meus mandamentos e se afastarem de mim para seguir outros deuses.

Moisés disse ao povo que Deus estava apenas pedindo que respeitassem o Senhor. 'Caminhem em obediência, amem e sirvam ao Senhor de todo o coração e de toda a alma. Observem os mandamentos de Deus que lhes dou hoje para o seu próprio bem. Não é muito difícil para vocês. Hoje, coloco em sua frente vida e prosperidade, morte e destruição. Escolham a vida.'

Moisés disse a Josué que o Senhor estava com ele, tinha ido antes dele e nunca o deixaria. Portanto, ele não deveria ter medo ou desanimar. Deus falou secretamente com Moisés e Josué e disse que o povo realmente se afastaria de Deus. Os últimos 40 anos provaram que os Israelitas eram naturalmente rebeldes e obstinados, tinham pouca atenção, muitas vezes esqueciam e davam como garantidas as bênçãos de Deus. Deus disse a Moisés para escrever uma canção que as pessoas pudessem cantar quando as coisas ficassem ruins no futuro. A música descrevia como o bom Deus os deixou porque não foram fiéis aos mandamentos de Deus. Os Israelitas cantavam a canção e se lembravam do porquê de sofrerem.

Moisés viu Canaã de uma colina a leste do rio Jordão. Depois que ele morreu, Josué disse ao povo que se preparasse para atravessar o rio Jordão e entrar em Canaã.

CAPÍTULO 6

* * *

A Ocupação de Canaã

As Vitórias de Josué eliminam a maioria das áreas de idolatria

Muitas 'nações' diferentes viviam em Canaã quando os Israelitas acamparam perto de Jericó, e as tribos não se davam bem. Muitas das cidades tinham muralhas fortes, e seus líderes pagavam para nações mais poderosas para evitar serem tomadas. As nações que ocupavam Canaã acreditavam em muitos deuses que o povo pensava que exigiam coisas horríveis. Por exemplo, era comum que as pessoas pensassem que seus deuses queriam que crianças fossem mortas como sacrifício.

Israel cruza o Jordão e ataca Jericó

Josué enviou dois espiões para saber mais sobre Jericó, a primeira cidade contra a qual batalhariam. Eles conheceram uma mulher pecadora chamada Raabe que os informou que todos em Canaã já sabiam sobre os Israelitas e seu poderoso Deus, e que planejavam tomar toda a terra. Todos tinham muito medo deles.

Os espiões foram rapidamente vistos visitando Raabe, e os guardas da cidade foram à sua casa e lhe disseram para libertá-los. Mas ela os escondeu no telhado e disse aos guardas que eles não estavam mais lá. Os guardas acreditaram nela e saíram para procurá-los. Então Raabe pediu a eles que poupassem ela e sua família da destruição que se aproximava — ela os salvou e queria ser salva também. Os espiões elaboraram um plano para garantir que ela não morresse quando a cidade fosse atacada. Ela então deixou os dois espiões descerem por uma corda através de uma janela na parede, e eles atravessaram o rio até Josué.

Na manhã seguinte, Josué ordenou que os Israelitas se reunissem no rio Jordão, que estava na fase de cheia na primavera. Os sacerdotes levaram a Arca da Aliança até a beira do rio, e o rio parou de fluir assim que eles colocaram seus pés na água. (Uma enorme seção de rocha havia acabado de cair da encosta 25 quilômetros rio acima, formando um reservatório e interrompendo o fluxo do rio.) As pessoas atravessaram o rio e acamparam perto de Jericó. As pessoas ficaram maravilhadas com o poder de Deus.

Os portões de Jericó foram fechados, pois esperavam uma batalha com os Israelitas. Mas Josué não atacou. Em vez disso, o Senhor disse a Josué que todo o exército marchasse ao redor da cidade uma vez por dia durante seis dias. Os sacerdotes lideravam o desfile e tocavam suas trombetas enquanto outros sacerdotes carregavam a Arca, com o exército atrás de si. O exército marchava em silêncio. No sétimo dia, eles marcharam ao redor da cidade sete vezes, e quando o exército ouviu um longo toque das trombetas, todos deram um grande grito. As muralhas da cidade desmoronaram e o exército invadiu a cidade desprotegida e matou todos, exceto Raabe e seus familiares, que tiveram permissão para viver com os Israelitas. Josué queimou Jericó e amaldiçoou a cidade.

A notícia se espalhou rapidamente na região sobre o que havia acontecido com Jericó. Os diferentes reis que controlavam toda a terra em Canaã sabiam que o Deus de Israel era muito mais forte que o deles e perderam a coragem de lutar. Os Israelitas atacaram muitas outras cidades da região, mas se alguém guardasse objetos de valor para si, o exército perdia a batalha e o ladrão era morto.

O povo de Gibeom percebeu que estava condenado e enganou Israel para fazer um tratado de paz com eles. Eles se fingiram de estrangeiros pobres e se ofereceram para serem servos de Israel. Josué fez um tratado com os Gibeonitas, mas logo descobriu que era um truque. Ainda assim ele honrou o tratado — os Gibeonitas não foram mortos, mas devido à sua mentira, foram amaldiçoados a serem servos de Israel.

Os reis próximos combinaram seus exércitos para que lutassem contra os Israelitas como um só exército. Eles atacaram Gibeom, mas Josué e seu exército marcharam a noite toda e surpreenderam os invasores pela manhã. Os Israelitas lutaram o dia todo e derrotaram todos os exércitos adversários em Gibeom, depois perseguiram os exércitos que estavam partindo em retirada e mataram os reis dos exércitos invasores. Josué e o exército continuaram em direção ao sul e conquistaram muitas outras cidades, sem deixar sobreviventes. Quando terminou, Josué havia conquistado a região toda, desde o centro de Canaã e todas as áreas ao sul.

Josué Dirige os Ataques para o Norte

Então ele e o exército se viraram para o norte. As nações do norte de Canaã ouviram o que havia acontecido com os exércitos no centro e no sul de Canaã e se uniram para lutar contra o exército de Israel. Em um ataque surpresa, o exército Israelita derrotou as forças combinadas de alguns dos exércitos adversários, e então derrotou o enorme exército liderado por carruagens da grande cidade de Hazor e queimou-o. O exército de Israel então perseguiu os exércitos das nações do norte que estavam partindo em retirada até a Fenícia. Todos foram mortos, mas, exceto Hazor, nenhuma cidade foi destruída, pois seriam usadas pelos Israelitas no futuro. Os Israelitas guardavam para si todo o gado e objetos de valor do povo. Isso acabou com toda a luta.

A Conquista Está Completa

Levou sete anos para Josué concluir todas as batalhas, e 31 reinos foram conquistados em Canaã. Somente Gibeom fez um tratado de paz com Israel e se tornaram servos de Israel. Mas algumas áreas não foram ocupadas, então pessoas de outras tribos ainda viviam na região. Josué fez essencialmente o que Deus e Moisés lhe disseram para fazer — eliminar os habitantes de Canaã que se opunham ao único Deus verdadeiro. Isso permitiu que os Israelitas se estabelecessem na terra prometida, mas ainda coexistiam com os que não eram crentes.

Josué deu terras às 12 tribos de Israel de acordo com o número de pessoas em cada tribo: tribos maiores herdaram mais terras. Os exércitos de três tribos conseguiram a terra que queriam a leste do rio Jordão. Os Levitas deveriam receber 48 cidades para viver dentro da terra de cada tribo, e terras fora dessas cidades para seus animais.[2] Seis cidades herdadas pela tribo de Levi foram designadas a serem 'cidades de refúgio' para que as pessoas pudessem buscar segurança se acidentalmente matassem alguém. As tribos designaram cidades e pastagens para os Levitas. Calebe, o único sobrevivente da geração anterior que cruzou para Canaã além de Josué, recebeu a cidade de Hebrom. Siló se tornou o centro religioso

---

[2] As 12 tribos que herdaram a terra foram Rúben, Simeão, Judá, Issacar, Zebulom, Benjamim, Dã, Naftali, Gade, Aser e os dois filhos de José, Efraim e Manassés. A tribo Levi recebeu cidades entre as 12 tribos.

onde a Arca da Aliança foi mantida e onde as disputas nacionais eram discutidas.

Quando Josué distribuiu a terra para as tribos, ele já era um homem velho. Ele reuniu os líderes das tribos para lembrá-los de permanecerem fiéis ao único Deus verdadeiro e não se misturarem com os Cananeus que viviam na região. Ele os lembrou de que coisas boas vinham para eles porque eles obedeciam a Deus, mas que Deus os destruiria se eles se comportassem com maldade. As batalhas e a purificação de Canaã eram para eliminar os poderes do mal na região, demonstrar ao mundo o poder do Deus de Israel e criar uma sociedade de pessoas santas que não se comprometessem com o mal. Ele disse aos presentes:

Tema ao Senhor e sirva a Deus com toda fidelidade. Livre-se de qualquer um dos deuses que seus antepassados adoravam no passado. Mas se servir ao Senhor parecer difícil para vocês, então vocês precisam escolher a quem irão servir, se são os deuses que seus antepassados serviram ou os deuses das pessoas que vivem na terra onde vocês vivem. Mas eu e a minha família serviremos ao Senhor.

Os líderes prometeram confiar, servir e adorar ao Senhor, seguir os mandamentos e decretos de Deus e não se misturar com o povo cananeu.

Capítulo 7

O Sofrimento de Israel em Canaã

As Tribos se Separam, Abandonam Sua Fé e Começam a Perder a Bênção de Deus

Por causa das distâncias e da falta de unidade entre as 12 tribos, não havia lugar para os líderes tribais tomarem decisões ou determinarem como podiam trabalhar em conjunto. Como resultado, cada tribo desenvolveu sua própria forma de viver na área onde haviam se estabelecido.

As tribos travaram batalhas com aqueles que ainda viviam na região. Várias das grandes cidades ainda eram controladas pelos Cananeus, porque os Israelitas em sua área não eram fortes o suficiente para derrotá-los em batalha. Em alguns casos, a população local reconstruiu as cidades que os Israelitas haviam destruído e se tornou poderosa novamente. Alguns Israelitas tornaram-se amigos dos Cananeus e adotaram seus modos de vida, inclusive participando de cerimônias religiosas em adoração a outros deuses. O casamento entre as tribos levou a uma maior deterioração da fidelidade dos Israelitas aos mandamentos de Deus e aos rituais religiosos. Moisés havia avisado ao povo para não fazer essas coisas, e o povo havia prometido não fazer. Mas a maioria das pessoas fazia o que queria fazer.

Nos séculos seguintes, os Israelitas abandonaram sua fé em Deus com tanta frequência que Deus retirou as bênçãos que haviam sido prometidas a Moisés e Josué. Essa infidelidade espiritual, na qual o povo quebrou a promessa que havia feito de permanecer fiel a Deus, levou-o a ser dominado por outros. Vários líderes Israelitas com fé em Deus ajudavam as tribos a superar essa dominação e criavam tempos de paz e prosperidade, que duravam até que a próxima rodada de infidelidade chegasse.

Opressão e Vitórias Periódicas

Os Israelitas foram atacados pela primeira vez por seus inimigos do norte que os trataram com muita severidade por oito anos. Otoniel, juiz e líder militar da tribo de Judá e irmão mais novo de Calebe, derrotou os exércitos, que deram início a 40 anos de paz. Mas os Israelitas novamente fizeram o mal aos olhos de Deus, e uma tribo diferente ao leste os invadiu e assumiu o controle de Canaã por 18 anos. Eúde, da tribo de Benjamim, enganou e matou o rei estrangeiro e obteve uma vitória militar sobre aquele exército. Isso levou a 80 anos de paz.

A região foi então tomada pelo poder Cananeu de Hazor, que havia sido reconstruída. A profetisa e juíza Israelita Débora tratava de disputas entre os Israelitas enquanto observava coisas terríveis sendo feitas ao seu povo. (Os profetas falavam os pensamentos e ensinamentos de Deus ao povo e aos líderes, e às vezes faziam previsões sobre o futuro). Deus disse a ela para entrar em contato com um homem chamado Baraque, para dizer que o Senhor queria que ele liderasse exércitos contra o forte exército de Hazor. Deus prometeu uma vitória a Baraque, mas ele só iria se Débora fosse com ele. Ela concordou, e juntos eles derrotaram o exército de Hazor quando suas pesadas carruagens de ferro ficaram presas na lama que se formou depois das fortes chuvas que caíram pouco antes da batalha; 40 anos de paz se seguiram à sua vitória.

Gideão e Jefté

Israel acabou por tornar-se infiel novamente e fez todo tipo de coisas más. Nômades hostis de Midiã às vezes atacavam a comida e os animais dos Israelitas. Esses ataques periódicos levaram os Israelitas a viver em cavernas e colinas.

Quando os Israelitas pediram ajuda a Deus, o Senhor chamou Gideão, um jovem agricultor, para liderá-los. Um estranho lhe disse que Deus faria dele um guerreiro poderoso, mas ele duvidava que isso fosse possível. Ele não tinha treinamento, era de uma pequena aldeia da tribo mais fraca e era o mais jovem de sua família. Ele sabia que Deus havia abandonado as tribos de Israel por causa de seus pecados constantes. Mas o estranho disse que Deus estaria com ele e expulsaria todos os Midianitas.

Gideão queria um sinal para provar que Deus estava com ele. Vários milagres ocorreram para provar a Gideão que Deus o havia escolhido para liderar o exército e que seria vitorioso. Ele tinha mais de 32 mil homens em seu exército, mas Deus lhe disse que eram soldados demais — se ele vencesse a batalha, as pessoas não dariam crédito a Deus. Através de uma série de testes para reduzir o número de homens no exército, Gideão acabou com apenas 300 homens. Com um exército tão pequeno, se Gideão vencesse uma batalha contra todas as probabilidades, somente Deus receberia o crédito.

Os homens de Gideão lançaram um ataque surpresa durante a noite, o que causou confusão e pânico entre os inimigos, que começaram a lutar entre si. Muitos deles recuaram e foram perseguidos pelos homens de Gideão por uma distância de 65 quilômetros, bem além do rio Jordão. Mais de 135 mil soldados e líderes inimigos foram mortos nesta longa batalha.

Após as batalhas, os Israelitas queriam fazer de Gideão seu rei, e de seus filhos os reis sucessivos. Mas ele recusou e disse que Deus era o rei deles. No entanto, ele pediu um brinco de ouro de todos os que tiraram ouro do inimigo. O povo deu a Gideão 43 libras de ouro, e ele fez uma vestimenta elaborada para si e a levou para sua cidade natal. Lá, ela tornou-se uma vestimenta sagrada que as pessoas reverenciavam mais do que a Deus.

A vitória trouxe aos Israelitas 40 anos de paz. Mas quando Gideão morreu, os Israelitas começaram a adorar o deus local, Baal. Eles esqueceram o que Gideão e o Senhor fizeram por eles. Depois que vários juízes conduziram Israel durante 45 anos de paz, os Israelitas começaram a adorar Baal e outros deuses novamente, e potências estrangeiras tomaram a região e maltrataram os Israelitas.

Após 18 anos de dominação dos Amonitas no leste, os Israelitas pediram a Deus que perdoasse seus pecados passados. Eles destruíram seus deuses estrangeiros e serviram ao Senhor. Então eles pediram a Jefté que liderasse um exército para derrotar essa potência estrangeira. Ele era um filho ilegítimo que era maltratado por seus meios-irmãos, e ele havia fugido e vivido com homens sem-teto nas margens do deserto. Ele havia se tornado famoso como um guerreiro destemido que liderara uma gangue de bandidos. Os Israelitas disseram que se ele vencesse a batalha, eles fariam dele seu líder.

Jefté concordou e primeiro tentou negociar uma solução pacífica com o rei inimigo sobre uma disputa de terras, mas esse esforço falhou. Jefté então foi e destruiu 20 das cidades do inimigo e liderou todo o Israel por seis anos até a sua morte.

Sansão e os Filisteus

Jefté foi seguido por diferentes juízes que serviram por mais 25 anos, mas depois disso, os Israelitas se afastaram do Senhor e passaram a seguir deuses estrangeiros. Eles caíram sob o domínio dos Filisteus, uma tribo forte que ocupava terras férteis no Mar Mediterrâneo. Seu controle sobre Canaã durou 40 anos.

Um anjo disse a um casal que morava perto do território Filisteu e que não podia ter filhos que eles teriam um filho. Ele seria um Nazireu desde o nascimento — não consumiria nenhuma forma de uva, não tocaria uma pessoa morta e jamais cortaria o cabelo. O menino livraria Israel dos Filisteus. Quando o menino nasceu, deram-lhe o nome de Sansão.

Sansão ficou famoso por sua grande força. Mas ele também era impulsivo e irascível e carecia de sabedoria e bom caráter moral. Por exemplo, ele dormia com mulheres estranhas, casou-se com estrangeiras e muitas vezes quebrou seu voto de não encostar em uma pessoa morta. Ele matou milhares de Filisteus por causa de sua bravura e grande força, e governou Israel por 20 anos.

Dalila

No final de seu reinado, Sansão se apaixonou por uma mulher chamada Dalila. Os Filisteus pediram que ela descobrisse por que Sansão era tão forte e a pagaram para que descobrisse seu segredo. Dalila perguntou várias vezes a Sansão como ele ficou tão forte. Todas as vezes, ele mentia, e todas as vezes, Dalila contava aos Filisteus o que ele havia dito. Quando os Filisteus tentavam capturá-lo, ele lutava contra eles porque ainda era forte.

Dalila reclamou muitas vezes com Sansão sobre as mentiras que ele contava para ela. Ela dizia que ele não a amava e a fazia parecer uma tola. Ela o importunou com o assunto dia após dia, até que ele se cansou de sua importunação. Sansão não percebeu o que Dalila estava tentando fazer, e ele finalmente disse a ela que sua força iria embora se seu cabelo fosse cortado. Dalila contou esse segredo aos Filisteus, e depois que ela cortou o cabelo dele enquanto ele dormia, Deus o deixou, e os Filisteus o capturaram facilmente. Eles arrancaram seus olhos, o fizeram prisioneiro e o forçaram a moer grãos.

Com o tempo, o cabelo de Sansão cresceu mais e ele recuperou sua força. Quando os governantes Filisteus tiraram Sansão da prisão para zombar dele para uma multidão muito grande, ele pediu que o colocassem entre dois pilares que sustentavam o edifício para que ele pudesse se apoiar neles.

Sansão então orou ao Senhor: 'Por favor, Senhor, lembra-te de mim! Dá-me forças mais uma vez, e permita que eu me vingue dos filisteus por causa dos meus dois olhos.' Então Sansão criou coragem, parado entre os dois pilares centrais que sustentavam o templo, e empurrou os pilares com toda a sua força. O templo desabou e matou todos que estavam nele.

Noemi e Rute

Durante esses tempos difíceis, membros das tribos Israelitas se moveram pela região. As migrações ocorriam por causa de lutas, fome e para reunir os familiares. Durante um período de fome, uma pequena família que morava em Belém mudou-se para além do Mar Salgado. O marido morreu e deixou sua esposa, Noemi, e dois filhos. Os filhos se casaram com Orfa e Rute, duas mulheres locais. Quando os filhos morreram, tudo o que restou foi Noemi e suas duas noras.

Noemi ficou sabendo que Deus havia providenciado comida em Judá, mas ela queria ir sozinha para que Orfa e Rute pudessem se casar novamente. Rute insistiu em ir com Noemi e disse: 'Aonde fores irei, onde viveres viverei! O teu povo será o meu povo e o teu Deus será o meu Deus! Onde morreres morrerei, e ali serei sepultada. Que o Senhor me castigue com rigor se eu permitir que outra coisa que não a morte nos separe.' Ela estava abandonando sua vida anterior e se comprometendo com os costumes dos Israelitas.

Quando Noemi e Rute chegaram a Belém, Rute disse que queria trabalhar nos campos de cevada que estavam sendo colhidos. Ela acabou trabalhando para Boaz, um rico proprietário de terras que era parente do falecido marido de Noemi. Quando Boaz viu Rute no campo, soube que ela era nora de Noemi e que trabalhava arduamente.

Boaz disse a Rute para trabalhar para ele e cuidar das lavouras. Rute curvou-se a Boaz e perguntou-lhe: 'Por que me notou e gostou de mim, mesmo eu sendo uma estrangeira?'

Boaz respondeu: 'Contaram-me tudo o que você tem feito por sua sogra, depois que seu marido morreu, e como deixou seus pais e sua terra natal para viver com um povo que não conhece. Que o Deus de Israel te recompense!'

Rute respondeu a Boaz: 'Que eu continue a ser favorecida aos seus olhos. O senhor me deixou à vontade falando gentilmente comigo, mesmo que eu não seja uma de suas servas.' Boaz deu-lhe comida para levar para casa, e Rute explicou a Noemi o que havia acontecido naquele dia.

Rute continuou a trabalhar para Boaz durante várias outras colheitas naquele ano enquanto morava com Noemi. Eventualmente, eles se casaram e tiveram um filho chamado Obede, que mais tarde se tornou o pai de Jessé, que teve um filho chamado Davi, que se tornaria o maior líder de Israel. O status de Rute mudou drasticamente por causa de sua integridade e coragem para mudar sua lealdade.

Outros Conflitos e Períodos de Paz

Houve um padrão consistente durante esses séculos. Os Israelitas começavam a honrar a Deus, mas então eles se sentiam confortáveis, se conformavam com os costumes e cultura locais e gradualmente se esqueciam de seguir a Deus. Isso levava à opressão e levava o povo a experimentar a ausência das bênçãos de Deus. Quando as coisas ficavam muito ruins para os Israelitas, eles pediam ajuda a Deus, e diferentes heróis surgiam para derrotar os opressores. Suas vitórias foram devidas ao poder de Deus, não ao poder dos exércitos de Israel. Foi através da fraqueza e limitações humanas que o poder e a glória de Deus foram revelados. Deus continuou a ser fiel e a perdoar aqueles que clamavam por ajuda, obedeciam às regras de uma boa vida e tinham fé. As vitórias restauravam a paz (*shalom* em hebraico) e a justiça, até que o ciclo de declínio recomeçava.

————•◦•◦•————

CAPÍTULO 8

Coroando um Rei Unificador

A Situação Inicial da Nação Tem Resultados Mistos

As diferentes tribos Israelitas lutavam entre si e às vezes ficavam irritadas quando eram deixadas de fora das batalhas nas quais a vitória teria trazido a elas alguma vantagem. As tribos também lutavam entre si quando alguma ofensa ocorria entre os membros das diferentes tribos. Durante essas guerras civis, as pessoas de várias tribos roubavam umas das outras, inclusive tomando mulheres de outras tribos para serem suas esposas. As tribos não tinham qualquer lealdade umas pelas outras e invejavam umas às outras. Não havia rei, e cada tribo agia em seus interesses próprios.

Sem um rei unificador e uma maneira de selecionar o próximo rei, as tribos de Israel tinham pouco prestígio na região. Os Filisteus representavam a maior ameaça a Israel — seu exército e economia eram fortes enquanto os de Israel eram fracos. Israel também tinha inimigos ao norte e ao leste, e ter o mar em sua fronteira oeste não era uma vantagem porque Israel não tinha experiência no uso de grandes embarcações. Eles estavam cercados de problemas e precisavam se defender, mas as 12 tribos não estavam trabalhando juntas de forma alguma para isso.

Samuel, o Profeta e Juiz

Durante este tempo, a vida religiosa em Israel tinha sido negligenciada. Os sacerdotes agiam de forma inadequada e se aproveitavam daqueles que vinham ao tabernáculo em Siló para adorar e fazer sacrifícios.

Uma mulher sem filhos chamada Ana veio ao tabernáculo um dia e estava chorando intensamente. Há muitos anos ela queria um filho e fez um voto a Deus: 'Se me deres um filho, eu o dedicarei ao Senhor por todos os dias de sua vida.' O sumo sacerdote viu Ana orando e perguntou a ela sobre sua oração. Ele disse a ela: 'Vá em paz. Que o Deus de Israel lhe conceda o que você pediu.' Ela saiu encorajada e Deus atendeu ao seu pedido — ela teve um filho e o chamou de Samuel.

Samuel trabalhava e vivia no tabernáculo quando menino e levava seus deveres a sério. Uma noite, ele ouviu alguém chamar seu nome. Ele finalmente entendeu que era Deus quem o chamava. Deus disse que o sumo sacerdote e seus filhos seriam destruídos porque não haviam honrado a Deus como deveriam, e mais tarde eles morreram em batalha. A notícia correu por todo Israel que Samuel, que ainda era um menino, era o profeta de Deus.

Os Filisteus dominaram e maltrataram os Israelitas por 20 anos, e eventualmente Israel se voltou para o Senhor. Samuel disse ao povo para destruir seus deuses estrangeiros e seguir a Deus. O povo deixou de lado seus outros deuses e passou a servir apenas ao Senhor. Samuel então reuniu os Israelitas em uma cidade e orou por eles. Os Filisteus ouviram falar da reunião e atacaram os Israelitas. Mas Deus trouxe trovões para a região e os Filisteus recuaram. Os Israelitas perseguiram e mataram muitos deles, e os Filisteus não invadiram mais Israel por muitos anos.

Samuel foi juiz e líder religioso em Israel pelo resto de sua vida. Ele viajou de cidade em cidade tomando decisões legais, libertou cidades que os Filisteus haviam capturado e expulsou Filisteus que viviam em outras áreas. Houve paz entre Israel e seus vizinhos enquanto Samuel era o líder.

Saul, o Primeiro Rei de Israel

Quando Samuel ficou velho, os anciãos pediram que ele nomeasse um rei para liderar a nação — eles queriam ser como as outras nações que tinham um rei. O Senhor disse a Samuel que eles estavam rejeitando Deus como líder de Israel e que ter um rei significaria que os Israelitas teriam que gastar muito dinheiro e tempo e contratar muitas pessoas para servir ao rei e proteger o reino.

Quando Samuel descreveu o que aconteceria se eles tivessem um rei, as pessoas não ouviram. Eles disseram que queriam ter um rei e ser como as outras nações. Deus disse a Samuel para nomear um rei e que no dia seguinte, um homem da tribo de Benjamim (a menor e menos prestigiosa de todas as 12 tribos) chegaria à cidade e que ele deveria ser o primeiro rei de Israel.

No dia seguinte, um homem alto e bonito chamado Saul entrou na cidade procurando seus jumentos. Samuel encontrou Saul e lhe disse em particular que ele se tornaria o primeiro rei de Israel. Samuel o abençoou e descreveu as coisas que aconteceriam no dia seguinte que confirmariam a Saul que ele era o escolhido. Saul tornou-se um homem mudado, e tudo que Samuel havia predito aconteceu no dia seguinte. O espírito de Deus encheu Saul e ele falou a verdade claramente. As pessoas que conheciam Saul ficaram maravilhadas com sua mudança de personalidade.

Samuel então liderou um processo com os líderes de todas as tribos para escolher um rei. Eles tiraram a sorte no palitinho para escolher uma tribo, depois fizeram o mesmo para escolher um clã e novamente para escolher uma família desse clã e, finalmente, um homem daquela família. Esse método de tomar decisões era frequentemente usado como uma maneira de permitir que Deus tomasse a decisão. Por fim, Saul foi escolhido e, quando foi levado perante o povo, ele era claramente o melhor entre os presentes. Samuel lhes disse: 'Vocês veem o homem que o Senhor escolheu? Não há ninguém como ele entre todo o povo.' O povo respondeu em voz alta: 'Vida longa ao rei!' Ele tinha 30 anos na época.

Samuel então fez seu último discurso aos Israelitas e os lembrou de seu passado. Ele disse que Deus os amava, e eles deveriam amar e honrar a Deus. Mas eles queriam um rei, e agora eles tinham um. Contanto que o povo servisse e obedecesse ao Senhor, tudo funcionaria bem. No entanto, se eles caíssem em pecado como haviam feito no passado, a mão de Deus seria contra Israel e seu rei, assim como havia sido no passado. Ter um rei não iria salvá-los.

As Falhas de Saul

Apesar de sua incrível aparência física, Saul tinha falhas de personalidade que arruinaram suas chances de grandeza. Ele era inseguro e não tinha uma opinião boa sobre si mesmo. Ele vinha da menor tribo e estava sempre se preocupando com o que os outros pensavam dele. Era claro para os que estavam no campo de batalha que ele não tinha confiança em suas estratégias militares. Ele não tinha bom senso ao lidar com os outros, suspeitava dos motivos dos outros, tinha inveja quando os outros recebiam reconhecimento e erguia monumentos para honrar a si mesmo.

Mas o pior de tudo, ele desobedecia a Deus. Ele ficava com medo e oferecia sacrifícios cedo demais quando parecia que poderia perder uma batalha. Antes de uma batalha importante, Samuel disse a Saul que Deus queria que ele destruísse completamente o povo e todas as suas posses.

No entanto, depois de vencer a batalha, Saul poupou seu rei, e seus soldados o persuadiram a deixá-los ficar com os melhores animais. Quando Samuel encontrou Saul depois da batalha, Saul disse que tudo havia sido destruído. Mas Samuel sabia que isso não era verdade — ele conseguia ouvir os sons das ovelhas e do gado ao fundo.

A desculpa de Saul foi que seus soldados haviam guardado os animais para usar em sacrifícios. Samuel ficou furioso e disse: 'O Senhor por acaso se deleita em suas ofertas e sacrifícios mais do que em obedecer a Deus? Obedecer a Deus é mais importante do que o sacrifício de animais gordos. Rebelião é pecado e ser orgulhoso é mal. Assim como você rejeitou a palavra do Senhor, Deus o rejeitou como rei.' Samuel nunca mais falou com Saul.

Davi se Ergue, Saul Cai

Enquanto Samuel chorava por Saul e Israel, o Senhor o fez ir a Belém e se encontrar com Jessé, neto de Boaz e Rute, para identificar o próximo rei. O primeiro filho que apareceu a Samuel foi Eliabe, que tinha uma aparência física muito impressionante. Samuel pensou que este certamente era o homem que Deus queria que fosse rei. Mas Deus disse a Samuel: 'Não, não considere a sua aparência nem sua altura. O Senhor não vê o que as pessoas veem, a aparência externa. O Senhor vê o coração.'

Jesse trouxe sete de seus filhos a Samuel, que rejeitou todos eles. Ele perguntou se havia outros, e o mais novo estava cuidando das ovelhas. Davi foi chamado e entrou na sala, muito saudável e bonito. Samuel disse que Davi seria o próximo rei. Davi era um bom orador, um bravo guerreiro, um músico e um poeta. Quando Saul fora atormentado por espíritos malignos, seus servos lhe falaram sobre a habilidade de Davi de tocar a lira (uma pequena harpa), o que acalmava os ânimos de Saul. Saul havia pedido que viesse muitas vezes como visitante, enquanto Davi continuava sendo pastor dos rebanhos de sua família.

Golias

Quando os Filisteus ameaçaram atacar Israel novamente, os dois exércitos ficaram frente a frente nas colinas acima de um vale. O exército Filisteu tinha armaduras de ferro e bronze e um soldado chamado Golias que tinha quase dois metros de altura. Ele tinha armadura e armas pesadas, perfeitas para combate corpo a corpo. No entanto, seu tamanho incomum significava que ele tinha uma deformidade que o tornava lento e lhe dava uma deficiência visual, então ele podia ser morto por alguém que usasse um método diferente.

Golias foi ao vale todos os dias por mais de um mês e desafiou Israel a enviar um soldado ao vale para enfrentá-lo em uma luta vale-tudo. O lado perdedor se tornaria o servo do outro. Dessa forma, não haveria derramamento de sangue em uma batalha em grande escala. Saul e todo o seu exército ficaram aterrorizados com esse desafio, e ninguém se ofereceu para lutar contra Golias.

Vários dos filhos de Jessé estavam com Saul no local da batalha, mas Davi estava em casa cuidando das ovelhas. Jesse pediu que ele levasse comida para os irmãos e, quando Davi chegou, ficou sabendo do desafio de Golias. Davi se ofereceu para lutar contra Golias, mas Saul disse que não tinha chance contra um guerreiro tão grande e experiente.

Davi disse a Saul: 'Tenho cuidado das ovelhas do meu pai, e quando um leão ou urso ataca uma ovelha, eu o mato. Se posso matar um leão ou um urso, com certeza posso matar esse filisteu. Ele desafiou os exércitos do Deus vivo.'

Saul concordou em deixar Davi lutar contra Golias. Saul colocou sua armadura pesada em Davi, mas Davi disse que não poderia lutar daquela maneira. Em vez disso, ele usaria as armas que usava como pastor: um cajado de madeira, algumas pedras lisas e uma atiradeira. As pedras, chicoteadas rapidamente e lançadas pela atiradeira, podiam viajar a mais de 160 quilômetros por hora e eram muito letais nas mãos de um atirador habilidoso, mesmo a centenas de metros de distância. Com Deus ao seu lado e uma arma letal na mão, ele foi para o vale com confiança para lutar contra Golias.

Quando Golias viu como Davi era pequeno e que não tinha armadura, zombou dele e o amaldiçoou. Mas Davi lhe disse: 'Você luta contra mim com espada e lança, mas eu luto contra você em nome do Senhor dos Exércitos, o Deus dos exércitos de Israel, a quem você desafia. Então agora o Senhor vai entregar você em minhas mãos. Eu cortarei sua cabeça, e o mundo inteiro saberá que há um Deus em Israel.'

Quando Golias se aproximou para o ataque, Davi correu, colocou uma pedra em sua atiradeira e atirou diretamente no gigante. A pedra atingiu

Golias na testa e o derrubou no chão. Davi correu, agarrou a espada de Golias e cortou a cabeça do gigante, levantando-a para que todos vissem. Quando os Filisteus viram que Golias estava morto, eles se viraram e correram. O exército Israelita os perseguiu e os matou no caminho.

Saul persegue Davi

Davi ficou muito famoso, e Saul o manteve em sua casa, onde Davi desenvolveu uma amizade muito próxima com Jônatas, filho de Saul. Davi teve muito sucesso quando entrou em batalha, o que aumentou sua popularidade. Saul ficou com inveja da fama de Davi quando ouviu o povo dizer, depois das batalhas: 'Saul matou milhares, e Davi, dezenas de milhares.' Saul ficou cada vez mais paranoico e tentou matar Davi várias vezes, mas Davi sempre escapava. Saul o enviou para a batalha, esperando que fosse morto, mas Davi sempre voltava vitorioso.

A filha de Saul tornou-se esposa de Davi, e ela o avisou que Saul queria matá-lo. Davi escapou e quase foi capturado várias vezes enquanto os homens de Saul o perseguiam pela região. Davi teve várias chances de matar Saul, mas a cada vez ele escolheu não fazê-lo porque havia sido Deus quem tinha nomeado Saul rei. Davi sabia que, se fosse se tornar rei, não deveria acelerar o processo desobedecendo à ordem de Deus de não matar. O processo de Deus permitiria que ele se tornasse rei do jeito certo. Davi se escondeu em diferentes locais e acabou se mudando para o território Filisteu por segurança.

Saul e seus filhos acabaram sendo mortos em uma batalha contra os Filisteus. Ele não recebeu um enterro real e, com sua vitória, os Filisteus controlaram toda Canaã. A vida de Saul foi uma tragédia. Ele passou de um começo humilde para uma posição de poder e prestígio, mas suas falhas pessoais, comportamentos impróprios e decisões de desobedecer a Deus resultaram na perda da bênção de Deus e um final vergonhoso.

Capítulo 9

Rei Davi e Rei Salomão

Caráteres Falhos Lideram Durante a Era de Ouro de Israel

Quando Davi soube da derrota de Israel e da morte de Saul, ele soube que era sua hora de se tornar rei. Ele foi para Hebrom e foi ungido novo rei. Mas um dos filhos de Saul foi coroado como o próximo rei por outras tribos. As famílias de ambos os homens tiveram disputas por vários anos sobre quem era o rei certo. Através de uma série de negociações e lutas entre aqueles que apoiavam cada um durante esta guerra civil, Davi emergiu como rei. Ele tinha 30 anos.

Davi Governa e Israel se Expande

Depois de se tornar rei, Davi atacou e derrotou as potências estrangeiras que haviam ocupado Jerusalém, e a cidade ficou conhecida como a Cidade de Davi (também conhecida como Sião por causa de uma colina na cidade com esse nome). A cidade tornou-se a capital política e religiosa do país e, com a ajuda dos Fenícios, foi construído um grande palácio. Este palácio tornou-se a casa de Davi. Ele dançava nas ruas de Jerusalém quando a Arca da Aliança entrou na cidade. Davi teve muitas esposas e muitas outras mulheres que geraram muitos filhos. (Muitas pessoas foram mortas em batalha, portanto crianças eram necessárias para manter a população forte. As esposas de homens mortos em batalha precisavam de um homem para sustentá-las, então elas se tornaram esposas de outros homens.)

Deus disse a Davi através do profeta Natã: 'Eu o farei famoso. Eu providenciarei um lugar para o meu povo para que eles tenham uma casa e não sejam mais incomodados. Quando seus dias terminarem, escolherei um descendente para sucedê-lo, e estabelecerei seu reino. Quando ele fizer algo errado, eu o punirei, mas meu amor nunca o deixará. Sua casa e seu reino durarão para sempre.'

Os exércitos de Davi derrotaram os Filisteus várias vezes e os inimigos no sudeste. Ele se estendeu muito para o norte, passando por Damasco e para o leste, para ocupar mais território. O Senhor deu vitórias a Davi onde quer que ele fosse, e ele sempre deu a Deus o crédito pelas vitórias militares e prosperidade material à medida que o império se expandia.

Davi e Bate-Seba

Uma noite, Davi viu uma bela jovem tomando banho. Ele queria saber quem ela era e descobriu que o nome dela era Bate-Seba. Ela era casada com Urias, um soldado que estava longe em uma batalha. Davi a chamou ao seu palácio, e eles fizeram sexo. Logo depois, ela disse a Davi que estava grávida. Davi providenciou a morte de Urias na frente de batalha. Davi então se casou com Bate-Seba e ela teve um bebê seu.

Davi pensou que tinha cometido o crime perfeito. Ninguém conhecia a história completa de todos os eventos que levaram à morte de Urias. Mas Deus sabia. O profeta Natã contou a Davi uma história sobre um homem rico que roubou de um homem pobre. Davi ficou zangado com o homem rico e disse que ele deveria morrer. Então Natã disse a Davi:

> Você é o homem rico! O Deus de Israel diz a você: 'Eu o ungi rei de Israel, e livrei-o das mãos de Saul. Dei-lhe a sua casa e as suas mulheres. Dei-lhe Israel e Judá. Por que você desprezou o Senhor, fazendo o mal? Você matou Urias e ficou com a mulher dele. Agora, a espada nunca se afastará da sua casa. Sua família será afetada pelo mal, e você assistirá enquanto eu tomo as suas mulheres e as entrego a alguém próximo a você. Você pecou em segredo, mas tudo isso acontecerá em plena luz do dia.'

Depois de ouvir essa profecia, Davi disse a Natã: 'Pequei contra o Senhor.'

Natã respondeu: 'O Senhor perdoou seu pecado — você não morrerá. Mas seu filho morrerá por causa do seu pecado.' Logo após o nascimento do bebê de Bate-Seba, ele adoeceu e morreu uma semana depois. O casal logo teve outro bebê e o nomeou Salomão.

Davi foi um pai tolerante e por muitos anos, houve conflitos dentro de sua família e em todo o império. Como Natã havia previsto, a imoralidade e a rebelião cresceram, e houve muito derramamento de sangue dentro de Israel e dentro de sua família.

Davi finalmente fez planos para construir um templo elaborado e, no final de seu reinado, realizou uma reunião pública para reconhecer Salomão como seu sucessor (Salomão não tinha 30 anos ainda). Quando Davi morreu, foi sepultado em Jerusalém, a Cidade de Davi. Ele ainda é conhecido como o maior líder de Israel, embora ele e muitos outros tenham sofrido por causa de seus muitos pecados.

Rei Salomão e o Templo

Salomão foi rei durante um período de paz e prosperidade. Sua realização mais importante foi a construção e dedicação de um Templo permanente que se tornou o ponto central do culto religioso de Israel. Até então, o tabernáculo usava tendas para adoração. Israel tinha um tratado de paz com os Fenícios, e eles forneceram arquitetos e técnicos habilidosos para projetar o Templo de acordo com os planos para o tabernáculo estabelecidos por Moisés. O Templo era gigantesco em escala e ocupava duas vezes a quantidade de terra que o conjunto de tendas para o tabernáculo exigia. Por exemplo, a entrada do Templo tinha enormes pilares feitos de bronze, de 7 metros de altura e 5 metros de largura. Suas enormes portas tinham incrustações de ouro e decorações elaboradas e se abriam para o santuário, que tinha pisos e paredes bem decorados do Líbano — nenhuma pedra podia ser vista no interior. Todas as pedras para o Templo eram cortadas na pedreira para que nenhuma ferramenta fizesse barulho no local onde o Templo estava sendo construído.

Levou sete anos para erguer o Templo e, quando foi concluído, as pessoas ficaram tão felizes que sacrificaram milhares de animais em sua homenagem, para mostrar sua gratidão a Deus. Salomão orou publicamente a Deus na homenagem.

A Sabedoria e a Riqueza de Salomão

Salomão também era conhecido por ser um rei sábio que sabia lidar com casos complexos e inusitados. Ele orava a Deus por sabedoria, e ele a recebia. Em um caso, duas mulheres vieram até ele, ambas alegando ser mãe de uma criança. Salomão disse que, já que ambas disseram que eram a mãe, ele cortaria a criança ao meio e daria a cada mulher uma parte da criança. Ao ouvir isso, uma das mulheres disse que entregaria a criança à outra, mostrando assim que ela era a verdadeira mãe.

Pessoas de todo o mundo vinham até Salomão para aprender com sua sabedoria. Quando a rainha árabe de Sabá o visitou com muitos enigmas, ele respondeu a todos. Ela saiu de lá surpresa, e disse que ele era muito mais sábio do que todos diziam. Salomão também escreveu extensivamente sobre sabedoria.

A sabedoria de Salomão e suas excelentes habilidades organizacionais mantiveram Israel em paz com seus vizinhos e ajudaram a tornar a nação rica à medida que seu comércio com outros se fortaleceu. Israel estava no meio do caminho entre a Europa, a Ásia e a África, o que lhe permitia negociar com outros. A crescente riqueza do povo ia para o governo, pois pagavam pesados impostos e, somando com os presentes de muitos visitantes, Salomão se tornou o rei mais rico do mundo.

Durante seu reinado, Salomão teve muitas esposas, incluindo mulheres de outras nações. Apesar da advertência de Moisés para não se casar com estrangeiros, ele se casou com a filha do faraó egípcio e mulheres de cinco das nações nas fronteiras de Israel. Ele expandiu o império de Israel mais do que Davi e conheceu mulheres com diferentes sistemas de valores e crenças, que Salomão tolerou, sendo flexível. Seu harém tinha 700 esposas e princesas e outras 300 mulheres que produziram mais filhos para ele. O sucesso e a prosperidade mancharam seu julgamento, e ele gradualmente comprometeu seus valores e adquiriu ídolos de adoração e construiu altares para adorar deuses associados a suas muitas esposas. Assim, desobedeceu ao primeiro mandamento de Deus. Por causa de sua desobediência, o reino foi dividido após a morte de Salomão.

Perto do fim do reinado de Salomão, adversários se levantaram ao redor do reino e desafiaram seu governo. As ameaças também vinham de dentro. Jeroboão era um dos oficiais de Salomão e conheceu um profeta que lhe disse que Israel seria dividido em duas partes depois que Salomão morresse e que Jeroboão seria o líder de uma parte do reino. Salomão então tentou matar Jeroboão, mas Jeroboão fugiu para o Egito.

Salomão reinou por 40 anos. Ele foi substituído por seu filho, Roboão. Sua reputação como um governante sábio perdura até hoje, mas muitas de suas realizações dependiam do trabalho escravo dos Israelitas, que pagavam impostos muito altos para fazer com que Israel fosse grande.

Fazia quase 500 anos desde que Moisés havia conduzido os Israelitas para fora do Egito e montado o tabernáculo no deserto. Agora Israel era uma nação como as outras, com um rei e um lugar permanente de adoração. Assim como Davi, o legado de Salomão foi uma mistura de grandeza e fracassos pessoais.

Capítulo 10

O Reino Dividido

Reis Maus do Norte e do Sul Resistem às Advertências dos Profetas

Quando Salomão morreu, dois homens pensaram que deveriam ser reis. Como sucessor de Salomão, Roboão foi coroado rei pelas tribos de Israel. No entanto, alguns líderes reclamaram que queriam alívio dos baixos salários e dos altos impostos que Salomão lhes impôs. Jeroboão voltou de seu exílio no Egito e estava com eles. Quando Roboão decidiu não aliviar esses fardos e exigiu ainda mais do povo, aqueles de todas as tribos, exceto Judá, se afastaram e fizeram de Jeroboão seu rei.

A nação estava à beira de uma guerra civil. Mas a guerra foi evitada quando um profeta disse que Deus queria que as tribos se dividissem em dois reinos. Aqueles nas tribos de Judá e Benjamim ficaram no sul, e eles chamavam a si mesmos de *Judá*. Este era conhecido como o *Reino do Sul* e tinha sua capital em Jerusalém. Aqueles das 10 outras tribos do norte chamavam-se *Israel*, e sua 'nação' era conhecida como o *Reino do Norte*.

As duas nações eram rivais e muitas vezes lutaram nos muitos anos que se seguiram. A fronteira entre os reinos ficava cerca de 16 quilômetros ao norte de Jerusalém. Ambas as nações tiveram 20 reis, e a divisão reduziu o poder de cada um dos seus reinados. Como resultado, elas eram frequentemente atacadas por invasores estrangeiros. Vários profetas falaram e escreveram para ambas as nações quando seu povo se desviava dos caminhos de Deus.

O Reino do Norte e Seus Profetas

Jeroboão mudou a forma como a religião era praticada no norte. Ele definiu bezerros de ouro como deus deles e nomeou sacerdotes que não tinham experiência no cumprimento de seus deveres. Qualquer um podia ser um sacerdote, e era um trabalho fácil com muitos benefícios. O reinado de Jeroboão durou 22 anos. Ele resistia aos profetas que condenavam suas más decisões.

Dos 20 reis que serviram no norte, alguns tiveram reinados muito longos (um rei governou por 41 anos), e alguns foram muito curtos (um deles durou apenas sete dias). Quase todos os reis eram maus. Muitos profetas falaram a verdade de Deus a esses homens poderosos sobre a necessidade de abandonar os maus caminhos, mas esses profetas geralmente eram ignorados ou mortos. Aqui estão as histórias de alguns desses profetas.

Amós

Durante a última parte do reinado de Jeroboão, o fazendeiro Amós escreveu uma mensagem de Deus para o povo de Deus. A região estava passando por um período de vida fácil e prosperidade. Mas a riqueza não era distribuída igualmente e existiam muitas injustiças sociais. Através do luxo egoísta e da opressão dos pobres, os ricos viviam bem enquanto muitos outros sofriam. A corrupção moral e o orgulho estavam presentes por toda a cultura de Israel.

Amós escreveu que os rituais religiosos não têm sentido quando existe falta de justiça. Ele primeiro criticou a injustiça social em outras nações e disse que o julgamento divino viria a elas. Os Israelitas ficaram felizes em saber que seus odiados vizinhos, estrangeiros ímpios, seriam punidos! Então ele mencionou a maldade dos Israelitas no Reino do Sul que se orgulhavam de quão religiosos eram, mas desobedeciam a Deus. Ele sabia que seu público do norte concordaria com tudo o que ele havia escrito até então.

Mas então ele descreveu todas as coisas que estavam acontecendo no Reino do Norte. Males sociais, injustiça, imoralidade, profanidade — todos eles existiam ali, assim como nos lugares que ele acabara de citar. Se outros mereciam punição, Israel também. Na verdade, era ainda pior porque os Israelitas eram o povo escolhido de Deus e deveriam saber se comportar melhor. O povo rico de Israel odiava a responsabilidade, resistia à verdade, aceitava suborno, negligenciava os pobres e perseguia os justos. Sua punição seria inevitável. Amós previu um exílio, e nada poderia impedi-lo de acontecer. Essa punição se aplicaria a todo o povo de Deus, não apenas ao Reino do Norte. Deus não poderia ser subornado com ofertas e sacrifícios enquanto a pecaminosidade do povo prevalecesse.

O sumo sacerdote queria que Amós fosse morto, mas Amós sabia que falava a verdade de Deus, então continuou condenando os líderes e o povo. Amós acabou prevendo que os Israelitas retornariam do exílio e viveriam um tempo de paz e que a dinastia de Davi continuaria por meio de uma quantidade restante de pessoas que permaneceriam fiéis.

Elias

Elias foi o principal profeta que falou a verdade de Deus no Reino do Norte. Ele viveu durante o reinado de Acabe e sua esposa cruel, Jezabel. Depois que Elias previu uma seca que só terminou quando ele disse que terminaria, ele se escondeu no deserto e então viveu com uma viúva muito pobre ao norte de Canaã. Jezabel enviou homens para matá-lo, e eles mataram outros profetas pelo caminho, mas não conseguiram encontrar Elias.

Deus disse a Elias para dizer ao rei Acabe que a seca ocorreu porque Israel não seguiu a Deus. Elias disse a Acabe para chamar 850 profetas de Baal e outros deuses ao Monte Carmelo para um teste de poder. Elias seria o único profeta de Deus. Cada lado tinha um touro que deveria ser consumido pelo fogo causado por seu deus. Os profetas do rei foram primeiro. Eles colocaram um touro em um altar e clamaram a Baal para que pusesse fogo no touro.

Nada aconteceu. Os profetas dançaram e oraram da manhã ao meio-dia, mas nenhum fogo começou. Elias os provocou: 'Gritem mais alto. Com certeza Baal é um deus. Talvez esteja meditando, ou ocupado, ou viajando. Talvez esteja dormindo.' Os profetas gritaram mais alto e feriram-se. Eles derrubaram o altar de Elias e continuaram orando freneticamente até que chegou a hora do sacrifício da noite. Não houve resposta de Baal.

Então Elias reconstruiu seu altar e cavou uma valeta ao redor dele. Ele disse aos profetas do rei para derramar água no touro para que ficasse totalmente encharcado e a água enchesse a valeta. Então Elias orou: 'Deus de Abraão, Isaque e de Israel, que todos saibam que tu és Deus em Israel e que sou o teu servo.' Fogo caiu do céu e queimou o touro, o altar, o solo e consumiu toda a água da valeta.

Então todos que estavam assistindo caíram e gritaram: 'O seu Senhor é Deus!' Elias disse a eles que matassem todos os profetas de Baal, e disse ao rei Acabe que voltasse para casa antes que as chuvas chegassem. Fortes chuvas começaram e a seca de 40 meses terminou.

Quando Jezabel soube o que aconteceu, ela quis matar Elias. Ele fugiu para o deserto do sul, a cerca de 300 quilômetros de distância. Quando ele estava lá, Deus lhe disse em um sussurro; Damasco, bem ao norte. Deus lhe garantiu que havia 7 mil pessoas que ainda honravam a Deus e não adoravam Baal.

Quando Elias viajou para o norte, encontrou Eliseu e o ungiu como o próximo profeta. Elias teve vários outros encontros com o rei Acabe nos anos seguintes e trabalhou ao lado de Eliseu para falar a verdade ao Reino do Norte até que Elias foi levado para o céu em um tornado bem diante dos olhos de Eliseu. Um grande grupo de busca passou três dias procurando o corpo de Elias, mas nenhum corpo foi encontrado.

Eliseu

Eliseu então se tornou o principal profeta do Reino do Norte e realizou muitos milagres entre o povo. Em um caso, um Sírio que trabalhava para o exército de Israel chamado Naamá tinha uma doença de pele visível. Ele havia se casado com uma mulher Israelita que lhe contou sobre os milagres de cura de Eliseu. Ele encontrou Eliseu que lhe disse para se lavar sete vezes no rio Jordão. Naamá ficou chateado com essa exigência, mas seus servos lhe disseram que se Eliseu havia pedido para que fizesse algum grande ato que usasse sua força para ser curado, ele certamente o faria. Ele era orgulhoso demais para se lavar no rio? Então Naamá se humilhou e lavou-se no rio, e foi curado.

Israel e Síria lutaram ocasionalmente e o Reino do Norte gradualmente encolheu à medida que perdia terras. Usando sua visão dada por Deus, Eliseu frequentemente aconselhava os líderes israelenses sobre os planos dos Sírios, de modo que Israel estava sempre preparado para seus ataques. O rei Sírio pensou que havia um traidor no meio deles, mas foi informado de que Eliseu podia prever o futuro e sabia dos ataques com antecedência.

O rei Sírio então quis que Eliseu fosse morto. Quando o rei soube onde Eliseu estava hospedado, enviou seu exército para cercar a cidade. Pela manhã, o servo de Eliseu viu as carruagens sírias e perguntou a Eliseu o que deveriam fazer. Eliseu disse: 'Não tenha medo. Temos mais carruagens do que eles têm. Abra os olhos e veja.'

O servo viu uma multidão de cavalos e carruagens ardendo em chamas nas colinas. Quando os Sírios se aproximaram da cidade, Deus os cegou. Eliseu então disse aos seus líderes que eles iriam atacar a cidade errada e que ele os levaria para onde eles encontrariam quem procuravam. Eliseu então liderou o exército cego para Samaria, que era onde o rei e o exército de Israel estavam localizados. Quando Deus abriu seus olhos, eles estavam cercados por seus inimigos!

O rei de Israel perguntou a Eliseu o que deveria fazer. Eliseu disse que o exército Sírio deveria receber comida e bebida e depois ser enviado de volta para casa. O rei seguiu o comando de Eliseu e, depois que os Sírios voltaram para casa, interromperam seus ataques a Israel por muitos anos.

Quando os ataques Sírios recomeçaram, eles cercaram Samaria e impediram a entrada de alimentos na cidade. Isso causou uma fome na cidade. Eliseu disse ao povo que Deus proveria comida no dia seguinte. Quatro mendigos leprosos que moravam perto da cidade estavam tão desesperados por comida que pediram comida aos Sírios. Quando chegaram ao acampamento inimigo, não encontraram soldados. Em vez disso, encontraram muita comida e todos os animais dos Sírios. No meio da noite, Deus criou sons semelhantes a trovões que se assemelhavam a um exército em investida com carruagens, e o exército Sírio fugiu para salvar suas vidas, para bem além do rio Jordão. Então o povo de Samaria foi buscar toda a comida e os animais que haviam ficado para trás.

Oséias

Oséias foi um dos últimos profetas a alertar Israel que sua destruição estava chegando. Escrevendo em poesia, ele disse que Deus lhe pediu para tomar uma prostituta como esposa e gerar filhos com ela. Assim ele entenderia como Deus se sente ao lidar com um parceiro infiel. Os nomes de seus filhos indicavam que Israel era como alguém que havia sido infiel em um casamento ao se apaixonar por outros deuses. Portanto, Deus os deixaria porque eles haviam cometido adultério.

Oséias estava alertando Israel que eles seriam privados da proteção de Deus, e que seus palácios e suas cidades fortificadas seriam destruídas. Deus deseja misericórdia e reconhecimento, não sacrifícios e holocaustos. 'Israel deve retornar a Deus, manter o amor e a justiça e sempre esperar por Deus.' Oséias terminou sua mensagem da mesma forma que Amós, que previu anteriormente que Deus ainda os amaria da maneira como os pais amam seus filhos. Deus perdoa e cura os fiéis, e alguns voltam e vivem na terra que Deus lhes deu.

O Reino do Sul e Seus Profetas

Como os reis do norte, muitos dos reis de Judá foram infiéis a Deus. Houve períodos mais longos de paz e prosperidade no Reino do Sul do que no norte e períodos mais longos em que esses descendentes de Davi e Salomão ouviram os profetas de Deus e pararam de adorar outros deuses. Alguns dos fiéis que viviam no norte desertaram e se mudaram para o Reino do Sul — Jerusalém ainda era respeitada e ficava perto da fronteira. Dos 20 reis de Judá, Manassés foi o rei por mais tempo (55 anos), enquanto vários outros foram reis por apenas três meses.

Como os que viviam no Norte, aqueles que viviam em Judá fizeram o que era mau aos olhos do Senhor. Sob Roboão, o primeiro rei, as pessoas ergueram muitos altares para outros deuses e se comportaram mal da mesma forma terrível daqueles que originalmente viviam em Canaã. O Egito atacou Jerusalém e levou todos os itens de ouro que Salomão havia colocado no Templo e no palácio real.

Assim como os profetas falavam e escreviam para os líderes e pessoas no norte e faziam previsões sobre eventos futuros, vários profetas falaram e escreveram da mesma maneira para aqueles no Reino do Sul. Aqui estão as histórias de alguns desses profetas.

Josafá

Josafá foi um rei que reinou por 25 anos. Ele fez reformas que devolveram o povo às práticas religiosas usadas sob a liderança de Davi e Salomão. Ele removeu altares para deuses estrangeiros, e suas boas políticas trouxeram paz entre Judá e os Filisteus e as nações árabes. Ele também tinha boas relações com o Reino do Norte, então Judá não tinha inimigos em suas fronteiras. Essas políticas religiosas e políticas levaram à paz e à prosperidade econômica no Reino do Sul. Quando foi repreendido por um profeta, ele ouviu e fez reformas. Por exemplo, ele empregou juízes que enfatizavam a justiça e não aceitavam subornos.

No entanto, Josafá não dava ouvidos a todos os profetas quando era confrontado, e alguns de seus costumes foram passados para seu filho Jeorão quando governaram juntos. Quando Jeorão assumiu o controle total do trono, Judá voltou a praticar a adoração de ídolos e parrou por guerras novamente. Jeorão assassinou seis de seus irmãos e construiu altares para ídolos. Seu único filho, Acazias, continuou o terrível governo de seu pai.

Isaías e as Previsões de um Rei Vindouro

Entre todos os profetas, Isaías foi quem mais escreveu. Ele nasceu durante tempos prósperos, e sua extensa poesia e outros escritos condenaram duramente o constante declínio moral de Israel devido à corrupção e injustiça. Mas ele também forneceu grande esperança nas coisas que viriam no futuro. Julgamento e esperança se entrelaçam por todas as palavras de Isaías, que foram escritas ao longo de muitos anos.

Ele primeiro escreveu que Deus condena os que estão em Judá e Jerusalém porque eles são corruptos e cheios de maus hábitos. Seus sacrifícios e reuniões religiosas não têm sentido porque as pessoas não obedecem a Deus. Através de Isaías, Deus disse:

> Acham que eu desejo todos esses sacrifícios e oferendas? O cheiro do seu incenso é repugnante. Quando vocês estendem suas mãos em oração, eu não os vejo; quando vocês fazem muitas orações para mim, eu não os escuto. Parem de fazer o mal! Há sangue em suas mãos, pois vocês não tem sido justo com os outros, não ajudaram aqueles que sofrem por causa de sua injustiça e não deram apoio aos órfãos e viúvas.

Israel era como a vinha de Deus, e se não produzisse frutos apesar dos muitos esforços do dono, a vinha seria destruída. Na vida real, as nações ímpias dos Assírios e Babilônios seriam os destruidores, usados por Deus para punir os Israelitas.

Isaías também deu esperança de restauração. Por mais que os Israelitas fossem derrotados e destruídos, a vida correta levaria à paz aqueles que confiavam em Deus. Finalmente, as más nações conquistadoras seriam derrubadas, e do que restasse dos Israelitas que sobrevivessem, um descendente de Davi chegaria ao poder e lideraria um reino que duraria para sempre em todo o mundo. O mal seria destruído e a vinha de Deus seria frutífera novamente.

Isaías escreveu sobre o líder justo que viria como Emanuel ('Deus Conosco'), que será 'Deus Poderoso' em forma humana e prevalecerá em todo o mundo. Deus diz: 'Ponho uma pedra angular preciosa para uma base sólida. Aqueles que confiam nela nunca precisarão entrar em pânico. As pessoas serão julgadas com base em sua justiça, equidade e vida correta.' No entanto, julgamento e destruição virão primeiro. Aqueles que têm fé não precisam se preocupar porque os 'grãos de trigo serão separados do joio.' Sua esperança está no que vem depois de suas lutas, e aqueles que esperam serão bem-aventurados, pois Deus dá força aos que estão cansados e fracos. 'Aqueles que têm esperança no Senhor renovarão suas forças. Voarão alto como águias, correrão e não se cansarão, caminharão e não desfalecerão.'

Aquele que virá é descrito como um 'servo.' Abraão foi o primeiro servo de Deus porque obedeceu ao chamado para se mudar para Canaã. Israel era uma nação escolhida por Deus para ser um servo obediente e uma testemunha ao mundo do poder e da compaixão de Deus. O servo que virá terá o espírito de Deus para que seu reino estabeleça a justiça que se estende a outras nações (os não-Israelitas, também chamados de 'Gentios'). Ele será inocente e viverá corretamente. Ele será como um pastor que cuida com ternura de suas ovelhas. Ele se parecerá com qualquer ser humano normal, mas será muito especial de outras maneiras — o único de seu tipo a andar sobre a terra. No entanto, ele será incompreendido e rejeitado por muitas pessoas, e será morto de uma maneira horrível. No entanto, através do sacrifício de seu próprio sangue, esse servo salvará todas as pessoas de seus pecados, trazendo todas as pessoas a Deus, mesmo aquelas que não fazem parte da nação de Israel. Mais tarde, ele será erguido e exaltado.

Essas mensagens incomuns estão entrelaçadas. Uma pessoa de grande poder e bondade será rejeitada por aqueles a quem vier servir. Ele não usará seu poder ou razão para se defender ou salvar a si mesmo, e sua morte trará vida aos outros. Ele vai entrar no inferno, vencer a morte e voltar mais poderoso do que nunca, e dará aos outros alguns de seus grandes poderes. O servo é o maior de todos!

Isaías escreveu extensivamente sobre a vinda do rei para as tribos de Israel e Judá que haviam se tornado cegas, surdas e desobedientes. Ele escreveu que Deus diz:

Não veem que estou fazendo algo novo? Estou abrindo um caminho através do deserto. Vou conduzir os cegos por estradas que eles não conhecem e guiá-los por novos caminhos. Eu transformarei as trevas em luz e tornarei retos os lugares acidentados. Não tenham medo — eu salvei vocês! Eu os chamei pelo nome e vocês são meus. Quando atravessarem as águas, estarei com vocês; os fortes rios não levarão vocês embora. Quando vocês passarem pelo fogo da vida, não serão queimados.

O rei vindouro será desprezado e rejeitado, sofrerá muita dor e não será respeitado. Ele será considerado castigado por Deus, mas tomará nossa dor e será morto por nossos pecados. Seu castigo nos trará paz — pelas suas feridas seremos curados. Mesmo que ele não tenha cometido violência e nunca tenha mentido, ele não protestará. Ele será levado à morte como um cordeiro inocente. Mas ele saberá o que está por vir e por quê. É a vontade de Deus que ele seja esmagado, pois sua vida é uma oferta pelo nosso pecado, e ele intercederá por todos os que pecarem.

Isaías continuou escrevendo sobre julgamento. Ele sabe o que Deus exige e não vê isso entre as pessoas. Ele apela ao povo e aos líderes para se afastarem da violência, adoração de ídolos e deixarem de ser injustos com aqueles que não têm poder. Ele chama as pessoas a retornarem ao Senhor. Deus diz:

Vocês têm seus rituais religiosos e praticam o jejum e a oração, mas não tratam os outros com justiça. Esperam que eu ouça suas orações, fique impressionado e o abençoe? Seus rituais ocorrem uma vez por semana. O que eu quero é que vocês tenham um espírito humilde e ofereçam encorajamento e apoio àqueles que estão com os corações partidos. Me alegro quando vejo meu povo soltando as correntes da injustiça, libertando as pessoas dos pesados jugos que estão sobre elas, alimentando os famintos, dando abrigo aos sem-teto, vestindo os nus e amparando os que não têm poder — esses são sinais da verdadeira religião. Quando eu vir essas coisas acontecendo, eu te ouvirei e te curarei, e a luz virá para a sua escuridão. Mas não haverá paz para os ímpios.

Isaías diz que Deus não vê ninguém que satisfaça a definição de santidade, e conclui com uma descrição dos sinais que indicam que o rei vindouro, o Redentor, chegou. O Redentor dirá:

O Espírito do Senhor está sobre mim e me ungiu para anunciar boas novas aos pobres. Deus me enviou para cuidar dos quebrantados de coração, para libertar os cativos e libertar os prisioneiros de suas trevas, para proclamar o Ano da Bondade do Senhor, para consolar todos os que choram, para dar-lhes uma coroa de beleza em vez de cinzas, o óleo da alegria em vez de pranto, e um manto de louvor em vez de um espírito de desespero.

Isaías disse que o governante criador da paz deste reino revivido seria um descendente de Davi. O reino do governante cresceria e dominaria o mundo, traria paz, influenciaria outras nações e triunfaria sobre os ímpios. Isaías escreve:

Nos últimos dias, as nações irão juntas ao Senhor e aprenderão a trabalhar umas com as outras da maneira correta. Deus será o juiz entre as pessoas e resolverá as contendas que os povos tiverem entre si. As nações não lutarão umas com as outras, e seu povo não se preparará mais para fazer guerra. Eles transformarão suas espadas em arados e suas lanças em ferramentas de poda.

Mensagens de Julgamento e Esperança de Miquéias

O profeta Miquéias escreveu no mesmo tempo que Isaías e Oséias e no mesmo estilo poético. Ele viu a corrupção política e religiosa na região, e sua forte crítica foi semelhante ao que Isaías e Oséias também disseram. Ele disse que tanto Jerusalém quanto Samaria (as principais cidades do sul e do norte) eram más por causa de sua idolatria, sua corrupção que oprimia os pobres e ignorava a justiça nos tribunais e sua falta de interesse geral em resolver os problemas da sociedade. O rei Salomão escreveu sábios provérbios sobre como a preguiça causava a pobreza das pessoas, mas Miquéias escreveu que também pode ser que as pessoas sejam pobres porque aqueles com poder ignoram os problemas dos pobres e usam todos os seus privilégios para manter seu estilo de vida extravagante.

Mas, ao contrário de Amós, Isaías e Oséias, Miquéias não diz aos Israelitas que se arrependam. Em vez disso, ele os chama ao 'tribunal' para apresentar seu caso diante de Deus, que é tanto testemunha quanto juiz. O que Deus exige para que as pessoas escapem de uma possível punição? As pessoas devem 'agir com justiça, amar a bondade e andar humildemente com Deus.' Moisés disse que as pessoas deveriam amar a Deus e ao próximo como a si mesmas, e as pessoas não fizeram isso. Portanto, as pessoas perderão no tribunal de Deus porque não tiveram o relacionamento correto com Deus e com os outros. A penalidade por seu mau comportamento era a destruição de suas nações e cidades, e elas seriam levadas para o exílio na Assíria e na Babilônia.

Depois de prever o julgamento e o exílio, Miquéias ofereceu esperança para o futuro. Um pequeno número de Israelitas fracos e exilados retornaria e reconstruiria as cidades novamente. 'Deus não permanece irado para sempre, mas tem prazer em mostrar misericórdia.' Miquéias também previu que o futuro líder de Israel viria da cidade de Belém.

* * * * *

Os Israelitas do norte e do sul não deram ouvidos às advertências e previsões dos profetas sobre as invasões de seus inimigos que viriam. A injustiça, a violência e a pecaminosidade religiosa continuaram tanto em Israel quanto em Judá, e seus líderes não perceberam que as previsões dos profetas se tornariam realidade tão cedo.

CAPÍTULO 11

Os Dois Reinos Caem

Assírios e Babilônios Conquistam os Israelitas

Os Assírios frequentemente atacavam áreas ocupadas por Israelitas, Sírios e Fenícios. Um rei Assírio foi particularmente brutal ao se expandir em direção ao Mar Mediterrâneo e começou a levar cativos de volta à Assíria em vez de deixar os povos conquistados permanecerem em suas terras. Forasteiros foram trazidos para áreas onde a população local havia vivido, e oficiais Assírios supervisionaram a terra. Isso reduziu as chances de que as pessoas se rebelassem.

O Reino do Norte Cai

Quando os Assírios atacaram pela primeira vez as áreas do Reino do Norte, os reis de Israel lhes deram dinheiro, comida e outras coisas para comprar a paz. Mas os reis de Israel também trabalharam com os Sírios para enfrentar os Assírios. Quando a Assíria atacou e venceu batalhas contra os Sírios, o Reino do Norte não teve chance de sobreviver. Eventualmente, o exército Assírio conquistou todas as áreas da região, exceto as colinas no centro de Canaã. Quando o rei Assírio morreu, o rei de Israel parou de pagar os Assírios e conseguiu a ajuda do Egito para resistir à agressão assíria. Mas o novo rei Assírio foi igualmente agressivo e atacou o restante do território de Israel. Suas forças capturaram a capital em Samaria após um cerco de três anos e forçaram o rei de Israel a se render.

Os Assírios capturaram mais de 27 mil líderes políticos e militares de Israel e os levaram de volta à Pérsia e à Mesopotâmia. Os Assírios os substituíram por seu próprio povo. A maioria dos Israelitas ficou para trás e continuou trabalhando na terra. A mistura de pessoas de muitas áreas e culturas fora de Israel resultou em muitos tipos diferentes de práticas religiosas. Nenhuma das pessoas seguiu o Senhor, e todas as culturas se casaram entre si. Coletivamente, eles eram conhecidos como Samaritanos porque a capital tinha sido Samaria.

O Reino do Norte deixou de existir em 722 a.C. O reino durou cerca de 210 anos depois de se separar dos que viviam em Judá. Nos últimos 30 anos, Israel teve seis reis e estava em rápido declínio. Seu colapso foi previsto pelos profetas, mas seus líderes nunca pediram ajuda a Deus. Eles haviam esquecido como a obediência a Deus os havia engrandecido.

O Sul Sobrevive

No sul, a estratégia de Judá para lidar com a Assíria foi diferente. Estava mais longe dos invasores do norte e do leste. Judá ficou feliz em ver o exército Assírio derrotar os Filisteus enquanto seu exército se movia ao longo da costa para alcançar o império egípcio mais valioso. Judá não aderiu à aliança do norte com a Síria contra os Assírios, e o Reino do Sul não teve mais que lutar contra o Reino do Norte.

Durante este tempo, o Reino do Sul continuou suas práticas religiosas malignas. Muitos profetas falaram contra o norte e previram sua queda do poder, e suas previsões se tornaram realidade. Em vez de ouvir suas advertências ao Reino do Sul, os líderes de Judá dependiam de estratégias políticas para manter sua prosperidade e paz. Quando um profeta avisou o povo de Judá que eles não prosperariam se continuassem a desobedecer aos mandamentos de Deus, ele foi morto no Templo.

Ezequias

Alguns dos líderes do sul foram fiéis a Deus. Por exemplo, quando o rei Ezequias chegou ao poder após o colapso do norte, ele iniciou muitas reformas religiosas. Ele aboliu a adoração de ídolos e destruiu altares para falsos deuses. Ele limpou o Templo e começou a celebrar a Páscoa novamente. Ele convidou os Israelitas do norte a participar dessas atividades. Vinte anos após a queda do Reino do Norte, ele deu ao rei da Assíria 11 toneladas de ouro do Templo como pagamento pela paz e pela retorno das cidades de Judá que haviam sido capturadas.

Quando um comandante militar Assírio planejou atacar Jerusalém e criticou Deus, Ezequias pediu a Isaías um conselho de Deus. Isaías disse a Ezequias que não se preocupasse: os Assírios morreriam e não atacariam — o Senhor tinha uma reputação a defender. Naquela noite, 185 mil soldados Assírios morreram misteriosamente, e seu exército recuou até sua capital em Nínive, a cerca de 900 quilômetros de distância.

Mas quando Ezequias morreu, seu filho Manassés assumiu como rei e levou Judá ao seu pior período de maldade. Altares para Baal foram reconstruídos e práticas associadas a fortes poderes do mal eram comuns, incluindo sacrifícios humanos, práticas sexuais terríveis e adoração a demônios. Os profetas que condenavam essas práticas eram mortos (Isaías provavelmente foi um deles). Ezequias levou Judá ao seu ponto mais alto de moralidade, mas seu filho levou Judá ao ponto mais baixo. No final de seu governo, Manassés foi capturado e levado para Nínive, onde se arrependeu e retornou a Jerusalém como um rei que servia os Assírios. Mas ele não teve tempo de fazer nenhuma mudança e, quando morreu, seu filho continuou a adorar falsos deuses e poderes do mal.

Josias

O neto de Ezequias, Josias, tornou-se rei quando ele tinha apenas oito anos. Judá havia mantido a paz fazendo tratados com outras nações, pagando aos Assírios e às vezes se beneficiando dos poderes de Deus. Judá ganhou mais independência quando os Assírios começaram a se retirar da região para lidar com problemas na Mesopotâmia. Isso deu a Judá uma oportunidade de ter mais influência nas áreas onde as tribos do norte estavam. Isso renovou um sentimento de orgulho de sua nação entre todos os Israelitas.

Quando o Rei Josias tinha 16 anos, ele havia parado de adorar deuses falsos e estava honrando o Deus verdadeiro. Alguns anos depois, ele iniciou outra sequência de reformas religiosas. O Templo foi reparado, o povo celebrou a Páscoa e as práticas religiosas associadas aos Assírios pararam. Após uma avaliação completa das práticas religiosas da região, Josias aboliu as práticas religiosas malignas em Judá e entre as tribos do norte, e mandou embora os sacerdotes que lideravam a adoração de ídolos. Os Levitas tomaram conta do Templo.

O livro original da Lei escrito por Moisés foi encontrado nos escombros do Templo e, quando Josias o leu, ficou decepcionado com o quanto os Israelitas haviam se afastado de Deus e da Lei. Uma profetisa em Jerusalém disse a Josias que o julgamento de Deus era inevitável — o povo escolhido não havia obedecido às leis e mandamentos que Deus havia dado a Moisés. Embora o livro da Lei estivesse perdido há décadas, a ignorância da Lei não era uma desculpa para evitar a punição. A instrução oral e as palavras dos profetas deveriam ter sido suficientes para que os reis soubessem o que deveria ser feito.

Jeremias e Outros Profetas

Durante esse período, o profeta Jeremias falou ao povo e aos líderes de Judá e disse que o destino de Jerusalém seria o mesmo de Samaria um século antes — destruição e exílio. Josias e Jeremias nasceram mais ou menos na mesma época e se conheciam. Deus chamou Jeremias para ser um profeta, e ele sabia que as pessoas não iriam gostar do que ele diria. Mas ele também sabia que Deus o apoiaria e protegeria em tempos difíceis e o manteria longe de problemas. Deus lhe disse: 'Eu te escolhi antes de te formar no ventre; eu te separei antes de você nascer. Eu te designei profeta para as nações.' Jeremias disse a Deus que ele não falava bem e era jovem demais para ser profeta. Mas o Senhor lhe disse: 'Não diga que é muito jovem. Você deve ir a todos os lugares que eu mandar e dizer o que eu lhe disser para dizer. Não tenha medo — eu estarei com você e o resgatarei.'

Jeremias apoiou as reformas religiosas de Josias e ficou muito triste quando Josias morreu. Quando o próximo grupo de reis de Judá voltou à adoração de ídolos, Jeremias muitas vezes os advertiu sobre os desastres vindouros da derrota e do exílio. O povo e os líderes o perseguiram — ele foi preso, espancado, e ameaçado de morte muitas vezes. A certa altura, Jeremias foi jogado em um poço sem água para morrer de fome lentamente na lama, mas foi puxado por uma equipe de homens que usaram uma longa corda feita de trapos. Os falsos profetas disseram que as previsões de Jeremias não se cumpririam e que as pessoas deveriam ignorar suas mensagens de julgamento e a necessidade de arrependimento.

As mensagens de Jeremias também continham esperança. Um pequeno número do povo de Deus retornaria de terras estrangeiras, e Deus criaria um novo acordo com eles que substituiria o acordo original feito com Moisés e os Israelitas. Nesse novo acordo, as leis de Deus seriam escritas no coração de todas as pessoas e todos os seus pecados seriam perdoados. Um descendente de Davi surgiria e instalaria a justiça e o direito de viver na terra, e sua terra nunca mais seria destruída.

Os escritos de outros profetas a Judá foram semelhantes às mensagens de Jeremias: Deus julgará o povo por sua desobediência, eles devem se arrepender porque Deus é misericordioso e complacente, aqueles que não se arrependem e obedecem serão destruídos e levados, mas há esperança para aqueles que amam a Deus e sobrevivem.

- O profeta **Joel** escreveu ao povo de Judá e Jerusalém. Sua mensagem usou os gafanhotos que haviam acabado de invadir sua terra como símbolos de como Deus os puniria. Ele também escreveu que Deus tem um Espírito que está disponível para todas as pessoas, não importa sua idade, sexo ou status social. Como o único Deus universal que tem autoridade sobre todas as criaturas na terra, Deus acabaria por julgar todas as nações. Aqueles que se opõem a Deus serão derrotados, mas os fiéis serão vitoriosos.

- O profeta **Sofonias** surpreendeu o orgulhoso e satisfeito povo de Judá ao escrever que o julgamento de Deus viria em breve. Ele previu que Jerusalém seria destruída e seu povo seria capturado e transferido para a Mesopotâmia como punição. Ele disse que o povo deveria aceitar essa punição e se submeter aos invasores estrangeiros. As pessoas deveriam ser humildes, arrepender-se e viver da maneira correta. Se Deus punia outras nações por seu comportamento ímpio, certamente Deus puniria os Israelitas por fazerem a mesma coisa.

- O profeta **Obadias** condenou os edomitas, descendentes de Esaú que viviam perto do Mar Salgado e que tiveram muitos conflitos com os Israelitas ao longo dos séculos. No livro mais curto do Antigo Testamento (uma página de poesia), Obadias disse que Edom cairia do poder por causa de seu orgulho em sua capacidade de se sustentar. Os edomitas se aproveitaram do infortúnio de outros, especialmente migrantes e refugiados. Mas eles seriam destruídos e sua terra seria tomada pelos Israelitas que voltassem do exílio.

- O profeta **Naum** escreveu poesias que condenavam os Assírios por sua opressão, crueldade e maldade. Os líderes das cidades que conquistaram foram severamente torturados antes de serem executados. Enquanto aqueles em Nínive se arrependeram depois de serem condenados por **Jonas** (ver Capítulo 13), eles logo retomaram sua violência e pecaminosidade. Embora Deus seja 'lento em irar-se, e um refúgio para os que confiam no Senhor, Deus não deixará impune o culpado.' Qualquer nação construída sobre uma vida pecaminosa e cruel acabará por cair. O reino de Deus, que se baseia na justiça para todos e na vida correta, triunfará. Deus é o Senhor de todas as nações e controla seu futuro.

- O profeta **Habacuque** escreveu sobre uma conversa que teve com Deus em vez de se dirigir diretamente ao povo de Judá. Os fiéis se perguntavam por que aqueles que eram injustos com os outros não eram punidos. Deus respondeu que algo bastante incomum aconteceria — os cruéis Babilônios seriam usados por Deus para punir Judá. Habacuque então perguntou por que Deus usaria o mal para punir o mal. Deus respondeu que eventualmente os Babilônios seriam conquistados e o povo de Deus se levantaria novamente. Enquanto isso, 'o justo viverá pela sua fidelidade' e devem confiar no Senhor pacientemente até que os Babilônios sejam derrubados. Ser fiel significa confiar e ser dependente de Deus, não simplesmente seguir leis e regras de maneira impensada.

O Reino do Sul Cai

Os Assírios acabaram perdendo seu poder para os Babilônios, que usaram seu poder contra Judá enquanto avançavam para o sul para conquistar o Egito. A certa altura, 10 mil líderes de Jerusalém foram capturados e enviados de volta à Babilônia. Qualquer esperança de que Israel revivesse desmoronou quando Judá foi gradualmente dilacerada e seus reis fizeram o que as nações estrangeiras queriam que fizessem. Jeremias dizia continuamente ao rei Zedequias de Judá que se rendesse aos Babilônios para evitar derramamento de sangue, mas ele não se rendeu.

Jerusalém foi capturada pelos Babilônios em 586 a.C. depois de ficar cercada por dois anos e meio. Jerusalém foi queimada e seus muros foram destruídos. O mais pobre dos sobreviventes ficou para trás e se esforçou para se manter vivo. Jeremias foi tratado com bondade — ele havia servido como profeta de Deus por 40 anos, e os Babilônios sabiam que ele havia dito aos Israelitas que se rendessem. Eles lhe deram uma escolha: ele poderia ir para a Babilônia e ser tratado com justiça, ou ele poderia ficar em Canaã. Ele escolheu ficar.

Os sobreviventes foram atacados por nômades no leste e perderam suas casas. Quando perguntaram a Jeremias o que fazer, ele disse que deveriam permanecer na Palestina e ser parte do povo de Deus, junto com outros que no final retornassem da Babilônia. Mas eles decidiram ir para o Egito, pensando que estariam seguros lá. Jeremias provavelmente foi com eles e morreu no Egito.

Jeremias chorou por muitos anos pelos Israelitas teimosos e por eles terem ignorado suas mensagens sobre o julgamento de Deus e a necessidade de arrependimento. Muitas vezes ele ficava deprimido e até amaldiçoou o dia em que nasceu quando estava sendo perseguido. Ele é provavelmente o autor do livro de poesia conhecido como **Lamentações**. O livro descreve cuidadosamente o que aconteceu quando os Babilônios destruíram Judá e a incrível tristeza do povo quando Jerusalém e o Templo foram destruídos. Os Israelitas não viveriam mais na terra que Deus prometeu dar a eles. A única resposta razoável ao julgamento de um Deus amoroso é aceitar a responsabilidade por seu pecado e rebeldia. Mas ele escreveu que ainda havia esperança porque 'a misericórdia do senhor nunca falha. Renova-se cada manhã — grande é a tua fidelidade. O Senhor é bom para com aqueles cuja esperança está em Deus, e que o buscam.'

O Reino do Sul durou 136 anos a mais do que o Reino do Norte, e Zedequias foi o último de seus 40 reis. Os descendentes de Abraão e Sara que se mudaram para Canaã eram conhecidos como judeus, termo derivado da tribo e nação de Judá. O termo foi posteriormente expandido para se aplicar a todos os Israelitas, independentemente de sua tribo ou nação. Sua religião ficou conhecida como judaísmo e criou-se uma cultura judaica única. O povo judeu tem um senso comum de nacionalidade e se identificam como o povo escolhido de Deus. A área conhecida como Canaã, do Mar Mediterrâneo ao Rio Jordão, também é chamada de Palestina e de Terra Santa.

Capítulo 12

A Vida no Exílio e a Restauração

Israelitas Prosperam em Terras Distantes
e Outros Retornam a Canaã

Os Israelitas mantiveram registros bem-feitos de eventos históricos e pessoas importantes que viveram em Canaã, migraram para o Egito, vagaram pelo deserto, conquistaram Canaã e viveram na Palestina. Mas quando Jerusalém foi invadida e a maioria dos judeus foi levada para a Babilônia, não foi possível continuar com tais registros. Como resultado, não sabemos muito sobre a vida daqueles que viveram em terras estrangeiras.

A terra que os Israelitas deixaram para trás era controlada pelos edomitas e Babilônios. Os judeus deixaram a escravidão no Egito, derrotaram os poderes locais em Canaã e resistiram às nações mais fortes da Síria, Assíria e Babilônia. Mas devido à sua desobediência a Deus, em cerca de 500 anos os judeus passaram de ter seu primeiro rei para não ter nenhum rei. Quando Jerusalém foi conquistada, haviam se passado mais de 1.250 anos desde que Abraão havia se mudado para Canaã, e agora a maioria dos judeus estava na Mesopotâmia, a centenas de quilômetros da casa de seus antepassados em Canaã. A Palestina tornou-se principalmente um campo de batalha entre os egípcios e os Babilônios.

Finalmente, os Babilônios sofreram com a má liderança e as tensões da guerra à medida que seu império crescia. A corrupção e o tratamento cruel do povo conquistado causaram rebeliões no império. Em 539 a.C., o povo do norte da Pérsia liderado por Ciro, o Grande, conquistou a Babilônia. Assim como acontecia nas previsões dos profetas, tanto os Assírios quanto os Babilônios foram derrotados.

A religião persa era o zoroastrismo, e seus sacerdotes eram chamados de magos. A região que havia sido controlada pelos Assírios e Babilônios ficou sob controle persa. Os judeus foram exilados para a Babilônia várias vezes, e a eles se juntavam aqueles que deixavam o Reino do Sul. Os judeus eram geralmente tratados com bondade e aprendiam a língua aramaica, que era usada em negócios, comércio e diplomacia.

A maioria dos judeus tornou-se ativa na economia local. Alguns trabalharam em projetos de construção; eles tinham experiência na construção de grandes estruturas na Palestina, e os Babilônios aproveitaram suas habilidades. Alguns prosseguiram trabalhando na agricultura nas férteis planícies da Mesopotâmia, e outros se envolveram em negócios e comércio. Alguns se envolveram em assuntos governamentais. Eles tentaram viver juntos em cidades espalhadas pela região onde pudessem manter seus costumes e religião.

Os judeus que viviam na Babilônia se perguntavam quando poderiam voltar. Os falsos profetas previram que eles retornariam em breve, e isso levou a rebeliões contra os Babilônios porque eles pensavam que Deus os libertaria. Mas os líderes rebeldes foram executados. Enquanto isso, Jeremias escreveu cartas da Palestina para aqueles que estavam no exílio para dizer que deveriam se estabelecer e aceitar o castigo de Deus. Ele lhes disse para 'construírem e viverem em casas, plantarem jardins, tomarem esposas e terem filhos, buscarem o bem-estar da cidade para onde Deus os enviou e orarem a Deus pela cidade, pois no bem-estar dela você encontrará o seu bem-estar.'

Suas previsões de que eles retornariam um dia lhes deram esperança — eles só precisavam ser pacientes para saber a hora certa de partir. Isso confundiu os exilados: afinal, eles iriam para casa logo ou não?

Mensagens de Ezequiel aos Exilados

O profeta Ezequiel era um judeu culto e religioso que vivia na Babilônia. Quando ele tinha 30 anos, Deus o chamou para falar aos judeus que viviam na Babilônia sobre quando eles retornariam à Palestina. Ele teve uma visão muito incomum de Deus e usou enigmas, histórias e ações simbólicas para destruir as esperanças dos judeus que queriam retornar a Jerusalém. Ele disse que Deus puniria os judeus em Jerusalém por causa de sua imoralidade sexual e injustiça. Jerusalém seria destruída, então os exilados não voltariam para casa em um futuro próximo — não haveria lugar para ir.

Os métodos de comunicação de Ezequiel eram incomuns. Por exemplo, ele se deitou apenas do lado esquerdo por 390 dias seguidos, depois apenas do lado direito por 40 dias consecutivos, para simbolizar a queda dos Reinos do Norte e do Sul. Ele não falava com ninguém a menos que Deus lhe dissesse que deveria. Ele agia de forma tão estranha que os judeus da Babilônia o visitavam para conferir seu comportamento estranho. Suas visões também continham a mensagem de que os judeus retornariam à sua terra natal, e suas mensagens eram consistentes com as de Jeremias.

Quando Jerusalém foi destruída e as pessoas do Reino do Sul chegaram à Babilônia, os judeus estavam mais dispostos a ouvi-lo — suas previsões haviam se cumprido. Ele também tinha mensagens de esperança. Ele disse que a reputação de Deus em todo o mundo seria restaurada e Israel seria uma nação novamente. Ezequiel teve uma visão de ossos secos em um campo que voltaram à vida e foram unidos e depois cobertos com pele para viverem novamente. Ele explicou o que Deus queria que soubessem:

> Não é por causa de vocês que faço essas coisas, mas por causa do meu santo nome, que vocês profanaram entre as nações. Mostrarei que meu nome é santo. As nações saberão que eu sou o Senhor. Eu os reunirei de todas as nações e os trarei de volta à sua própria terra. Eu vou purificá-los de suas impurezas. Eu lhe darei um novo coração e porei meu espírito em vocês. Haverá um rei sobre todos vocês, um pastor.

Daniel e Seus Companheiros Fiéis

Daniel foi um líder religioso e político que viveu entre os exilados na Babilônia antes de Jerusalém ser destruída. Ele era bem treinado em atividades religiosas quando morava em Judá, e era muito inteligente e sábio. Ele se tornou fluente em aramaico porque ele e três outros judeus (Sadraque, Mesaque e Abede-Nego) foram convidados pelo rei Nabucodonosor a aprender aramaico quando chegaram à Babilônia. Daniel escreveu mensagens em hebraico e aramaico, o que tornou suas mensagens disponíveis para não-judeus em outras nações.

Quando ele e seus três amigos receberam comida impura durante o treinamento, eles se recusaram a comê-la. Eles pediram para receber apenas vegetais e água e, em 10 dias, estavam mais saudáveis do que aqueles que comiam do menu real. Depois disso, eles comeram apenas vegetais. Após três anos de treinamento, os quatro homens foram levados ao rei, que os considerou muito superiores a qualquer outro que o tivesse servido.

Quando o rei teve um sonho perturbador, pediu a seus magos e astrólogos que lhe dissessem o que havia sonhado e o que significava. Os sábios disseram que esta era uma tarefa impossível — ninguém poderia ler a mente de outra pessoa, exceto um deus! O rei ficou tão chateado com a resposta deles que mandou matar todos os sábios da Babilônia.

Quando os homens do rei vieram para levar Daniel, ele perguntou por que estava sendo morto. Quando ele ouviu sobre a ordem do rei, ele pediu para falar com o rei. Ele então pediu ao rei mais tempo para que pudesse determinar qual era o sonho e o que significava. O rei concordou e Daniel foi até seus três companheiros e explicou a situação. Todos oraram muito a Deus por misericórdia e compreensão do sonho, pois não queriam morrer.

Naquela noite, Daniel teve um sonho que revelou as respostas às perguntas do rei. De manhã, ele disse ao rei: 'Ninguém na terra é capaz de responder a essas perguntas, mas existe um Deus nos céus que conhece o significado dos seus sonhos. Este Deus me revelou que descreve o que acontecerá no futuro.' Daniel então explicou ao rei o que era o sonho e o que significava. O final do sonho revelou que Deus estabeleceria um reino que nunca seria destruído.

Daniel havia respondido corretamente. O rei Nabucodonosor honrou Daniel e seu Deus, dizendo: 'Não há dúvida de que o seu Deus é o Deus dos deuses, o Senhor dos reis e aquele que revela os mistérios, pois você conseguiu revelar esse mistério.' O rei então fez de Daniel o governante de toda a província de Babilônia e o encarregou de todos os seus sábios. Daniel providenciou que o rei designasse seus três amigos para supervisionar todo o trabalho do governo em Babilônia.

Mais tarde, durante o seu reinado, o rei Nabucodonosor fez uma estátua de ouro de 27 metros de si mesmo em um campo perto da Babilônia. Em sua homenagem, todos foram ordenados a prostrarem-se e adorá-la; aqueles que não o fizessem seriam lançados na fornalha em chamas. Os três amigos de Daniel estavam na homenagem, mas não se curvaram, e era óbvio para todos que desobedeceram a essa ordem. Os três homens foram presos e conduzidos até o rei enfurecido. Os homens disseram ao rei: 'Não precisamos defender-nos de ti. Se nos atirar na fornalha em chamas, nosso Deus pode salvar-nos. Mas mesmo que nosso Deus não nos salve, queremos que saiba que não adoraremos outro deus nem nos curvaremos à imagem de ouro que mandaste erguer.'

O rei ficou furioso e ordenou que fossem amarrados e jogados na fornalha. Seu calor era tão intenso que os soldados que levaram os homens para a fornalha foram mortos pelas chamas. Mas os três homens não queimaram na fornalha, e os que assistiram viram quatro figuras andando no fogo — Deus estava com eles. O rei ordenou que saíssem da fornalha e, quando os três homens saíram, não haviam sofrido nenhuma queimadura. Até seus cabelos e roupas não estavam queimados, e não havia cheiro de fogo neles. O rei ficou tão espantado que emitiu uma ordem para que ninguém falasse mal do Deus dos judeus, e quem o fizesse seria morto. O rei então promoveu os três homens.

Muitos anos depois, Daniel teve uma série de visões que previam o futuro e estavam cheias de simbolismo vago onde animais e bestas estranhas representavam reis e nações. Ele não entendeu essas visões, então as guardou para si. Mas sua capacidade de interpretar outras mensagens misteriosas foi reconfirmada quando ele revelou a queda da Babilônia em um grande banquete de dignitários. Babilônia foi conquistada pelos persas no dia seguinte.

Os persas não destruíram a Babilônia, e Daniel continuou trabalhando como líder do governo persa. Outros ficaram com inveja de seu poder e conspiraram contra ele, mas a reputação de Daniel como um funcionário do governo sábio e justo era impecável. Dois oficiais conspiraram para punir Daniel por causa de sua religião. Eles fizeram o rei emitir um decreto que qualquer pessoa encontrada adorando um deus que não o rei durante os próximos 30 dias seria jogada em uma cova com leões. Quando os oficiais encontraram Daniel orando em direção da maneira usual, disseram ao rei.

Visto que Daniel era uma pessoa tão respeitada, o rei ficou contrariado. Mas os oficiais lembraram ao rei que ele havia emitido um decreto que não podia ser modificado, então Daniel foi jogado na cova dos leões. O rei disse a Daniel: 'Que o seu Deus, a quem você sempre serve, o livre!'

A cova foi tapada com uma grande pedra e o rei não conseguiu dormir naquela noite. Pela manhã, o rei se levantou e correu para a cova e chamou o nome de Daniel. Daniel respondeu: 'O meu Deus enviou um anjo que fechou a boca dos leões. Eles não me machucaram pois fui considerado inocente à vista de Deus.'

O rei então deu ordens para tirar Daniel da cova, e ele saiu sem nenhum ferimento. O rei então mandou jogar na cova os homens que conspiraram contra Daniel, junto com suas esposas e filhos. Todos eles foram rapidamente mortos e comidos pelos leões famintos.

Daniel continuou servindo como líder no governo persa. Quando ele era muito velho, Daniel teve sonhos e visões estranhos sobre o que aconteceria no futuro. Ele escreveu que muitos reinos malignos surgiriam, e muitas pessoas santas cairiam em suas mãos. Mas esses reinos terrenos algum dia seriam destruídos para sempre por um reino final, estabelecido por Deus, que não terminará. Embora ele não entendesse o significado dessas visões, ele as escreveu para que outros pudessem lê-las mais tarde, quando seu significado pudesse ser determinado. Daniel morreu logo depois que Ciro, o Grande, assumiu o poder na Babilônia.

Uma Nova Política Pede o Retorno e Restauração

O rei Ciro da Pérsia reverteu a política de transferir pessoas das áreas que conquistou de volta para a Mesopotâmia. Ele encorajou as pessoas que foram capturadas a voltar para casa e adorar seus próprios deuses, e permitiu que os judeus voltassem para casa. Mas naquela época, muitos deles haviam se estabelecido em empregos bem remunerados e viviam confortavelmente, e ignoraram a oportunidade de se mudar para a Palestina.

O rei Ciro acreditava no Deus judeu e queria reconstruir o Templo em Jerusalém. Ele encorajou os judeus na Babilônia a dar ouro, animais e suprimentos para aqueles que quisessem voltar para casa e reconstruir a cidade e o Templo. (O profeta Isaías previu que isso aconteceria.) Cerca de 50 mil judeus logo fizeram a viagem de 1500 quilômetros de volta à Palestina, e Ciro enviou artigos que haviam sido levados do Templo. Quando eles chegaram, fazia cerca de 70 anos desde que o primeiro grupo de exilados de Judá chegou à Babilônia. (Jeremias previu que haveria 70 anos de exílio.)

Jerusalém estava deserta há 50 anos e estava em ruínas. Os judeus levaram sete meses para se organizarem e voltarem a praticar suas atividades religiosas. Eles fizeram holocaustos e celebraram suas festas. A construção de um novo Templo começou com materiais adquiridos dos Fenícios, e os Levitas supervisionaram o trabalho. Enquanto muitos comemoravam seu retorno e louvavam a Deus, os idosos que se lembravam de como era Jerusalém choravam aberta e amargamente com a forma como o lugar estava.

Os que moravam nas proximidades de Samaria queriam ajudar a construir o Templo. Os samaritanos ocuparam terras onde havia sido o Reino do Norte e se casaram com os estrangeiros que foram trazidos para a região. Quando não foram autorizados a ajudar, eles ficaram furiosos com os judeus e trabalharam contra seus esforços para reconstruir a área. O trabalho no Templo ficou parado por 16 anos por causa de sua oposição.

Ageu e Zacarias

O trabalho no templo recomeçou quando o rei Ciro foi substituído por um novo rei na Pérsia que estava interessado na religião de seu império. O profeta Ageu lembrou ao povo que construir o Templo era uma prioridade maior do que tornar suas próprias casas ainda melhores. A construção do Templo logo recomeçou, mas seu entusiasmo pelo projeto enfraqueceu quando perceberam que a nova estrutura não chegaria perto do que havia sido construído no reinado do rei Salomão. Embora não tivessem trabalhadores e dinheiro para fazer o trabalho direito, Ageu encorajou o povo prevendo que o novo Templo seria maior que o anterior. Deus falou através de Ageu.

> Sejam fortes, pois estou com vocês. Meu Espírito permanece entre vocês. Logo, farei tremer todas as nações, e o que é desejado por todas as nações virá, e o templo ficará cheio de glória. A glória será maior do que no templo antigo. Neste lugar, eu lhe darei paz.

Ao mesmo tempo, o profeta Zacarias tinha uma mensagem semelhante, porém mais longa, para os judeus. Em uma série de sonhos simbólicos, visões e mensagens, ele viu que o povo de Deus retornava e sua nação era gradualmente restaurada. Quando o Templo é construído, as pessoas recebem a promessa de um futuro glorioso. Embora Judá tenha caído, Jerusalém se levantará novamente enquanto todas as outras nações cairão. O Senhor disse: 'Jerusalém não terá muros porque muitas pessoas e animais viverão nela. Meu fogo será o muro ao redor dela, e eu serei a sua glória.' Deus repreenderia o mal (Satanás) e um líder servo chamado Renovo lideraria a restauração. Este líder será um sacerdote diante de Deus e removerá os pecados de todas as pessoas em um único dia. A justiça e a paz substituirão a maldade, e o espírito de Deus se espalhará por todo o mundo. Todas essas coisas acontecerão se as pessoas obedecerem a Deus — não é suficiente que jejuem e orem. O Senhor falou através de Zacarias:

Proporcionem a verdadeira justiça. Mostrem misericórdia e compaixão uns para com os outros. Não sejam maus com a viúva, o sem-teto, o estrangeiro ou o pobre. Não planejem o mal uns contra os outros. Aqueles que vieram antes de vocês não ouviram, e eles foram espalhados e se tornaram estrangeiros em outras nações. Portanto, falem a verdade uns aos outros e façam julgamentos justos em seus tribunais.

Zacarias também fez previsões sobre o futuro. Um rei humilde e bom entrará em Jerusalém montado em um jumentinho. As armas de batalha serão removidas e a paz será proclamada à terra. Muitos tipos de pessoas e nações poderosas falarão entre si sobre este rei. 'Naqueles dias, dez homens de todas as línguas e nações agarrarão firmemente a barra das vestes de um judeu e dirão: 'Eles vão agarrá-los e pedir para ir com vocês porque eles sabem que Deus está com vocês.' Mas Zacarias terminou com um aviso: Jerusalém será destruída novamente e muitas pessoas deixarão a região porque os judeus rejeitam o pastor que veio para salvá-los. Mas depois de uma crise massiva, Deus retornará e governará o mundo inteiro.

Encorajados por esses dois profetas e pela esperança de um futuro glorioso, o povo completou o Templo cinco anos após o reinício da construção. O templo foi construído no mesmo local do Templo anterior, mas não chegava nem perto de ser tão bonito quanto o outro era. No entanto, os judeus começaram suas atividades religiosas seguindo as mesmas instruções fornecidas por Moisés, e os Israelitas que ficaram na Palestina se juntaram a eles em suas cerimônias e festivais religiosos.

Ester e Mardoqueu na Pérsia

Muitos judeus decidiram ficar em áreas controladas pelos persas. Quando a rainha do rei persa Xerxes desobedeceu a uma ordem direta em Susã, o rei decidiu que ela deveria ser substituída. Se ele a deixasse escapar com tanto desrespeito, a notícia se espalharia e as mulheres deixariam de obedecer a seus maridos. Então, mulheres jovens de todo o império foram trazidas ao rei para que ele pudesse escolher uma nova rainha. Cada mulher passou por um ano de tratamento de beleza antes de ver Xerxes.

Ester estava entre as mulheres trazidas para se preparar para ver o rei. Ela era uma judia jovem e fiel que também morava em Susã. Ela havia sido adotada por seu primo mais velho, Mardoqueu, quando seus pais morreram. Quando foi sua vez de conhecer o rei, ela o impressionou tanto que foi escolhida para ser a próxima rainha. Mas Mardoqueu a havia proibido de dizer que era adotada e que era judia.

Quando Mardoqueu ouviu uma conversa sobre uma conspiração para matar o rei, ele relatou a Ester, que então contou ao rei, dizendo a ele que ela havia ficado sabendo através de um homem chamado Mardoqueu. Quando o rei soube que a conspiração era verdadeira, ele executou os conspiradores.

Um homem chamado Hamã era o primeiro-ministro e ordenou que todos se curvassem-se a ele quando o vissem. Mas Mardoqueu recusou-se a curvar-se. Hamã descobriu que Mardoqueu era judeu, então ele elaborou um plano para se livrar de todos os judeus do reino (cerca de dois milhões de pessoas). Ele disse ao rei Xerxes: 'Há um certo grupo de pessoas disperso pelo seu reino que se mantêm separadas das outras. Seus costumes são diferentes e eles não obedecem às suas leis. Não convém ao rei tê-los vivendo dessa maneira. Se você quiser, você pode emitir uma ordem para que todos sejam mortos.'

O rei concordou, e uma ordem que foi selada com o anel do rei foi enviada a todas as províncias. Ela dizia que todos os judeus, incluindo mulheres e crianças, deveriam ser mortos em um dia específico 11 meses depois.

Judeus em todo o império persa choraram e jejuaram quando ouviram essa ordem. Quando Ester soube da ordem, decidiu falar com o rei. Mas ninguém tinha permissão para ver o rei em sua sala privada do palácio, a menos que ele os convidasse — aqueles que entravam sem convite eram mortos por seus guardas.

Mardoqueu disse a Ester que era seu dever como líder judia fazer alguma coisa — ela também poderia ser morta por ser judia. Ester disse-lhe para que todos os judeus de Susã orassem por ela por três dias e três noites, e então ela iria para a sala privada do rei, ainda que fosse contra a lei. Ela disse a Mardoqueu: 'Se eu tiver que morrer, morrerei.'

Depois de três dias, Ester entrou na sala privada do rei e parou à sua porta. Ele a convidou para entrar em seu quarto, e ela ficou aliviada por não ter sido presa e morta. Ela perguntou se poderia oferecer um banquete só com ele e Hamã. Ele concordou e, enquanto comiam e bebiam naquela noite, o rei perguntou a Ester o que ela queria — ele faria quase qualquer coisa por ela. Ela disse que lhe daria sua resposta no dia seguinte, quando os três pudessem jantar juntos novamente.

Naquela noite, Hamã foi para casa e se vangloriou para sua esposa de que tinha tido um jantar privado com o rei e a rainha e que iria ter novamente na noite seguinte. Mas ele disse que ainda não estava satisfeito, porque Mardoqueu não havia se curvado diante dele. Sua esposa disse que Mardoqueu deveria ser morto e pendurado em uma forca alta na manhã seguinte, antes de jantar. Dessa forma, ele poderia alegrar-se em sua refeição com o rei e a rainha. Hamã gostou da ideia e mandou fazer a forca.

O rei não conseguiu dormir naquela noite e descobriu que Mardoqueu, o homem que denunciou o plano de assassinato, era judeu, mas nada havia sido feito para reconhecê-lo e honrá-lo. Quando Hamã entrou na sala para falar com o rei sobre enforcar Mardoqueu, o rei primeiro lhe perguntou o que deveria ser feito ao homem que o rei tem o prazer de honrar. Hamã pensou que o rei iria honrá-lo, então ele disse que a pessoa deveria vestir um manto do rei e ser apresentada em um grande desfile pela cidade. O rei então disse a Hamã que fosse fazer o que ele havia sugerido a Mardoqueu. Humilhado, Hamã cumpriu a ordem e depois voltou para jantar com o rei e a rainha.

Enquanto comiam, Ester disse que seu pedido era que o rei poupasse a vida dos judeus, seu povo. O rei havia esquecido quem tinha pensado na ideia, então perguntou quem era o responsável pela ordem. Ela disse que era Hamã, o homem sentado com eles!

O rei partiu furioso, mas Hamã ficou para trás e implorou a Ester por sua vida. Quando o rei voltou, ele viu Hamã ajoelhado aos pés de Ester e pensou que ele estava tentando violentá-la. O rei ordenou que seus guardas levassem Hamã embora. Os guardas disseram que havia uma forca alta do lado de fora da casa de Hamã que seria usado para enforcar Mardoqueu. O rei ordenou que Hamã fosse morto e pendurado no poste, e o rei deu a propriedade de Hamã a Ester. Quando o rei descobriu que Ester e Mardoqueu eram parentes, ele nomeou Mardoqueu seu ministro.

Mas a ordem para matar todos os judeus ainda estava em vigor. Ester implorou ao rei para emitir outra que removesse a ordem de matar todos os judeus. O rei disse a Mardoqueu para escrever a nova ordem. Foi escrita rapidamente, traduzida para todas as línguas faladas no império, selada com o anel do rei e enviada para todas as províncias usando os cavalos mais rápidos que o rei possuía. A ordem concedia aos judeus em todas as cidades o direito de se reunir e se proteger, e de matar qualquer homem que atacasse um judeu. Fizeram com que todos no império conhecessem o texto da ordem, para que os judeus pudessem se proteger no dia que estava marcado para serem mortos.

Quando a notícia chegou, os judeus de todas as províncias ficaram muito felizes. Sua corajosa rainha e o novo primeiro-ministro haviam salvado suas vidas. Eles celebraram fazendo festa. Muitas pessoas de outras nacionalidades se tornaram judeus e começaram a seguir suas atividades religiosas porque tinham medo do que os judeus poderiam fazer com eles.

Mardoqueu então enviou cartas a todos os judeus do império, dizendo-lhes que celebrassem os dois dias do mês em que se livraram de seus inimigos. Sua tristeza se transformou em alegria, e seu luto se transformou em um dia de festa. Durante os dois dias, os judeus deveriam festejar, dar comida de presente uns aos outros e dar presentes aos pobres. A ocasião ficou conhecida como os dias de Purim e é celebrada entre os judeus até hoje.

Esdras Retorna a Jerusalém

Depois que o rei Xerxes morreu, seu filho Artaxerxes tomou seu lugar como rei. Um judeu altamente educado chamado Esdras vivia no exílio na Babilônia na época. Ele era levita e descendente de Aarão, e compreendia todos os escritos religiosos que foram transmitidos através dos séculos. Ele também acompanhou todos os eventos que ocorreram entre os judeus ao longo dos séculos e os escreveu como registros históricos. Ele estava ansioso para voltar a Jerusalém e se aproximou do rei Artaxerxes para obter permissão para sair.

O rei apoiou a ideia de que mais judeus retornassem à Palestina, então deu a Esdras permissão para estabelecer um governo na Palestina. O rei deu a Esdras toda a ajuda financeira que ele precisava para restabelecer os sistemas e as construções religiosas, incluindo tudo o que ele precisasse para o Templo. O rei também disse todas as pessoas que trabalhassem no Templo não precisariam pagar impostos.

Esdras avisou os judeus sobre a viagem planejada de volta à Palestina, mas poucas pessoas quiseram caminhar quase 1.600 quilômetros até uma terra que não conheciam para começar uma nova vida. Muitos também estavam preocupados com a segurança durante a caminhada. Bem poucos judeus decidiram retornar à Palestina e, mesmo depois de um apelo especial ao povo, apenas 20 Levitas concordaram em ir.

Esdras não queria pedir ao rei nenhum guarda para sua viagem porque os judeus eram conhecidos por confiar em Deus para sua proteção. Assim, todos oraram pela proteção de Deus durante a viagem e, após uma viagem de três meses e meio, todos chegaram sãos e salvos a Jerusalém.

Esdras logo determinou que os Israelitas da região, incluindo os sacerdotes, haviam se casado com pessoas de outras culturas e religiões. Esdras ficou enojado e zangado porque os judeus haviam adotado práticas não judaicas. Ele orou em voz alta no Templo e confessou os pecados dos judeus. Ele então ordenou que todos os judeus fossem ao Templo para uma reunião. Ele se dirigiu à multidão e falou sobre o perigo de se casar com não-judeus.

As pessoas estavam dispostas a mudar seus hábitos, e líderes foram selecionados para representar a todos em reuniões futuras, de modo que apenas algumas pessoas tivessem que viajar para Jerusalém. Esdras liderou uma investigação para determinar quais sacerdotes e Levitas haviam se casado com pessoas de outros povos, e todos os sacerdotes eram culpados. Todos eles concordaram em cancelar suas promessas de casamento.

Neemias

Mais de 13 anos após o retorno de Esdras a Jerusalém, a cidade ainda estava sendo reconstruída. O Templo havia sido concluído, mas os muros da cidade ainda estavam caídos e os portões queimados. A cidade não era um lugar seguro para se viver.

Neemias era um judeu altamente leal que trabalhava para o rei persa em Susã. Quando seu irmão da Palestina o visitou, ele soube que a vida entre os poucos exilados que retornaram à Palestina não era boa. Ele chorou depois de ouvir isso e orou por vários meses para determinar o que Deus queria que ele fizesse.

Seu rosto estava triste enquanto servia bebidas ao rei Artaxerxes e sua rainha, e o rei perguntou por que ele estava triste. Neemias contou ao rei sobre as condições em sua terra natal e pediu permissão para voltar e reconstruir Jerusalém. Ele obteve a permissão do rei e conseguiu muitos suprimentos para levar para Jerusalém. Ele também recebeu cartas do rei para garantir que a caravana fosse bem tratada e conseguir lenha de graça.

Quando Neemias chegou a Jerusalém, ele e alguns outros saíram escondidos à noite para inspecionar as defesas da cidade. De manhã, ele disse às autoridades locais o que eles já sabiam — a cidade não era segura e precisava reconstruir seus muros e portões. Todos concordaram em começar a trabalhar imediatamente nos reparos. Ele montou um sistema para guardar os portões e as brechas nas paredes enquanto os reparos eram feitos por grupos de homens de diferentes tribos de Israel.

Toda essa atividade chamou a atenção dos oficiais da área ao redor de Jerusalém. Eles se sentiram ameaçados por uma cidade mais forte controlada pelos judeus e alegaram que os judeus estavam se rebelando contra o rei. Eles conspiraram para atacar, e Neemias aumentou a segurança ao redor da cidade. Todos contribuíram com o que foi possível. Alguns trabalhavam enquanto outros montavam guarda armados com armas e trombetas para tocar em caso de ataque. Os pobres da cidade também trabalhavam e não precisavam pagar impostos ou juros sobre suas dívidas porque não estavam ganhando dinheiro fazendo seus trabalhos normais. Neemias garantiu que todos tratassem os pobres de maneira justa. Seus inimigos continuaram tentando novas maneiras de induzi-lo a fazer algo errado, mas Neemias administrou sabiamente cada situação e evitou problemas.

O muro e os portões foram concluídos em 52 dias. Todas as pessoas da região ficaram impressionadas com a força dos judeus e de seu Deus, e isso restaurou o respeito e o prestígio da nação judaica entre os que viviam na região.

Quando os muros e portões da cidade ficaram seguros, Neemias estabeleceu um sistema que as pessoas deveriam usar para proteger os muros perto de suas casas. Judeus da área rural preencheram áreas abertas da cidade e, dentro da cidade, as pessoas se sentiam mais seguras.

Neemias também trabalhou com Esdras para fortalecer as atividades religiosas dos judeus. O povo voltou ao hábito de confessar seus pecados, fazer sacrifícios e ofertas, apoiar o trabalho dos Levitas e celebrar suas festas, assim como os Israelitas faziam nos dias de Moisés. As pessoas também se comprometeram a não deixar seus filhos se casarem com alguém que não fosse judeu.

Depois de dedicar as paredes em uma grande festa, Neemias voltou para casa em Susã. Quando voltou a Jerusalém anos depois, descobriu que os judeus haviam parado de praticar sua religião corretamente. Eles agora trabalhavam e vendiam mercadorias no sábado. Os Levitas haviam saído para trabalhar em outro lugar porque os dízimos não os sustentavam e a outros trabalhadores do Templo. Os estrangeiros tinham escritórios no pátio do Templo. Tudo isso deixou Neemias muito zangado. Ele jogou fora os móveis de propriedade dos estrangeiros, fechou os portões de Jerusalém no sábado e lembrou ao povo que aqueles que ignoravam os mandamentos de Deus seriam punidos com a captura.

Malaquias

O profeta Malaquias reforçou as advertências de Neemias porque os judeus não estavam se apoiando em Deus. Estes eram seus pecados: oferecer animais imperfeitos em sacrifícios, se casar com não-judeus, ser infiel no casamento, negligenciar o dízimo, não cuidar de viúvas e órfãos e maltratar os pobres e estrangeiros. Malaquias também ofereceu uma visão das coisas que estavam por vir no futuro. Bênçãos e julgamentos viriam, às vezes através de um processo doloroso. Por meio dele, Deus disse aos judeus:

> Não vou mudar a maneira como trato com vocês: vou abençoá-los se vocês me honrarem e obedecerem aos meus mandamentos; Eu vou puni-los se forem arrogantes e desobedecerem. Serei compassivo se vocês voltarem para mim. Eu enviarei meu mensageiro para preparar o caminho diante de mim. De repente, aquele que vocês buscam virá ao Templo — o mensageiro do acordo virá. Ele será como o fogo de um ourives ou um sabão. Ele purificará os levitas assim como o ouro e a prata são refinados. Então o Senhor terá pessoas que trarão ofertas com justiça, e suas ofertas serão agradáveis ao Senhor como eram antes. Também atacarei a terra com destruição total.

(A história continua no Capítulo 14.)

Capítulo 13

Livros Únicos do Antigo Testamento

Vários livros da Bíblia fornecem lições sobre como viver corretamente, como lidar com problemas e amar os outros, em vez de discutir eventos históricos.

- Os livros de Provérbios e Eclesiastes são sobre sabedoria e foram escritos principalmente pelo Rei Salomão. Provérbios fornece ditados e pequenas histórias sobre como viver corretamente. Em Eclesiastes, Salomão fala sobre como a vida real é muito mais complicada do que dar simples verdades em preto e branco sobre as consequências do comportamento humano.
- Jó se trata de uma história sobre o porquê de uma pessoa que tem fé em Deus e leva uma vida boa ainda assim experimentar dor e sofrimento. A história termina com uma reviravolta inesperada.
- Jonas é uma breve biografia de um homem chamado por Deus para falar a verdade a um inimigo perigoso. Quando não o faz, sofre consequências incomuns.
- Cânticos é um diálogo entre uma jovem e seu namorado.
- Salmos é uma coleção de poemas que refletem fortes emoções e pensamentos sobre eventos que ocorreram entre os Israelitas.

Provérbios

A maior parte de Provérbios foi escrita pelo rei Salomão. Um provérbio é uma declaração de uma verdade geral e muitas vezes trata da maneira certa e errada de fazer as coisas. Em geral, os provérbios indicam que aqueles que seguem essas verdades evitarão o mal e serão recompensados; aqueles que não seguem seus conselhos sofrerão consequências negativas.

Declarações positivas e negativas são muitas vezes combinadas para fornecer um contraste entre o bem e o mal. Às vezes, estes são apenas uma frase longa. Por exemplo, o último versículo do capítulo 3 afirma:

'Os sábios herdam a honra, mas os tolos herdam a desonra.' (Provérbios 3:35). Em outros casos, há grupos de provérbios que discutem a mesma ideia. Muitos dos ditados e contos falam sobre dinheiro, justiça e moralidade sexual (muitos versos falam sobre evitar as tentações dos pecados relacionados ao sexo e a ganhar dinheiro da maneira errada). O livro tem muitos lembretes para seus leitores de que eles devem buscar constantemente a sabedoria e evitar fazer coisas más.

O livro começa dizendo que a sabedoria vem de Deus. Assim, uma pessoa sábia se comporta de maneira correta, justa e piedosa. O último capítulo enfoca as qualidades de uma boa esposa naquele tempo. Muitos dos versículos nos 31 capítulos trazem o mesmo ponto. Aqui estão exemplos de alguns dos provérbios — eles vêm dos capítulos e versículos anotados logo em frente.

Capítulo 1:7, 20–23, 33
O temor do Senhor é o princípio do conhecimento, mas os insensatos desprezam a sabedoria e a disciplina. A sabedoria clama em voz alta nas ruas, ergue a voz nas praças públicas; nas esquinas das ruas barulhentas ela clama, nas portas da cidade faz o seu discurso: 'Até quando vocês, inexperientes, irão contentar-se com a sua inexperiência? Vocês, zombadores, até quando terão prazer na zombaria? E vocês, tolos, até quando desprezarão o conhecimento? Se acatarem a minha repreensão, eu lhes darei um espírito de sabedoria e lhes revelarei os meus pensamentos. Quem me ouvir viverá em segurança e estará tranquilo, sem temer nenhum mal.'

Capítulo 4:23–27
Acima de tudo, guarde o seu coração, pois dele depende toda a sua vida. Afaste da sua boca as palavras perversas; fique longe dos seus lábios a maldade. Olhe sempre para a frente, mantenha o olhar fixo no que está adiante de você. Veja bem por onde anda, e os seus passos serão seguros. Não se desvie nem para a direita nem para a esquerda; afaste os seus pés da maldade.

Capítulo 6:6–11
Observe a formiga, preguiçoso, reflita nos caminhos dela e seja sábio! Ela não tem nem chefe, nem supervisor, nem governante, e ainda assim armazena as suas provisões no verão e na época da colheita ajunta o

seu alimento. Até quando você vai ficar deitado, preguiçoso? Quando se levantará de seu sono? Tirando uma soneca, cochilando um pouco, cruzando um pouco os braços para descansar, a sua pobreza o surpreenderá como um assaltante, e a sua necessidade lhe virá como um homem armado.

Capítulo 10:1–5, 8–9, 12–13

O filho sábio dá alegria ao pai; o filho tolo dá tristeza à mãe. Os tesouros de origem desonesta não servem para nada, mas a retidão livra da morte.

O Senhor não deixa o justo passar fome, mas frustra a ambição dos ímpios. As mãos preguiçosas empobrecem o homem, porém as mãos diligentes lhe trazem riqueza.

Aquele que faz a colheita no verão é filho sensato, mas aquele que dorme durante a ceifa é filho que causa vergonha. Os sábios de coração aceitam mandamentos, mas a boca do insensato o leva à ruína.

Quem anda com integridade anda com segurança, mas quem segue veredas tortuosas será descoberto.

O ódio provoca dissensão, mas o amor cobre todos os pecados.

A sabedoria está nos lábios dos que têm discernimento, mas a vara é para as costas daquele que não tem juízo.

Capítulo 15:1–4

A resposta calma desvia a fúria, mas a palavra ríspida desperta a ira.

A língua dos sábios torna atraente o conhecimento, mas a boca dos tolos derrama insensatez. Os olhos do Senhor estão em toda parte, observando atentamente os maus e os bons.

O falar amável é árvore de vida, mas o falar enganoso esmaga o espírito.

Capítulo 22 (trechos)

A boa reputação vale mais que grandes riquezas; desfrutar de boa estima vale mais que prata e ouro.

O rico e o pobre têm isto em comum: O Senhor é o Criador de ambos.

Instrua a criança segundo os objetivos que você tem para ela, e mesmo com o passar dos anos não se desviará deles.

Quem é generoso será abençoado, pois reparte o seu pão com o pobre.

Tanto quem oprime o pobre para enriquecer-se como quem faz cortesia ao rico, com certeza passarão necessidade.

Capítulo 25:21–22
Se o seu inimigo tiver fome, dê-lhe de comer; se tiver sede, dê-lhe de beber.
Fazendo isso, você amontoará brasas vivas sobre a cabeça[3] dele, e o Senhor recompensará você.

* * * * *

Eclesiastes

O livro de Eclesiastes contém as reflexões de um rei sábio, provavelmente o rei Salomão mais tarde em seu reinado. Em contraste com Provérbios, a sabedoria é vista com mais realismo e nuances — não há otimismo cego para fazer o certo nem pessimismo cético para fazer o errado. Em vez disso, a vida é vista com suas complexidades e frustrações. Como a própria vida, a estrutura e o conteúdo dos 12 capítulos do livro são desconexos, divagando em direções diferentes e muitas vezes repetitivos. Isso pode ser devido à probabilidade de o livro ter tido vários autores.

O livro começa com o Mestre exclamando: 'Nada faz sentido!' Os intermináveis ciclos da vida e da natureza parecem nunca mudar nada na Terra. Ganhar sabedoria e conhecimento traz tristeza e dor. Ambos têm suas limitações, e criar mudanças para melhorar a vida é como 'correr atrás do vento — nada se ganha debaixo do sol.'

O Mestre tentou encontrar a felicidade de diferentes maneiras. Ele primeiro buscou prazeres terrenos — beber, fazer sexo, trabalhar duro, adquirir materiais e riquezas e obter poder. Mas quando refletiu sobre suas ações, nada disso o deixou feliz. Em seguida, ele pensou sobre a busca da sabedoria e as consequências da pecaminosidade, mas perce-

---

[3] Esta frase tem vários significados. Pode ser entendida literalmente no contexto daquela cultura, em que uma pessoa fornece uma grande quantidade de carvão para resgatar o fogo minguante de um vizinho. Nos tempos antigos, algumas pessoas carregavam coisas na cabeça. A frase também tem um significado mais profundo, no qual a generosidade extravagante de uma pessoa para com um inimigo faz com que o inimigo pense em como tratar os outros. O resultado é aumentar as chances de um relacionamento mais pacífico entre as duas pessoas. A frase *não* significa ferir seu inimigo queimando sua cabeça de alguma forma.

beu que tanto os sábios quanto os tolos morrem igualmente. As posses adquiridas durante a vida são passadas quando uma pessoa morre para outros que podem ser sábios ou tolos, de modo que os frutos do trabalho de uma vida podem ser desperdiçados. Por que perseguir o que você não pode manter?

O Mestre concluiu que o melhor que as pessoas podem fazer para encontrar a verdadeira felicidade é honrar a Deus, desfrutar de sua comida e bebida, fazer o bem e encontrar um trabalho significativo. Ele também concluiu que, em vez de seguir regras fixas em todas as situações, o comportamento correto depende das circunstâncias específicas de cada contexto — há um momento certo para cada experiência humana.

Há tempo de nascer e tempo de morrer,
tempo de plantar e tempo de colher,
tempo de matar e tempo de curar, tempo de derrubar e tempo de construir,
tempo de chorar e tempo de rir, tempo de luto e tempo de dança,
tempo de espalhar pedras e tempo de recolhê-las,
tempo de abraçar e tempo de ficar distante,
tempo de procurar e tempo de desistir,
tempo de guardar e tempo de jogar fora,
tempo de rasgar e tempo de costurar, tempo de calar e tempo de falar,
tempo de amar e tempo de odiar, tempo de guerra e tempo de paz.

O Mestre admite que o bem pode vir de experiências negativas, mas ainda prefere os atributos da sabedoria, mesmo que a vida possa ser injusta. Ele termina incentivando as pessoas a aproveitar a vida ao máximo, trabalhar duro e abraçar os eventos inesperados da vida como oportunidades dadas por Deus para aprender e crescer.

* * * * *

Jó

Jó é uma longa história que inclui muitas conversas sobre fé, obediência, recompensas, punições, bem e mal, e o motivo de coisas ruins acontecerem com pessoas fiéis. A natureza amorosa e justa de Deus é questionada através de um diálogo entre os personagens principais: Deus e Satanás, Jó e seus amigos e Deus e Jó. O livro não é uma história verdadeira (não há autores, datas ou locais claros).

O livro começa descrevendo Jó como um homem rico que vive com sua grande família e 11 mil animais. Ele é 'o homem mais rico do Oriente e é íntegro, justo, fiel a Deus, e sempre cuidadoso para evitar fazer o mal.' Ele faz sacrifícios a Deus apenas no caso de membros de sua família terem pecado.

Satanás diz a Deus que Jó só é bom e fiel porque Deus o abençoou de todas as maneiras possíveis. Satanás desafia Deus a retirar todas as bênçãos de Jó para ver se ele ainda amará a Deus mesmo assim, dizendo que Jó amaldiçoará a Deus quando as suas bênçãos forem removidas. Deus concorda em deixar Satanás atormentar Jó, mas o proíbe de matá-lo.

Jó e sua família logo começam a sofrer desastres. Jó recebe uma mensagem de que um inimigo roubou seus animais e matou os servos que cuidavam do rebanho. Então o fogo do céu mata suas ovelhas e os servos que cuidam dos rebanhos. Então um inimigo diferente rouba todos os seus camelos e mata todos os servos, exceto o mensageiro. Finalmente, ele ouve que a casa onde seus filhos estavam comendo desabou com um vento forte, e que todos morreram.

Depois de ouvir o que aconteceu, Jó rasga suas roupas e adora a Deus dizendo: 'Saí nu do ventre da minha mãe, e partirei do mundo sem nada. O Senhor dá e o Senhor tira. Louvado seja o nome do Senhor.' Jó não pecou ou culpou a Deus por esses eventos.

Deus lembra a Satanás sobre como Jó permaneceu fiel mesmo depois de perder tudo. Satanás faz uma nova acusação, dizendo que Jó amaldiçoará a Deus se seu próprio corpo sofrer. Deus concorda em deixar Satanás trazer dor e doença a Jó, e o seu corpo desenvolve feridas dolorosas da cabeça aos pés. A esposa de Jó pergunta a ele: 'Por que você ainda vive da forma correta? Amaldiçoe a Deus, e morra!' Jó responde: 'Devemos aceitar o bem dado por Deus, mas não o sofrimento?' E Jó não peca nem amaldiçoa a Deus.

Quando três amigos de Jó ficam sabendo do que aconteceu, eles o visitam para consolá-lo. Eles mal o reconhecem, choram alto e depois sentam-se em silêncio com Jó por uma semana.

Jó quebra o silêncio e os quatro homens têm uma longa conversa. Jó fala sobre todos os seus problemas e que gostaria de nunca ter nascido. Mas seus amigos dizem que as aflições de Jó são devidas aos pecados que

Jó cometeu e o exortam a se arrepender e obedecer. Dessa forma, ele ganhará de volta o favor de Deus. Os três amigos dizem que Deus não pune pessoas boas por nada.

Jó discorda e diz que não fez nada de errado. Os amigos zombam da atitude de Jó e das alegações de inocência, mas Jó insiste que não fez nada para merecer nenhuma das aflições. Como os amigos culpam a vítima, Jó fica muito irritado com as falsas acusações de pecado e a confiança hipócrita deles em suas respostas simplistas para resolver sua situação. Ele os manda calarem a boca!

No entanto, Jó está confuso sobre como sua vida mudou tão rapidamente sem cometer nenhum pecado. Ele se pergunta como as pessoas podem agradar a um Deus que pode ser justo e complacente com aqueles que merecem punição. Os caminhos de Deus estão além da compreensão humana. Jó está triste com sua vida, mas acredita que Deus acabará por dizer que ele é inocente. Sua experiência prova que o sofrimento não está automaticamente ligado ao pecado e ao mal. E mesmo que ele morra, ele diz que viverá novamente. 'Eu sei que o meu Redentor vive, e que, no fim, Deus ainda estará em pé. E depois que o meu corpo estiver destruído e sem carne, ainda verei a Deus.' Jó não sabia por que certas coisas aconteciam — às vezes os maus prosperam, a vida pode ser injusta. Mas sua fé lhe trazia esperança de que o amor e o julgamento de Deus resultariam em um veredicto de 'inocente' para ele na sua próxima vida.

Um dos amigos então diz que Jó sofre porque negligenciou os pobres. Mas Jó insiste que essas acusações são falsas. Ele obedeceu aos mandamentos de Deus, consolou os desesperados e ajudou os impotentes e os necessitados. Jó está frustrado por não ser tratado com justiça — ele não cometeu nenhuma ofensa. Deus tem o poder de mudar as coisas, mas é silencioso. Jó mantém sua inocência e zomba dos homens mais jovens que pensam que sabem tudo. 'Meus lábios não contarão mentiras, e nunca darei razão a vocês. Viverei da forma correta e manterei minha inocência, e não admitirei ter feito algo que não fiz.' Jó está machucado e sofre ao ouvir seus falsos acusadores.

Outro amigo chega e critica os três amigos por acusarem Jó sem fornecer nenhuma evidência de irregularidade. Mas ele também diz que Deus não recompensará aqueles que não se arrependerem e não responderá quando os maus clamarem.

Todo esse tempo Deus esteve ouvindo Jó e seus amigos enquanto eles justificavam seus pontos de vista um para o outro. Deus então entra na conversa e faz a Jó muitas perguntas que expõem a ignorância de Jó sobre como o mundo funciona e mostram o poder de Deus. Por exemplo, Deus diz: 'Onde você estava quando lancei os alicerces da terra? Quem marcou os limites das suas dimensões? Você é tão inteligente, talvez saiba! Onde moram a luz e a escuridão? E a chuva e o vento — de onde vêm?' Jó ficou devastado e não conseguiu responder às perguntas de Deus.

Deus então se volta para os amigos de Jó com raiva por dizerem incorretamente que o sofrimento só ocorre devido ao pecado e que a justiça só ocorre durante a vida. Respostas fáceis podem aliviar a consciência do mensageiro, mas não se aplicam a situações complexas. Ironicamente, os amigos de Jó ignoraram sua dor e não tiveram empatia enquanto tentavam ajudá-lo.

A história termina muito rapidamente sem dar detalhes importantes. Deus honra a humildade e fidelidade de Jó e o abençoa novamente com mais do que ele tinha originalmente. Mas a história não inclui nada sobre o acordo entre Deus e Satanás. No final, o bem prevalece sobre o mal porque Jó não vacila. Derrotado novamente, Satanás não aparece a Deus com outra aposta. Além disso, a história nunca explica por que os seguidores fiéis sofrem ou por que os maus prosperam, então os leitores são deixados a pensar nas respostas por si mesmos. A vida é imprevisível quando as forças do bem e do mal coexistem. Os caminhos de Deus não são os nossos caminhos, o tempo de Deus não é o nosso tempo. A fidelidade a Deus e nossa resposta aos eventos em nossas vidas são o que mais importa. As crises da vida podem ser usadas para o bem — as pessoas são seres humanos desenvolvidos e moldados em tempos difíceis.

* * * * *

Jonas

Nesta breve história, Deus chama o profeta Jonas para falar a verdade e julgar o povo de Nínive, a capital do império Assírio. A história tem poucos detalhes, e suas duas páginas podem ser lidas muito rapidamente, mas tem muitas lições universais. A história está relacionada à desobediência humana, às consequências de não seguir o chamado de Deus, a como a natureza às vezes é usada para mostrar o poder de Deus, ao preconceito para com os estrangeiros, à graça e ao perdão de Deus para todos e a como ficamos desapontados quando Deus mostra amor àqueles que achamos que não merece.

Nesta história, nós primeiro aprendemos que Jonas estava com medo de ir pregar em Nínive. Em vez de viajar para o leste e arriscar a morte, ele pega um barco para a Espanha (3 mil quilômetros na direção oposta). Uma forte tempestade ameaça afundar o navio, e a tripulação chama seus deuses para salvá-lo. O capitão diz a Jonas para orar ao seu deus.

A tempestade é tão incomum que a tripulação sabe que alguém no navio está amaldiçoado. Eles descobrem que é Jonas, e ele explica que é um Israelita que está desobedecendo a Deus. Ele diz que a tempestade vai parar se eles o jogarem ao mar, e quando a tripulação faz isso, a tempestade para imediatamente. Isso faz com que todos a bordo adorem o Deus Israelita.

Jonas fica preso em algas e é engolido por uma grande baleia. Ele passa três dias dentro da baleia e quase morre. Jonas promete a Deus que irá para Nínive se sobreviver. A baleia fica doente e vomita Jonas em terra.

Finalmente Jonas vai para Nínive. Ele diz ao povo que a cidade será destruída por causa de sua forma de vida má. As pessoas acreditam em sua mensagem e mudam seus hábitos. O rei ordena que todos na cidade rezem e parem com sua maldade.

Ao ver como o povo de Nínive responde, Deus mostra compaixão e não destrói a cidade. Isso deixa Jonas muito zangado — ele quer que o inimigo sofra. Ele diz a Deus: 'Eu sei que és Deus misericordioso e compassivo, lento para irar-se e generoso em Seu amor, um Deus que se arrepende de enviar calamidade. Senhor, tira a minha vida, porque para mim é melhor morrer do que viver.'

Jonas sobe uma colina perto da cidade para ver o que vai acontecer. Uma lagarta comeu a planta que ele usou como sombra e Jonas fica muito queimado do sol. Ele sente pena de si mesmo e diz: 'Estou tão furioso que preferiria morrer a viver.' Deus diz a Jonas: 'Você está preocupado com essa planta? E eu não deveria me preocupar com uma cidade com mais de cento e vinte mil crianças, inocentes e que nada sabem?' Jonas não tem amor e perdão, mesmo que o Deus que ele segue seja amoroso e complacente.

* * * * *

Cânticos

O autor dos Cânticos é desconhecido. Ele usa um diálogo escrito em poesia para descrever uma história de amor perfeita entre uma jovem e seu namorado. O romance não tem conflito, e o autor usa imagens vívidas de plantas e animais para descrever a atração do casal um pelo outro. A história afirma que o amor físico é uma bênção dentro de um casamento.

O conto descreve o casal. A jovem donzela está bronzeada de trabalhar em um vinhedo, e o homem é muito respeitado. Ele se apaixona por ela à primeira vista e pensa no dia de seu casamento com ela. Eles desejam estar um com o outro e pensam nas características do belo corpo e dos movimentos um do outro. Embora existam muitas mulheres elegíveis ao seu redor, ela é única em ter beleza externa e interna — essa trabalhadora humilde e sincera é a única para ele. Ela sonha com ele e fica triste quando acorda e descobre que ele não está lá.

Quando eles se casam e saem da cidade juntos, eles mostram seu amor um pelo outro. Mais tarde, ela lhe diz:

Ponha-me como um colar pendurado ao lado do seu coração,
Como uma pulseira em seu braço, exposta para todos verem,
Pois o amor é tão forte quanto a morte;
seu ciúme tão inflexível quanto a sepultura.
O amor queima como um fogo ardente, como uma chama divina.

* * * * *

Salmos

A poesia foi usada em alguns livros da Bíblia, e alguns livros foram escritos totalmente em forma de poesia. O livro de Salmos tem 150 poemas escritos por Davi e outros autores há cerca de 3 mil anos. Eles refletem fortes emoções e pensamentos relacionados ao que aconteceu entre os Israelitas. A maioria se relaciona de alguma forma com os conceitos de bem e mal. Cerca de metade dos salmos trata de orações em tempos de dificuldade, e alguns simplesmente louvam a Deus. Alguns salmos deveriam ser acompanhados de música. Em vez de usar palavras que rimam, os salmos geralmente contêm ideias repetidas.

Três salmos completos aparecem abaixo. Os autores geralmente usavam pronomes e substantivos masculinos (ele, seu, ele, homem) para descrever Deus e todas as pessoas.

Salmo 1 *(Os Justos e os Ímpios)*

Como é feliz aquele que não segue o conselho dos ímpios, não imita a
    conduta dos pecadores, nem se assenta na roda dos zombadores!
Ao contrário, sua satisfação está na lei do Senhor, e nessa lei medita
    dia e noite.
É como árvore plantada à beira de águas correntes: Dá fruto no tempo
    certo e suas folhas não murcham. Tudo o que ele faz prospera!
Não é o caso dos ímpios! São como palha que o vento leva.
Por isso os ímpios não resistirão no julgamento, nem os pecadores na
    comunidade dos justos.
Pois o Senhor aprova o caminho dos justos, mas o caminho dos
    ímpios leva à destruição!

Salmo 23 *(Salmo de Davi)*

O Senhor é o meu pastor; de nada terei falta.
Em verdes pastagens me faz repousar e me conduz a águas tranquilas;
restaura-me o vigor. Guia-me nas veredas da justiça por amor do seu
    nome.
Mesmo quando eu andar por um vale de trevas e morte, não temerei
    perigo algum, pois tu estás comigo; a tua vara e o teu cajado me
    protegem.
Preparas um banquete para mim à vista dos meus inimigos. Tu me
    honras, ungindo a minha cabeça com óleo e fazendo transbordar
    o meu cálice.
Sei que a bondade e a fidelidade me acompanharão todos os dias da
    minha vida, e voltarei à casa do Senhor enquanto eu viver.

Salmo 100 *(Salmo de Gratidão)*

Aclamem o Senhor todos os habitantes da terra!
Prestem culto ao Senhor com alegria; entrem na sua presença com
    cânticos alegres.

Reconheçam que ele é o nosso Deus. Ele nos fez e somos dele: somos o seu povo, e rebanho do seu pastoreio.

Entrem por suas portas com ações de graças, e em seus átrios, com louvor; deem-lhe graças e bendigam o seu nome.

Pois o Senhor é bom e o seu amor leal é eterno; a sua fidelidade permanece por todas as gerações.

PARTE DOIS

O Novo Testamento

Capítulo 14

A Chegada do Messias

Dois Bebês Crescem e Anunciam Uma Nova Era

Pano de Fundo

As profecias de Malaquias foram escritas em 420 a.C. e são o último registro dos profetas no Antigo Testamento. Muitos judeus viviam fora da Palestina, principalmente na Babilônia e no Egito, e suas comunidades se tornaram bem grandes. Para manter sua fé em Deus, essas comunidades estabeleceram locais de culto (sinagogas) que eram liderados por um erudito religioso (rabino) que lia e explicava as escrituras aos Israelitas.

Durante os 400 anos que se seguiram às profecias de Malaquias, ocorreram eventos importantes que influenciaram os judeus.

- Os gregos, liderados por Alexandre, o Grande, conquistaram muitas partes do mundo, incluindo a Palestina. Os gregos trouxeram novas formas de pensar o mundo através de suas ideias religiosas e políticas, e a língua grega tornou-se amplamente falada e escrita (hebraico e aramaico também foram usados pelos judeus). As comunidades judaicas desfrutaram de paz durante o reinado de Alexandre.
- Após a morte de Alexandre, o judaísmo foi banido. Alguns judeus se rebelaram porque eram obrigados a fazer sacrifícios a outros deuses. Uma revolta se espalhou por toda a Palestina, e os gregos acabaram sendo expulsos em 142 a.C. (O Hanukkah — ou Chanucá — comemora esta vitória.)
- Os romanos conquistaram a Palestina e assumiram o controle de Jerusalém em 63 a.C. Eles não toleraram a rebelião e executaram muitos sacerdotes e líderes judeus. Em 37 a.C. Herodes, o Grande, foi declarado rei dos judeus e começou a construir muitos edifícios, incluindo um templo maior em Jerusalém. Quando ele morreu em 4 a.C., Roma colocou outros líderes em seu lugar.

O Povo da Palestina

Durante esse período de 400 anos, os modos de pensar gregos tornaram-se atraentes para muitos judeus, e surgiram diferenças entre os judeus sobre como deveriam viver em um mundo dominado pelas ideias gregas, de forma a preservar sua fé.

- Os *fariseus* eram um grupo pequeno, mas influente, que se concentrava na estrita obediência aos mandamentos de Deus. Eles também queriam estar separados do mundo ao invés de 'misturar-se' com descrentes. Eles enfatizavam ser muito religiosos e mantinham uma visão rígida do certo e do errado. Ficar longe da influência estrangeira era muito importante para eles, e eles seguiram regras adicionais para garantir que não chegassem perto de quebrar nenhum dos mandamentos essenciais de Deus. Eles eram orgulhosos e expressavam suas crenças religiosas aos outros de maneiras muito visíveis.
- Os *saduceus* eram outro grupo pequeno, mas influente, mas se concentravam na moralidade e não acreditavam em poderes sobrenaturais. Eles aceitavam ideias estrangeiras, especialmente as dos gregos. Os saduceus eram tipicamente ricos e bem-educados e não seguiam as regras adicionais que os fariseus seguiam.
- Os *essênios* se concentraram no autocontrole e no afastamento do mundo. Este pequeno grupo retirou-se para partes remotas da região, principalmente para o deserto perto do Mar Salgado (Mar Morto).
- Os *zelotes* queriam usar a força física para garantir que nenhum poder estrangeiro controlasse a vida do povo de Deus. Eles estavam dispostos a morrer por sua causa.

Outros tipos de pessoas viviam na Palestina. Alguns foram rotulados com base em onde moravam, como os samaritanos e galileus impuros que eram odiados porque muitas vezes haviam se casado com não-judeus ou não eram judeus. (A Galileia era a parte norte da Palestina, Samaria era a parte central, e a Judeia era a parte sul, anteriormente conhecida como Judá.) Os galileus também eram conhecidos por serem rebeldes contra a autoridade estrangeira. Alguns grupos se distinguiam por sua profissão, como os escribas, que escreviam documentos importantes (muitas vezes de natureza religiosa), e os membros do Sinédrio, um grande e diversificado grupo de líderes que zelavam pela vida religiosa dos judeus e tinham a poder de punir os judeus. Alguns eram conhecidos por sua lealdade: os herodianos eram judeus que seguiam as tradições e crenças romanas, os helenistas eram judeus que seguiam as tradições e crenças gregas, e os nazireus ainda existiam (eram aqueles que faziam voto de se dedicar a Deus). Por causa da imigração de não-judeus para a Palestina, e da saída de judeus da Palestina, a maioria das pessoas que viviam na Palestina há 2 mil anos não eram judeus, e mais de 80% dos judeus viviam em outros lugares. A Palestina não tinha um bom sistema de estradas e não era fácil viajar na área. As pessoas geralmente andavam ou usavam um burro ou mula. Algumas pousadas primitivas existiam ao longo das estradas, então muitos viajantes contavam com sua rede de amigos e familiares para se hospedar enquanto viajavam.

Muitos dos profetas escreveram sobre um Rei-Servo que viria e traria a nação de volta à glória. Os judeus se perguntavam quando Deus enviaria esse líder e por que estava demorando tanto. Acontecimentos na região fizeram os judeus pensarem que alguém lhes oprimiria. A brutalidade romana os lembrou de quando seus antepassados foram maltratados no Egito e quando foram conquistados pelos Assírios e Babilônios. Tinham se passado 400 anos desde a última vez que ouviram de um profeta sobre alguém que apareceria de repente. Eles aguardavam e observavam atentamente pela vinda do Messias (*Cristo* em grego), o Ungido que viria e os salvaria, enquanto Roma esmagava líderes rebeldes judeus e os matava lentamente, pregando-os vivos em cruzes que pontilhavam a região.

A Vida de Jesus

O restante deste capítulo e os capítulos de 15 a 18 descrevem os eventos importantes que ocorreram na vida de Jesus e seus principais ensinamentos conforme foram registrados por quatro homens. Dois autores foram testemunhas oculares que seguiram Jesus de perto e estiveram entre os primeiros discípulos (João era pescador e Mateus era cobrador de impostos). Os outros dois autores foram Marcos, um amigo próximo de Pedro, e Lucas, um médico gentio que investigou as histórias sobre Jesus contadas por outros. O relato de Marcos foi o primeiro escrito, e o relato de João foi escrito por último e inclui muitas histórias e detalhes que os outros não incluíram. Cada autor tinha um público diferente e seu próprio estilo e perspectiva, então os relatos são um pouco diferentes. Coletivamente, eles são conhecidos como 'evangelhos' (boas novas sobre Jesus).

Um Bebê Nasce

Em 5 a.C., quando Herodes era o rei romano no comando de Judá, um sacerdote chamado Zacarias e sua esposa Isabel haviam envelhecido sem ter filhos, embora muitas vezes orassem pedindo por um filho. Quando Zacarias estava queimando incenso no Templo, ele foi surpreendido por um anjo e ficou com medo. Mas o anjo lhe disse: 'Não tenha medo. Deus ouviu sua oração. Sua mulher terá um filho, e você lhe dará o nome de João. Ele nunca tomará vinho e será cheio do Espírito Santo. Ele trará muitos israelitas desobedientes ao Senhor, e preparará as pessoas para o Senhor.'

Zacarias perguntou: 'Como isso poderá acontecer? Sou um homem velho, e minha mulher também é de idade avançada.' O anjo respondeu: 'Sou Gabriel. Fui enviado para lhe transmitir estas boas novas. Mas você não poderá falar até o dia em que a criança nascer, porque duvidou de minhas palavras.'

Quando Zacarias saiu do Templo, ele não conseguia falar. Ele fazia sinais com as mãos para descrever a outros perto do Templo o que havia acontecido e que ele estava mudo. Ele contou a Isabel sobre isso da mesma maneira.

Quando Isabel estava grávida de seis meses, o mesmo anjo apareceu a uma jovem adolescente chamada Maria que morava em Nazaré, uma cidade da Galileia (cerca de 110 quilômetros ao norte de Jerusalém). Ela estava noiva de José, um descendente do rei Davi. O anjo disse a Maria: 'Alegre-se, você foi altamente agraciada! O Senhor está com você!'

Maria ficou confusa e com medo quando ouviu isso de um completo estranho que apareceu de repente. Mas o anjo disse: 'Não tenha medo. Você dará à luz um filho, e lhe porá o nome de Jesus. Ele será grande e será chamado Filho do Altíssimo. O Senhor Deus dará a ele o trono do Rei Davi, seu antepassado. Ele reinará sobre os descendentes de Jacó para sempre.'

Maria perguntou ao anjo como isso poderia acontecer — ela ainda era virgem. O anjo respondeu: 'O Espírito Santo de Deus será o pai, e sua parente Isabel está grávida, mesmo que seja muito velha.'

Maria ficou surpresa que uma coisa tão impossível pudesse acontecer com Isabel. Ela imediatamente foi vê-la. Quando Maria cumprimentou

Isabel, o bebê dentro dela pulou e Deus deu a Isabel uma visão do que havia acontecido com Maria. Ela disse a Maria: 'Bendita é você entre as mulheres, e bendito é o filho em seu ventre! Sou tão agraciada que me visitou a mãe do meu Senhor.' Maria ficou com Isabel por três meses até que seu bebê nasceu.

Quando chegou a hora de circuncidar a criança, todos pensaram que ele seria chamado Zacarias por causa de seu pai (essa era a tradição). Mas Isabel disse que seu nome seria João. Seus vizinhos e parentes ficaram confusos — ninguém em suas famílias se chamava João. Eles se voltaram para Zacarias e pediram que ele escrevesse o nome da criança em uma tabuinha. Ele escreveu 'João' e imediatamente voltou a poder falar, e explicou o que havia acontecido com ele. Ele também fez previsões sobre a vida do menino.

Deus veio para nos salvar, um da casa de Davi de quem os profetas nos falaram há muito tempo para lembrar a aliança feita com nosso pai Abraão. Ele nos resgatará das mãos de nossos inimigos e nos capacitará a servir a Deus sem medo. Meu filho será chamado de profeta do Altíssimo pois irá diante do Senhor para preparar o caminho para Deus, para dar ao povo o conhecimento de serem salvos pelo perdão de seus pecados.

Mais um Bebê Nasce

Quando Maria voltou para casa, seu noivo José descobriu que ela estava grávida. Ele era um homem fiel e considerou divorciar-se dela discretamente (eles eram legalmente obrigados a se casar). Mas enquanto pensava nisso, um anjo lhe apareceu em sonho e disse: 'Não tema receber Maria como sua esposa. O Espírito Santo de Deus é o pai. Ela terá um filho, e você deverá dar-lhe o nome de Jesus, porque ele salvará as pessoas dos seus pecados.'

Isso havia sido predito pelo profeta Isaías: 'A virgem conceberá um filho, e lhe chamarão Emanuel' (que significa 'Deus conosco'). Quando José acordou, ele fez o que o anjo disse — ele levou Maria para casa como sua esposa.

Quando Maria estava prestes a dar à luz, o imperador romano César Augusto ordenou que fosse feito um censo. Todos tinham que ir para sua cidade natal onde seriam contados. Maria e José viajaram para o sul de Nazaré a Belém, uma cidade próxima a Jerusalém. A cidade estava cheia de pessoas que estavam ali por causa do censo, e não havia lugar para Maria e José ficarem. Havia espaço para dormir em um celeiro, e foi aí que Maria deu à luz seu filho. Ela o enrolou com longas tiras de pano e usou uma manjedoura (um cocho para animais se alimentarem) como berço.

Naquela noite, um anjo apareceu aos pastores que estavam cuidando de seus rebanhos nas proximidades. Eles ficaram com muito medo, mas o anjo lhes disse: 'Não tenham medo. Estou lhes trazendo boas novas que trarão a todos grande alegria! Hoje, em Belém, nasceu o Salvador. Ele é Messias, o Senhor. Vão vê-lo. Ele é o que está envolto em panos e deitado numa manjedoura.' Então, de repente, muitos outros anjos apareceram e gritaram com ousadia: 'Glória a Deus nas alturas e na terra. Ele trará paz a quem ele concede o seu favor.'

Então os anjos desapareceram. Todos os pastores concordaram que deveriam ir encontrar o bebê. Eles correram para a cidade e encontraram Maria, José e o bebê. Depois que o viram, contaram aos outros o que havia acontecido, e todos ficaram maravilhados quando ouviram sua história.

Quando a criança tinha oito dias, Maria e José o circuncidaram e o chamaram de Jesus. Eles o levaram ao templo em Jerusalém e o apresentaram ao Senhor com os sacrifícios exigidos. Um homem velho e fiel chamado Simeão estava no templo. Deus lhe havia dito que ele não morreria até que visse o Messias. Quando Jesus apareceu no templo com seus pais, Simeão ficou emocionado. Ele pegou Jesus em seus braços e disse: 'Senhor, agora podes me levar em paz. Como prometeste, já vi a Tua salvação que preparaste para todas as nações: luz para os gentios e para a glória de Israel, teu povo.'

Simeão os abençoou e disse a Maria: 'Este menino fará com que muitos em Israel caiam e se ergam, e falarão contra ele, de modo que o pensamento de muitos corações será revelado.'

Três Homens Sábios

Antes de Jesus nascer, sacerdotes da Pérsia (Magos) que estudavam as estrelas viram uma luz brilhante no céu, que os convenceu de que um novo rei havia nascido em Judá. Eles viajaram centenas de quilômetros e foram a Jerusalém para perguntar ao rei Herodes onde o rei dos judeus havia nascido. A ideia de outro rei preocupou Herodes e outros líderes em Jerusalém. Herodes soube pelos líderes judeus que o Messias nasceria em Belém e disse aos Magos que encontrassem o menino e o informassem de onde ele estava. Herodes disse aos Magos que ele mesmo queria ir adorar o menino.

A estrela brilhante pairava sobre Belém a alguns quilômetros de distância. Os Magos foram e encontraram Jesus com seus pais, e eles se prostraram e adoraram o menino. Eles também deram ao bebê presentes de ouro, incenso e mirra. Antes de partirem, eles foram avisados em sonho para usar uma rota diferente para voltar para casa e não contar a Herodes onde Jesus estava.

Depois que os magos partiram, José teve um sonho. Ele deveria levar Maria e Jesus para o Egito e ficar lá. Herodes estava procurando por Jesus e queria matá-lo. José acordou à noite e partiu imediatamente para o Egito.

Quando Herodes percebeu que os magos haviam partido sem lhe dizer onde estava Jesus, ficou furioso. Ele deu ordens para matar todos os meninos em Belém e arredores que tivessem dois anos ou menos. (Jeremias havia previsto que isso aconteceria.)

A família permaneceu no Egito até a morte de Herodes. Isso cumpriu o que o profeta Oséias disse: 'Do Egito, chamei o meu filho.' José e Maria então voltaram para sua casa em Nazaré.

Jesus cresceu forte e cheio de sabedoria. Seus antepassados remontavam a muitas gerações e incluíam Abraão, Isaque, Jacó, Judá, Boaz, Jessé, Davi, Salomão, Roboão, Ezequias, Amós e Josias. Quatro mulheres, incluindo Raabe e Rute (ambas estrangeiras), também estavam entre seus antepassados.

A Família Visita Jerusalém

Todos os anos a família ia a Jerusalém para a Festa da Páscoa. Quando Jesus tinha 12 anos, Maria e José acidentalmente o deixaram para trás depois de irem ao festival. Eles viajaram por um dia com seus amigos e parentes antes de perceberem que Jesus estava desaparecido. Eles não conseguiram encontrá-lo em sua caravana, então voltaram a Jerusalém para procurá-lo. Eles o encontraram três dias depois no Templo, sentado entre os professores, ouvindo-os e fazendo perguntas. Todos que o ouviam estavam surpresos com sua compreensão, seu discernimento e suas respostas, mesmo sendo ele ainda um menino.

Maria ficou ao mesmo tempo aliviada e frustrada quando o encontrou. Ela disse a Jesus: 'Por que você nos fez isto? Seu pai e eu estávamos aflitos.'

Jesus respondeu: 'Por que passaram tanto tempo me procurando? Não sabiam que eu devia estar na casa de meu Pai?' Mas Maria e José não sabiam o que ele queria dizer. Todos eles foram para casa em Nazaré, e Jesus foi uma criança obediente. Ele cresceu em sabedoria e tamanho, e agradou a Deus e a todos que o conheciam.

João Emerge do Deserto

Quando João se tornou adulto, ele viveu no deserto. Aos 30 anos, ele saiu de lá. Ele usava roupas estranhas e comia comida diferente. Ele foi para a área rural ao longo do rio Jordão e disse às pessoas que mudassem seus hábitos e pedissem o perdão de seus pecados. João disse ao povo: 'Arrependam-se, porque o Reino dos céus está próximo.' Sua chegada havia sido predita pelo profeta Isaías, que escreveu: 'Uma voz clama: No deserto preparem o caminho para o Senhor; façam no deserto um caminho reto para o nosso Deus. A glória do Senhor será revelada, e, juntos, todos a verão.'[4]

Milhares de pessoas vieram ver João. Depois que eles confessaram seus pecados, João os batizou no rio. Ele batizou milhares de pessoas e ficou conhecido como João Batista. Quando viu Fariseus e Saduceus vindo ao rio para ver o que estava acontecendo, João falou duramente com esses líderes religiosos.

> Víboras venenosas! Quem lhes avisou para fugir da ira que se aproxima? Deem frutos que mostrem que vocês se arrependem. Não pensem que vocês podem dizer a si mesmos: 'Temos Abraão como nosso pai.' Eu lhes digo, Deus pode fazer surgir filhos de Abraão destas pedras. O machado está pronto para cortar a raiz das árvores. Toda árvore que não produz bons frutos será cortada e queimada.

---

[4] Sempre que um rei viajava naquela época, ele enviava trabalhadores à frente para garantir que o caminho fosse direto e suave, tornando a viagem do rei mais rápida e confortável.

Escribas e Levitas de Jerusalém vieram e lhe perguntaram se ele era o Messias. João disse que não, então citou Isaías, dizendo que ele era 'a voz que clama no deserto, 'Endireitai o caminho para o Senhor." Ele estava dizendo a eles que o Messias viria em breve.

Quando a multidão lhe perguntou o que deveria fazer em seguida, João disse: 'Quem tem duas túnicas reparta-as com quem não tem nenhuma. E quem tem comida faça o mesmo.' Alguns cobradores de impostos também vieram para serem batizados e perguntaram o que deveriam fazer, e João lhes disse, 'Não cobrem nada além do que lhes foi estipulado.' Então alguns soldados lhe perguntaram o que deveriam fazer. Ele respondeu: 'Não forcem as pessoas a lhe darem dinheiro nem acusem ninguém falsamente — contentem-se com o seu salário.'

As pessoas estavam todas se perguntando se João era o Messias. João respondeu:

Eu os batizo com água, mas em breve virá alguém mais poderoso do que eu. Eu não sou bom o suficiente para desamarrar suas sandálias. Ele os batizará com o Espírito Santo e com fogo. Ele juntará o trigo em seu celeiro, mas queimará todo o joio.

Jesus também tinha 30 anos e foi ao rio Jordão para ser batizado por João. Como parentes que nasceram mais ou menos na mesma época, os dois homens se conheciam bem. Quando João viu Jesus vindo, ele disse em voz alta: 'Vejam! É o Cordeiro de Deus, que tira o pecado do mundo!' Voltando-se para Jesus, João disse: 'Por que tu vens a mm? Eu que preciso ser batizado por ti!'

Jesus respondeu: 'Precisa ser assim, para que eu cumpra todos os sinais da justiça.'

Então João batizou Jesus, e quando Jesus saiu da água, os céus se abriram e o Espírito de Deus desceu em forma de pomba e pousou sobre ele. Uma voz de cima disse: 'Este é o meu Filho. Eu o amo e estou feliz com ele.' As pessoas que estavam lá pensaram que era a voz de um anjo que tinham ouvido.

Jesus é Testado e Começa a Pregar

Muitas pessoas jejuaram e oraram depois de serem batizadas, e Jesus não foi diferente. Ele deixou o rio cheio do Espírito Santo e foi conduzido pelo Espírito ao deserto. Depois de 40 dias sem comer nada, ele estava com muita fome, fraco e vulnerável.

Então Satanás veio como um espírito maligno e o tentou. 'Se você é mesmo o Filho de Deus, mande que estas pedras se transformem em pães.'

Jesus respondeu: 'Está escrito: Nem só de pão viverá o homem, mas de toda palavra de Deus.'

Satanás levou Jesus ao ponto mais alto do Templo em Jerusalém e disse: 'Se você é o Filho de Deus, jogue-se daqui. Pois está escrito: Ele dará ordens a seus anjos para o segurarem. Eles o erguerão para que não tropece em alguma pedra.'

Jesus respondeu: 'Também está escrito: 'Não ponha à prova o Senhor seu Deus.'

Satanás então levou Jesus a um lugar alto e mostrou-lhe todos os reinos do mundo, dizendo: 'Eu lhe darei poder para controlar tudo isso. É tudo meu, e eu posso dar a qualquer um. Se você se curvar e me adorar, tudo será seu.'

Jesus respondeu: 'Eu ordeno que se retire, pois está escrito: Adore e sirva apenas o Senhor seu Deus.' Depois que essas três tentações falharam, Satanás se retirou e esperou por outra chance de tentar ou prender Jesus.

Enquanto Jesus estava jejuando no deserto, João repreendeu Herodes Antipas (filho de Herodes, o Grande) por causa de todas as coisas más que ele havia feito. Herodes mandou prender João e jogá-lo na prisão. Quando Jesus descobriu o que havia acontecido a João, ele começou a pregar a mensagem de João: 'Arrependam-se, pois o reino dos céus está próximo.' Pregar naquela área foi outra predição de Isaías sobre a vinda do Messias.

Mais tarde, Jesus voltou para Nazaré, onde foi criado quando criança e trabalhou como adulto. Num dia de sábado, ele foi à sinagoga, como costumava fazer. Todos o conheciam, e ele se levantou na frente da congregação e abriu o livro. Ele encontrou o lugar que continha as profecias de Isaias e as leu para a assembleia: 'O Espírito do Senhor está sobre mim, porque Deus me ungiu para proclamar boas novas aos pobres. Deus me enviou para proclamar liberdade aos presos e recuperação da vista aos cegos, para libertar os oprimidos e proclamar o ano do Jubileu.' Essa parte bem conhecida dos escritos de Isaías era sobre o Messias. Jesus enrolou o pergaminho, entregou-o ao atendente e sentou-se. Todos o observavam atentamente para ver o que aconteceria a seguir. Ele disse: 'Hoje se cumpriu a escritura.'

Todos estavam dizendo coisas boas sobre ele e todos ficaram maravilhados com suas sábias palavras. Eles se perguntavam se esse homem bem falado era o mesmo Jesus que eles conheciam, que era carpinteiro e filho de José e Maria. Mas a felicidade deles rapidamente se transformou em raiva quando Jesus os desprezou e desprezou outros judeus também.

> Vocês me pedem para fazer aqui na minha cidade natal o que ouviram que fiz em Cafarnaum. Mas nenhum profeta é bem-vindo em sua cidade natal. Elias não ajudou nenhum dos israelitas, mas ajudou uma viúva em outro país. E havia muitos em Israel com lepra quando Eliseu era o profeta, mas somente Naamã, o sírio, foi purificado.

Todos na sinagoga ficaram furiosos. Como poderia uma pessoa que insinuava ser o Messias mostrar preferência por estrangeiros! Eles o seguiram enquanto ele caminhava até o topo da colina mais alta da cidade, um lugar para onde as pessoas eram levadas para serem apedrejadas. Mas quando Jesus chegou ao topo da colina, ele se virou e caminhou de volta no meio da multidão e colina abaixo. Ninguém o tocou, e ele nunca fez nenhum milagre em Nazaré.

Jesus então foi para Cafarnaum e ensinou na sinagoga no sábado. Todos ficaram maravilhados com seus ensinamentos e como ele entendia as escrituras. Um homem na sinagoga que estava possuído por um demônio gritou para ele em alta voz: 'Vá embora! O que queres conosco? Vieste para nos destruir? Sei que és o Santo de Deus!'

Jesus disse firmemente ao homem: 'Cale-se e saia dele!' O demônio jogou o homem no chão e saiu sem feri-lo. Todas as pessoas ficaram maravilhadas! Suas ordens tinham autoridade e poder sobre espíritos malignos, e os demônios que ele enfrentava saíam das pessoas! Notícias sobre Jesus e seus poderes se espalharam rapidamente por toda a região.

Jesus Chama Seus Primeiros Seguidores

Jesus estava agora atraindo multidões que queriam ouvir seus pontos de vista e ver seus incríveis poderes. Quando ele estava pregando nas margens do Mar da Galileia, a multidão ficou tão grande que ele foi pressionado contra a água. Ele viu dois barcos vazios na costa e empurrou um deles na água. Ele entrou no barco e falou com a multidão enquanto estava sentado no barco, flutuando perto da costa.

O barco pertencia a irmãos chamados Simão e André. Quando Jesus terminou de falar, ele saiu do barco e disse-lhes que levassem o barco para as águas mais fundas e lançassem as redes para a pesca. Simão respondeu: 'Mestre, esforçamo-nos a noite inteira e não pegamos nada. Mas lançaremos as redes.' Quando o fizeram, pegaram tantos peixes que suas redes começaram a se rasgar. Eles chamaram seus dois parceiros na praia (irmãos chamados Tiago e João) e os fizeram trazer seu barco para ajudar a transportar todos os peixes. Esses pescadores pegaram tantos peixes que os dois barcos começaram a afundar.

Todos ficaram surpresos com o tamanho da pescaria. Eles se perguntavam como um carpinteiro saberia tanto sobre pesca e também entenderia tão bem as escrituras. Quando Simão chegou à praia com todos os peixes, prostrou-se aos pés de Jesus e disse: 'Afasta-te de mim, Senhor. Sou um homem pecador.' Jesus disse a Simão para não ter medo. Ele deu a Simão o nome de Pedro (que significa 'pedra') e disse que em breve estaria pescando homens, não peixes. De fato, Jesus disse a Pedro que ele seria a pedra sobre a qual um novo reino seria fundado, e os poderes da morte não o venceriam. Todos os quatro homens deixaram seus barcos e redes nas mãos de seus pais e seguiram Jesus.

No dia seguinte, Jesus disse a Filipe, amigo de Pedro e André, que o seguisse. Filipe contou a seu amigo Natanael sobre Jesus, que se perguntou se algo de bom poderia sair de Nazaré. Filipe disse: 'Venha e veja.'

Jesus viu os dois homens se aproximando e disse sobre Natanael: 'Aqui está um homem que é honesto e não engana outros.' Bartolomeu ficou impressionado com o fato de Jesus o conhecer bem, embora eles nunca tivessem sido apresentados. Jesus agora tinha seis homens que o seguiriam de perto. Essas pessoas eram conhecidas como 'discípulos' — dedicavam-se a aprender com um professor sábio, assim como um aprendiz é guiado por um mestre. (Era comum que professores sábios fizessem com que as pessoas os seguissem e aprendessem com eles.)

Jesus foi à casa de Simão Pedro cuja sogra estava com febre alta. Pedro pediu a Jesus que a ajudasse. Jesus ordenou que a febre a deixasse. Ela se levantou imediatamente e começou a servir a todos eles. Espalhou-se a notícia de que Jesus podia curar os doentes e, naquela noite, as pessoas começaram a trazer-lhe aqueles que estavam doentes de alguma forma. Ele impôs as mãos sobre cada um e os curou.

Na manhã seguinte, Jesus saiu para ficar sozinho. As pessoas o encontraram e tentaram impedi-lo de ir embora. Mas Jesus disse que tinha vindo para pregar as boas novas do reino de Deus em muitas regiões.

Capítulo 15

Atos de Jesus

Encontros Incomuns e Milagres Atraem Multidões

Jesus continuou pregando nas sinagogas e realizando milagres. Ele tinha um carisma incomum e agia com autoridade. As notícias sobre ele se espalharam rapidamente, e as pessoas lhe traziam doentes ou deficientes. Multidões de pessoas de toda a Palestina e grandes cidades a leste do Jordão (a maioria eram Gentios) começaram a segui-lo. Ele frequentemente se associava a não-judeus e pessoas consideradas imorais pelos judeus religiosos. Muitas de suas ações ajudaram os não-judeus e aqueles que viviam à margem da sociedade (mulheres, deficientes, ou pessoas possuídas por espíritos malignos).

Jesus realizou muitos milagres. Às vezes, ele fazia isso para ensinar uma lição, e às vezes era simplesmente um ato de bondade. Ele curou os corpos, emoções e espíritos das pessoas. Ele realizou milagres intencionalmente no sábado para ensinar sobre as prioridades de Deus — os Fariseus acreditavam que esses milagres eram um tipo de trabalho, que era proibido no dia de descanso. Este Capítulo descreve alguns dos atos importantes de Jesus depois que ele se tornou uma figura pública na Galileia, aos 30 anos.

Encontros Significativos
A Mulher Samaritana

Certa vez, Jesus fez uma viagem com seus discípulos de Jerusalém para a Galileia. Em vez de pegar a estrada usual que desviava de Samaria, ele tomou uma rota mais direta através de Samaria. Chegou a um poço ao meio-dia e estava cansado da viagem e do calor. Os discípulos foram à cidade buscar comida enquanto Jesus estava sentado sozinho junto ao poço.

Quando uma mulher samaritana veio tirar água do poço, Jesus pediu-lhe de beber. A mulher disse: 'Você é judeu e eu sou uma samaritana.

Como pode me pedir água para beber?' (Os judeus não se associavam com os samaritanos.)

Jesus respondeu: 'Se você soubesse quem eu sou, você me pediria água e eu lhe daria água viva' (um termo que se refere à água fresca em um poço).

Ela respondeu: 'Mas senhor, você não tem com o que tirar a água, e o poço é fundo. Onde pode conseguir essa água viva? Acaso o senhor é maior do que o nosso pai Jacó, que nos deu o poço?'

Jesus respondeu: 'Quem beber desta água terá sede outra vez, mas quem beber da água que eu lhe der nunca mais terá sede. A água que eu dou se tornará uma fonte de água a jorrar em sua alma e trará vida eterna.'

A mulher disse: 'Senhor, dê-me dessa água, para que eu não tenha mais sede, nem precise voltar aqui para tirar água no meio do dia.'

Ele disse a ela: 'Vá, chame seu marido e volte.'

Ela respondeu: 'Não tenho marido.'

Jesus então disse: 'Você está certa dizendo que não tem marido. Isso porque você já teve cinco maridos, e o homem com quem agora vive não é seu marido.'

Envergonhada, a mulher mudou de assunto. 'Senhor, vejo que é profeta. Nossos antepassados adoraram neste monte, mas vocês, judeus, dizem que devemos adorar em Jerusalém.'

Jesus respondeu: 'Está próxima a hora em que vocês não adorarão a Deus nem neste monte, nem em Jerusalém. Os verdadeiros adoradores adorarão Deus em Espírito.'

A mulher disse: 'Eu sei que o Messias está para vir. Quando ele vier, explicará tudo para nós.'

Jesus disse a ela: 'Eu sou este homem.'

Justamente naquele momento em que Jesus disse isso, seus discípulos voltaram com comida e ficaram surpresos ao vê-lo conversando com uma mulher. Mas ninguém lhe perguntou nada. A mulher deixou seu jarro de água no poço e foi até a cidade e disse a todos: 'Venham ver um homem que me disse tudo o que já fiz. Será que ele é o Cristo?'

Muitas pessoas vieram vê-lo, e muitos acreditaram nele. O povo o convidou para ficar, e Jesus ficou lá por dois dias. Como resultado, ainda mais samaritanos começaram a seguir Jesus por causa de seus ensinamentos — eles acreditavam que ele era o Messias.

Estranhamente, a mulher samaritana impotente e imoral era desprezada até mesmo entre seu próprio povo, mas ela foi a primeira das poucas pessoas a quem Jesus disse que ele era o Messias. Ele era vago sobre quem ele era para todos os outros e geralmente se referia a si mesmo indiretamente como o Filho do Homem. Daniel usou esse termo quando previu a vinda do Messias.

Um Encontro Secreto na Noite

Um membro do conselho governante judaico chamado Nicodemos veio a Jesus secretamente durante a noite. Ele estava curioso para saber mais sobre Jesus e lhe disse: 'Mestre, sabemos que Deus te enviou, pois ninguém poderia fazer o que estás fazendo se Deus não estivesse com ele.'

Jesus respondeu: 'Ninguém pode ver o reino de Deus se não nascer de novo.'

Nicodemos ficou intrigado e perguntou: 'Como alguém pode nascer, sendo velho? É claro que não é possível que nasçam uma segunda vez!' Jesus respondeu e descreveu uma nova aliança.

> Ninguém pode entrar no Reino de Deus se não nascer da água e do Espírito. A carne dá à luz o corpo, mas o Espírito dá à luz o Espírito. Você é mestre, mas não entende essas coisas? Assim como Moisés levantou a serpente no deserto para viver, o Filho do Homem deve ser levantado para que todo aquele que nele crê tenha a vida eterna. Porque Deus amou tanto o mundo que enviou seu Filho ao mundo para que todo aquele que nele crê não morra, mas tenha vida eterna. O Filho existia antes da criação do mundo, e Deus o enviou, não para condenar o mundo. Ele veio a este mundo para salvá-lo. Aqueles que creem nele e o seguem não são condenados; os que não o fizerem serão condenados. A luz veio ao mundo, mas as pessoas amam as trevas porque suas obras são más. Todo aquele que pratica o mal odeia a luz porque tem medo de que suas ações sejam expostas. Mas aqueles que vivem pela verdade vêm para a luz para que o que eles fazem possa ser visto.

Zaqueu, o Cobrador de Impostos

Enquanto Jesus viajava por Jericó, um homem chamado Zaqueu queria vê-lo. Zaqueu era rico porque era o principal cobrador de impostos da cidade, mas não podia ver Jesus na multidão porque era muito baixo. Então Zaqueu correu na frente e subiu em uma figueira para ver Jesus passar.

Quando Jesus chegou à árvore, olhou para cima e disse a Zaqueu que descesse para que pudessem ir à sua casa naquela noite. Zaqueu desceu e acolheu Jesus calorosamente.

Todos sabiam quem era Zaqueu e começaram a fofocar que Jesus se hospedaria na casa de um pecador! Mas Zaqueu era um homem mudado e disse a Jesus: 'Olha, Senhor! Estou dando a metade dos meus bens aos pobres; e se de alguém extorqui alguma coisa, devolverei quatro vezes mais.'

Jesus lhe disse: 'Hoje foram salvos, tu e a tua casa! Este homem também é filho de Abraão. O Filho do Homem veio salvar o que estão perdidos.'

Um Rico e Jovem Governante

Um jovem governante veio a Jesus e perguntou-lhe o que deveria ser feito para herdar a vida eterna. Jesus respondeu que o homem deveria obedecer aos 10 mandamentos.

O homem disse que obedecia a todos desde menino. Quando Jesus ouviu isso, disse-lhe: 'Ainda lhe falta uma coisa. Vá, venda tudo o que você possui e dê o dinheiro aos pobres, e você terá um tesouro no céu. Depois, venha e siga-me.'

Quando o homem ouviu isso, ficou muito triste porque tinha muitas riquezas. Jesus olhou para ele e disse aos que estavam ali: 'Como é difícil aos ricos entrar no reino de Deus! É mais fácil passar um camelo pelo fundo de uma agulha do que um rico entrar no Reino de Deus.' Aqueles que ouviram isso perguntaram a Jesus quem poderia ser salvo. Jesus respondeu: 'O que é impossível para as pessoas é possível com Deus.'[5]

---

[5] O 'fundo de uma agulha' era uma abertura muito pequena na muralha de Jerusalém. Um camelo precisaria ser completamente descarregado e deitado em uma tábua, depois arrastado em uma prancha de madeira para poder passar pelo portão. A mensagem é de que uma pessoa não pode herdar a vida eterna simplesmente tornando-se muito humilde e pobre — a ajuda de Deus é necessária. Além disso, os bens de uma pessoa podem ser uma pedra no caminho para uma vida obediente.

Uma Mulher Pecadora Unge Jesus

Um fariseu chamado Simão convidou Jesus e outros para jantar em sua casa, e eles se sentaram no chão enquanto comiam. Uma conhecida pecadora chamada Maria Madalena descobriu que Jesus estava comendo ali, e foi até a casa com um caro frasco de alabastro com perfume. Ela se colocou atrás de Jesus enquanto ele estava no chão com os pés e as pernas atrás de si. Ela começou a chorar e molhou os pés dele com suas lágrimas. Depois ela os enxugou com os seus cabelos, e os beijou. Então ela quebrou o frasco e derramou óleo sobre a cabeça e os pés de Jesus.

Alguns discípulos que estavam lá ficaram repugnados por ela ter desperdiçado o frasco e o óleo. Eles disseram que o frasco e o óleo poderiam ter sido vendidos por mais de um ano de salário e o dinheiro poderia ter sido dado aos pobres.

O anfitrião pensou que se Jesus fosse um profeta, ele saberia que uma pecadora o estava tocando. Jesus sabia o que o anfitrião estava pensando, então contou uma história a Simão. Ele descreveu duas pessoas que deviam dinheiro a um credor. Um devia 500 denários (quase dois anos de salário para um trabalhador médio) e o outro devia 50 denários. Nenhum dos dois tinha dinheiro para pagá-lo de volta, então o credor perdoou as dívidas de ambos.

Jesus perguntou a Simão quem o amaria mais? Simão respondeu: 'Suponho que aquele a quem foi perdoada a dívida maior.'

Jesus disse que ele estava certo e olhou para a mulher ao falar com Simão:

Veja esta mulher. Entrei na tua casa, mas tu não me deste água para lavar os pés, mas ela molhou meus pés com suas lágrimas e os enxugou com os cabelos. Tu não me deste um beijo, mas essa mulher não parou de beijar meus pés. Tu não ungiste minha cabeça com óleo, mas ela derramou óleo nos meus pés. Portanto, os muitos pecados dela são perdoados porque ela demonstrou grande amor. Mas aquele a quem pouco foi perdoado, ama pouco. Ela fez uma coisa maravilhosa. Os pobres sempre estarão com você, mas estou aqui por pouco tempo.

Então Jesus disse a ela: 'Seus pecados estão perdoados. Sua fé a salvou; vá em paz.' Alguns convidados diziam baixinho: 'Quem é este que perdoa pecados?'

Milagres Realizados por Jesus
Um Milagre de Casamento

Logo depois que Jesus falou do barco no mar da Galileia, ele foi a um casamento em Caná com sua mãe e alguns de seus discípulos. No terceiro dia de festa, sua mãe disse a Jesus que não havia mais vinho. Jesus disse: 'Por que você está me dizendo isso? A minha hora ainda não chegou.' Mas Maria disse aos servos que fizessem o que Jesus dissesse.

Seis grandes potes de água feitos de pedra estavam próximos, pois eram usados pelos judeus para lavar as mãos antes de uma refeição. Em cada um cabia entre 80 e 120 litros de água. Jesus disse aos servos que enchessem os potes com água. Depois que os jarros ficaram cheios até a borda, ele disse aos servos que levassem um pouco para o encarregado do banquete.

O encarregado provou, sem saber de onde vinha. Então chamou o noivo e disse: 'Todos servem primeiro o melhor vinho e então o vinho inferior, depois que os convidados já beberam bastante. Mas você guardou o melhor até agora!' A água se transformou em vinho — mais de 100 galões dela depois que muitos dos que estavam lá já tinham bebido demais!

Jesus Cura Muitas Pessoas

Jesus estava ensinando em uma casa e pessoas de todas as partes da Palestina estavam lá. Fariseus e escribas sentavam-se na primeira fila de uma sala lotada. Jesus estava curando muitas pessoas, e alguns homens foram até a casa carregando um paralítico em uma esteira. Tentaram entrar pela porta e levá-lo a Jesus, mas não conseguiram. Então subiram no telhado, tiraram as telhas e desceram lentamente o homem na esteira, com cordas amarradas em cada canto, até o local onde Jesus estava falando. Todos assistiam enquanto o homem descia do telhado.

Quando Jesus viu a fé deles, ele disse ao homem na esteira que seus pecados estavam perdoados. Os fariseus e escribas se perguntavam que tipo de homem falaria tal blasfêmia, pois somente Deus pode perdoar pecados.

Jesus sabia o que eles eram pensando e perguntou: 'Que é mais fácil dizer: 'Os seus pecados estão perdoados' ou: 'Levante-se e ande'? Mas quero que saibam que o Filho do Homem tem autoridade na terra para perdoar pecados.' Jesus então se virou para o paralítico e disse: 'Levante-se, pegue a sua maca e vá para casa.' Imediatamente, o homem se levantou, pegou sua maca e foi para casa, louvando a Deus enquanto caminhava. Todos ficaram maravilhados e também louvaram a Deus.

* * * * * *

Certa vez, um centurião romano veio até ele e pediu ajuda. Ele tinha um servo doente em casa que estava com muita dor. Jesus se ofereceu para ir a sua casa para ajudar, mas o centurião disse: 'Senhor, eu não mereço ter você em minha casa. Basta dizer uma palavra, e meu servo será curado. Eu entendo a autoridade — tenho soldados sob meu comando, e se eu disser a um deles: 'Vá', ele vai. Se eu disser ao meu servo: 'Faça isso', ele o faz.'

Quando Jesus ouviu isso, ficou admirado e disse: 'Verdadeiramente, eu lhes digo que nem em Israel encontrei tamanha fé. Vá, foi feito, exatamente como você acreditou que seria.' O servo na casa do homem foi curado naquele momento.

* * * * * *

Algumas pessoas trouxeram um cego a Jesus para que ele pudesse ser curado. Jesus colocou sua própria saliva nos olhos do homem e colocou as mãos sobre ele. Então ele perguntou ao homem se ele via alguma coisa. O homem olhou para cima e disse: 'Vejo pessoas que se parecem com árvores andando.' Jesus colocou as mãos sobre os olhos do homem novamente, e os olhos do homem se abriram e ele viu tudo claramente.

* * * * * *

Quando Jesus estava em Jerusalém para uma festa judaica, ele foi a um tanque que tinha poderes curativos. Muitas pessoas doentes e com deficiência se deitavam perto do tanque, e um homem estava lá há 38 anos. Quando Jesus o viu e soube há quanto tempo ele estava ali, perguntou ao homem se ele queria ser curado.

O paralítico disse a Jesus que não tinha ninguém para ajudá-lo a entrar no tanque. Alguém sempre chegava primeiro à água e era curado. Jesus lhe disse: 'Levante-se! Pegue a sua maca e ande.' Imediatamente o homem foi curado. Ele pegou sua maca e saiu.

Como isso aconteceu em um sábado, os líderes judeus lembraram ao homem que era proibido carregar uma maca no sábado. Mas ele lhes disse que o homem que o curou lhe disse para pegar sua maca e andar. Perguntaram-lhe quem foi que lhe disse para fazer isso. O homem não fazia ideia, pois Jesus havia deixado a multidão em silêncio. Mais tarde, Jesus o encontrou no templo e lhe disse: 'Você está bem novamente! Não volte a pecar, para que algo pior não lhe aconteça.' O homem então foi e disse aos líderes judeus que havia sido Jesus quem o havia curado.

* * * * * *

Um líder da sinagoga chamado Jairo encontrou Jesus e implorou-lhe que fosse à sua casa. Sua única filha estava morrendo e tinha apenas 12 anos. Quando Jesus estava indo para a casa do homem, muitas pessoas se aglomeraram ao redor dele. Uma mulher que sangrava continuamente há 12 anos não conseguia encontrar ninguém que pudesse curá-la. Ela pensou que seria curada se pudesse tocar as roupas de Jesus. Ela veio por trás dele e tocou a ponta de seu manto, e imediatamente sua hemorragia parou.

Jesus parou de repente e perguntou quem o havia tocado. Quando ninguém disse nada, Simão Pedro disse: 'Mestre, a multidão toda está te comprimindo.'

Mas Jesus disse: 'Alguém tocou em mim e de mim saiu poder.' A mulher ensanguentada veio até ele com muito medo e prostrou-se aos seus pés. Todos estavam ouvindo enquanto ela lhe contava por que o havia tocado e que havia sido curada. Ele disse a ela: 'Filha, a sua fé a curou. Vá em paz.'

Enquanto Jesus ainda estava falando, alguém veio e disse a Jairo que sua filha estava morta e que Jesus não deveria mais ser incomodado. Jesus ouviu isso e disse a Jairo que acreditasse e ela seria curada. Quando Jesus chegou à casa, não deixou ninguém entrar com ele, exceto três discípulos e os pais da criança. Todos os outros ficaram do lado de fora e choraram alto pela criança morta.

Jesus disse aos que estavam do lado de fora que parassem de chorar porque ela estava dormindo, não morta. As pessoas riram dele, sabendo que ela estava morta. Mas ele foi até a cama dela, pegou sua mão e disse para ela se levantar. Seu espírito voltou e ela se levantou. Jesus disse aos pais que lhe dessem algo de comer para mostrar que ela não era um fantasma. Ela comeu e todos ficaram maravilhados.

Jesus Cura Aqueles Com Espíritos Malignos

Entre aqueles que Jesus encontrou estavam pessoas que tinham espíritos malignos vivendo neles. Quando ele os conheceu, eles o reconheceram como o Filho de Deus porque os espíritos malignos sabem quem ele é. Mas quando os espíritos revelavam o que sabiam sobre ele, Jesus os impedia e não os deixava falar porque não queria que as pessoas soubessem que ele era o Messias até que chegasse a hora certa.

Alguns Fariseus trouxeram a Jesus um homem possuído que era cego e não falava. Jesus curou o homem para que ele pudesse ver e falar. Enquanto todas as pessoas ali ficaram maravilhadas e pensaram que Jesus era o Messias, os fariseus disseram aos que assistiam que era o poder de Belzebu, o príncipe dos demônios, que havia expulsado os espíritos malignos do homem. Jesus soube seus pensamentos e disse:

Nenhum reino, cidade ou família pode sobreviver se estiver dividido. Se Satanás expulsa Satanás, ele está dividido contra si mesmo e seu reino não pode subsistir. Se eu expulsar demônios por Belzebu, por quem vocês os expulsarão? Deixem as pessoas decidirem. Se eu expulsar demônios usando o Espírito de Deus, então o reino de Deus veio sobre vocês. Todo tipo de pecado pode ser perdoado, mas contar mentiras sobre o Espírito de Deus não será perdoado.

* * * * * *

Em um ponto de seu ministério, Jesus precisou de um tempo longe das multidões e foi para a costa da Fenícia apenas com seus discípulos. Uma mulher grega que morava na área veio e implorou a Jesus que tivesse misericórdia de sua filha que estava possuída por demônios e sofrendo terrivelmente. Jesus a ignorou e disse a seus discípulos: 'Fui enviado somente às ovelhas perdidas de Israel.' Mas ela continuou incomodando e se tornou um transtorno. Ela se ajoelhou na frente de Jesus e pediu ajuda.

Jesus respondeu: 'Não é correto tirar o pão dos filhos e lançá-lo aos cachorrinhos.'

Ela respondeu de maneira incomum: 'Mas, Senhor, até os cachorrinhos comem as migalhas que caem da mesa de seus donos.'

Disse-lhe Jesus: 'Mulher, tens muita fé! O demônio já se foi.' Ela foi para casa e encontrou sua filha deitada na cama, sem o demônio.

* * * * * *

Certa vez, Jesus fez uma viagem incomum a uma região gentia a leste do Mar da Galileia para ajudar dois homens que tinham muitos demônios. Eles viviam em túmulos, cortavam seus corpos com objetos pontiagudos, não usavam roupas e eram tão violentos que ninguém podia ficar perto deles.

Quando Jesus se aproximou, eles gritaram: 'Por que você veio usar seu poder sobre nós agora?' Jesus perguntou-lhes como eram os seus nomes. Eles disseram 'Legião' porque havia muitos demônios nos homens (o termo *legião* refere-se a um grupo de vários milhares de soldados romanos). Os demônios viram uma grande manada de porcos ao longe e pediram a Jesus que os permitisse entrar nos porcos em vez de enviá-los ao abismo. Jesus apontou para os porcos e disse para os demônios, 'Vão.' Os demônios deixaram os homens e entraram nos porcos, e todo o rebanho correu colina abaixo e caiu de um penhasco para o mar.

Os que cuidavam dos porcos foram à cidade e ao campo para contar a todos o que havia acontecido. Muitas pessoas vieram ver Jesus e os homens que tinham demônios, que estavam sentados aos pés de Jesus, vestidos com roupas normais e em sã consciência. Mas as pessoas pediram a Jesus que fosse embora — tinham medo dele, e ele acabara de destruir seus porcos, uma fonte de renda muito valiosa. Quando Jesus estava voltando para seu barco, um dos homens implorou para ir com ele, mas Jesus lhe disse que fosse para casa e contasse a todos o quanto Deus havia feito por ele. Jesus voltou para a Galileia em seu barco e o homem fez o que lhe foi dito para fazer.

Os Mortos Voltam à Vida

Jesus ressuscitou pessoas dentre os mortos, e as notícias de seu poder viajaram rapidamente. Por exemplo, ele estava na cidade de Naim com seus discípulos, e uma grande multidão se aproximou do portão da cidade. Um morto estava sendo levado, o único filho de sua mãe, uma viúva.

Quando Jesus a viu, teve compaixão dela e disse-lhe que não chorasse. Jesus tocou a estrutura em que o morto estava. Aqueles que o carregavam ficaram parados. Jesus disse ao morto que se levantasse, e o morto sentou-se e começou a falar.

* * * * * *

Um dos melhores amigos de Jesus era um homem chamado Lázaro. Sua irmã era Maria Madalena que havia sido libertada de demônios. Lázaro estava muito doente, e Maria e sua irmã Marta mandaram dizer a Jesus que viesse o mais rápido possível para curar seu bom amigo.

Jesus estava em outra cidade distante e disse que a doença não o faria morrer. Em vez disso, era uma oportunidade para ele glorificar a Deus. Então ele ficou onde estava por mais dois dias, e então disse aos seus discípulos que era hora de ir ver Lázaro porque ele estava morto. Levaram dois dias para chegar lá.

Quando eles chegaram, Lázaro estava em um túmulo há quatro dias. Muitos judeus estavam lá para confortar Marta e Maria. Quando Marta ouviu que Jesus estava chegando, ela correu para encontrá-lo e disse: 'Senhor, se estivesses aqui, meu irmão não teria morrido. Mas sei que Deus te dará tudo o que pedires.'

Jesus lhe disse que Lázaro ressuscitaria dos mortos. Marta disse que sabia que ele ressuscitaria na ressurreição no último dia. Jesus disse a ela: 'Eu sou a ressurreição e a vida — aquele que crê em mim, ainda que morra, viverá. Você crê nisso?' Ela respondeu: 'Sim, Senhor, eu acredito que tu és o Messias, o Filho de Deus, que veio ao mundo.'

Depois de dizer isso, ela foi e disse a sua irmã Maria que Jesus havia chegado. Maria correu rapidamente para encontrá-lo. Os judeus que vieram consolar as irmãs pensaram que Maria ia chorar no túmulo, então a seguiram. Mas ela foi até Jesus e reclamou que se ele tivesse vindo antes, Lázaro não estaria morto.

Quando Jesus a viu chorando e os judeus que estavam com ela, Jesus também chorou, ficou muito triste. Ele pediu a Maria que lhe mostrasse onde Lázaro estava enterrado, e ela o levou ao túmulo.

Quando Jesus chegou ao sepulcro, ajoelhou-se e chorou, cheio de emoção. Lázaro era jovem, mas agora estava enterrado em uma caverna, e uma grande pedra bloqueava a entrada.

Jesus disse aos outros que tirassem a pedra do caminho. Marta disse: 'Senhor! Ele já está lá há quatro dias. Ele já cheira mal!' (Marta estava constantemente tentando fazer as coisas certas para causar uma boa impressão.) Jesus disse a ela que era para mostrar às pessoas o poder da crença em Deus.

Depois que a pedra foi removida, Jesus olhou para cima e disse: 'Pai, eu te agradeço porque me ouviste. Eu sei que sempre me ouves, mas digo isso por causa do povo que está aqui, para que possam crer que tu me enviaste.'

Depois de dizer isso, Jesus disse em alta voz para dentro da caverna: 'Lázaro, venha para fora!' O morto saiu com as mãos e os pés envoltos em faixas de linho. Um pano estava em torno de seu rosto. Jesus disse aos que estavam lá que tirassem suas faixas e o deixassem ir.

Jesus se Comporta de Maneiras Incomuns
Jesus se Associa com Pecadores

Jesus viu um cobrador de impostos chamado Levi sentado em sua cabine de impostos. Ele disse a Levi para segui-lo. Levi se levantou, deixou tudo para trás e seguiu Jesus. Mais tarde, Levi (também chamado de Mateus) deu um grande banquete para Jesus em sua casa, e muitos cobradores de impostos e outros estavam lá. Mas os fariseus e escribas reclamaram dos discípulos de Jesus e perguntaram por que ele comia e bebia com cobradores de impostos e pecadores.

Jesus respondeu: 'As pessoas saudáveis não precisam de médico, mas os doentes sim. Eu vim chamar os pecadores ao arrependimento, não os justos.'

Os líderes religiosos continuaram a questionar Jesus. Eles notaram que os discípulos de João e os fariseus muitas vezes jejuavam e oravam, mas aqueles que seguiam Jesus estavam felizes comendo e bebendo.

Jesus respondeu: 'Podem vocês fazer os convidados do noivo jejuar enquanto ele está com eles? Mas virão dias em que o noivo lhes será tirado; naqueles dias, jejuarão.' Então Jesus lhes contou esta parábola:

Ninguém rasga um pedaço de uma roupa nova para remendar uma velha. Caso contrário, eles terão rasgado a roupa nova, e o remendo do novo não combinará com o velho. E ninguém põe vinho novo em odres velhos. Caso contrário, o vinho novo se expandirá e romperá os odres — o vinho acabará e os odres estarão estragados. Vinho novo deve ser colocado em odres novos, e ninguém que bebe vinho velho quer o novo, pois dizem: 'O velho é melhor.'

(Jesus estava dizendo que as pessoas se sentem mais confortáveis com suas formas usuais de pensar e de fazer as coisas — tendem a resistir a fazer coisas novas e pensar de novas maneiras. Achamos difícil mudar a maneira como normalmente pensamos e agimos.)

Jesus Perturba o Templo

Quando chegou a hora de celebrar a Páscoa, Jesus foi a Jerusalém. Nos pátios do Templo ele encontrou pessoas vendendo animais para sacrifícios e outras sentadas em mesas trocando dinheiro. Isso o deixou muito bravo. Ele fez um chicote e expulsou todos os animais dos pátios do Templo. Ele virou as mesas, espalhando o dinheiro pelo chão. Ele disse aos homens que vendiam pombas: 'Tirem esses pássaros daqui! Pare de transformar a casa do meu Pai em um mercado! Está escrito: A minha casa será uma casa de oração. Mas vocês estão fazendo dela um covil de ladrões!'

Os judeus perguntaram a Jesus que sinal ele poderia dar para provar sua autoridade e justificar suas ações. Jesus disse: 'Destruam este templo, e eu o levantarei em três dias.'

Eles responderam: 'Este Templo levou quarenta e seis anos para ser edificado. O senhor vai levantá-lo em três dias?' O Templo de que Jesus estava falando era o seu corpo.

Os principais sacerdotes e anciãos então perguntaram a Jesus quem lhe deu autoridade para arruinar os estábulos do Templo. Jesus respondeu: 'Lhes farei uma pergunta e, se responderem, eu lhes darei a minha resposta. O batismo de João era do céu ou dos homens?' Os sacerdotes e anciãos conversaram entre si e perceberam que não importa o que dissessem, eles ficariam mal para o povo. Então eles disseram que não sabiam. Jesus disse que, como eles não responderam à sua pergunta, ele não responderia à pergunta deles.

Jesus e o Mar da Galileia

Certa noite, alguns dos discípulos partiram em um barco para ir de um lado ao outro do Mar da Galileia. Jesus não estava com eles. Tarde da noite, um vento forte começou a soprar e as águas ficaram muito agitadas. Depois de remar 6 quilômetros em direção a Cafarnaum, eles estavam muito cansados. Jesus viu de longe que o barco estava lutando contra as ondas e o vento, então foi até eles na água.

Quando os discípulos o viram chegando e andando sobre o mar, ficaram com medo — pensaram que fosse um fantasma. Mas Jesus identificou-se e disse-lhes que não tivessem medo. Pedro disse: 'Senhor, se és tu, manda-me ir ao teu encontro por sobre as águas.' Jesus lhe disse para vir, e Pedro saiu do barco e começou a andar sobre as águas em direção a Jesus. Mas quando Pedro viu o vento, ficou com medo e começou a afundar. Ele clamou para ser salvo, e Jesus imediatamente estendeu a mão e o segurou. Ele disse a Pedro enquanto o segurava: 'Tua fé é pequena. Por que duvidaste?'

Quando subiram no barco, o vento cessou. As pessoas no barco o adoraram e disseram que ele era verdadeiramente o Filho de Deus. No dia seguinte, algumas pessoas que sabiam que Jesus não havia zarpado com os discípulos no barco ficaram surpresas ao ver Jesus com eles.

Em outra ocasião, Jesus e seus discípulos estavam em um barco no lago. Uma tempestade furiosa de repente fez com que grandes ondas quebrassem nas laterais do barco, e ele começou a afundar. Jesus estava dormindo, mesmo quando o barco já estava cheio de água. Os discípulos o acordaram porque pensaram que todos iriam se afogar. Jesus lhes disse: 'Homens de pouca fé, por que têm tanto medo?' Ele se levantou e disse aos ventos e ondas que parassem, e tudo ficou totalmente calmo. Os homens no barco ficaram surpresos que até os ventos e as ondas lhe obedecessem!

Os Doze Discípulos

Enquanto Jesus atraía multidões ao se movimentar pela Palestina, houve 12 homens que permaneceram seus discípulos mais próximos. Jesus chamou esses discípulos dedicados de 'apóstolos.' Os 12 eram:

- Pedro (Simão) e seu irmão André (pescadores e pequenos empresários)
- Tiago e João (parceiros de pesca de Pedro e André)
- Filipe (o amigo dos pescadores) e seu amigo Bartolomeu (também conhecido como Natanael)
- Mateus (um cobrador de impostos, também conhecido como Levi)
- Tomé (também conhecido como Dídimo)
- Tiago (filho de Alfeu)
- Simão, o Zelote
- Judas (filho de outro homem chamado Tiago)
- Judas Iscariotes (um homem com experiência financeira).

Jesus disse aos 12 discípulos e cerca de 60 outros para espalhar a notícia nas cidades e aldeias que ele estava vindo para visitar. Ele deu a esses homens poder e autoridade para expulsar todos os demônios, curar os enfermos e anunciar o reino de Deus. Não levavam nada com eles: nem bengala, nem bolsa, nem pão, nem dinheiro, nem camisa extra. Quando entravam numa casa, diziam primeiro: 'Paz a esta casa.' Se alguém ali estava promovendo a paz, ficavam lá. Mas se as pessoas da cidade não os acolhessem ou os ouvissem, eles saíam da cidade e sacudiam a poeira dos pés como um sinal contra eles. Eles andavam em pares proclamando as boas novas e curando pessoas em todos os lugares.

Muitas mulheres também seguiram Jesus. Estas incluíam Maria Madalena, Joana (a administradora da casa de Herodes) e Susana. Essas mulheres sustentavam Jesus e os discípulos com seu próprio dinheiro.

João Batista

João Batista estava na prisão enquanto o ministério de Jesus crescia. Os seguidores de João lhe contaram o que Jesus estava fazendo e dizendo, e João ficou confuso. Ele enviou dois homens para perguntar a Jesus: 'Você é aquele que esperamos que venha, ou devemos esperar outra pessoa?'

Jesus disse aos mensageiros: 'Voltem e anunciem a João o que estão ouvindo e vendo: os cegos veem, os mancos andam, os leprosos são purificados, os surdos ouvem, os mortos são ressuscitados, e as boas novas são pregadas aos pobres.'

Depois que os homens saíram, Jesus falou sobre João para a multidão e os líderes religiosos que estavam lá. 'João é aquele sobre quem os profetas escreveram: Enviarei o meu mensageiro à tua frente; ele preparará o teu caminho diante de ti. João Batista não come pão e não bebe vinho, e vocês dizem que ele tem demônio. O Filho do Homem come e bebe e vocês dizem: Ele é um comilão e um beberrão, amigo de publicanos e pecadores.'

João logo foi morto na prisão porque havia dito ao rei Herodes que não deveria ter se casado com a esposa de seu irmão. A esposa do rei havia ordenado a execução, e o rei havia concordado com relutância.

Capítulo 16

Ensinamentos de Jesus

Visões Não Ortodoxas Desafiam Tradições Religiosas

Jesus foi a pessoa mais interessante falando aos judeus em séculos, mas suas mensagens e ações confundiram muitas pessoas. Ele ensinava principalmente contando histórias que as pessoas entenderiam. Ele podia citar qualquer escritura a qualquer momento, mesmo que não tivesse sido treinado como rabino. Ele fornecia novas ideias sobre os mandamentos que Moisés havia escrito e não seguia regras religiosas rígidas.

O número de pessoas que começaram a seguir Jesus ameaçava as atividades religiosas usuais. Muitos que esperavam pela vinda do Messias supunham que a pessoa traria vitórias militares e derrubaria os romanos, mas Jesus tinha uma mensagem diferente. Ele falava sobre o reino de Deus e o reino dos céus como se estivessem chegando, próximos e presentes.

Jesus tinha visões muito diferentes do que os líderes religiosos acreditavam sobre as escrituras. Às vezes, seu ensino conflitava diretamente com o que havia sido escrito. Ele diria: 'Vocês ouviram dizer .... mas eu digo a você ....' Às vezes, suas mensagens eram difíceis de entender e não eram para serem interpretadas literalmente. Às vezes, suas mensagens relacionavam-se a coisas que aconteceriam no futuro que as pessoas ainda não sabiam. Ele só condenava aqueles que eram muito religiosos e aqueles que usavam a religião para se beneficiar. Ele se concentrava no crescimento espiritual em vez de mudar o governo — ele nunca criticou os cruéis romanos. Jesus dizia que o problema eram as crenças e expectativas inadequadas sobre religião, mantidas por judeus muito religiosos.

O Que Contamina Uma Pessoa

Os judeus religiosos não comiam até lavarem as mãos de uma certa maneira e seguiam outras tradições relacionadas à limpeza, como lavar a louça. Alguns fariseus e escribas foram ver Jesus e viram seus discípulos comendo sem lavar as mãos. Os líderes religiosos perguntaram a Jesus por que seus discípulos não seguiam as práticas normais, mas comiam com as mãos sujas. Jesus disse que a comida era pura.

> Isaías estava certo quando falou sobre vocês, hipócritas. Ele escreveu: 'Me honram com seus lábios, mas seus corações estão longe de mim. Sua adoração é inútil para mim, seus ensinamentos são apenas regras humanas.' Vocês abandonaram os mandamentos de Deus e apenas seguem as tradições humanas. Vocês deixam de lado os mandamentos de Deus para observar suas próprias tradições! Comer com as mãos sujas não torna a pessoa má. É o que sai do coração de uma pessoa que mostra seu pecado. O mal vem do coração de uma pessoa: pecados sexuais, roubar, ser infiel, matar, ser egoísta e mesquinho, tramar o mal, ter ciúmes, mentir, ser orgulhoso e tolo. Todos esses males vêm de dentro da pessoa.

Jesus então foi jantar com um fariseu. Quando Jesus se sentou para comer, o fariseu ficou surpreso por Jesus não ter se lavado primeiro. Disse-lhe Jesus: 'Vocês, fariseus, limpam o exterior do copo e do prato, mas interiormente estão cheios de ganância e de maldade. Um sinal de que estão limpos por dentro é serem generosos com os pobres.'

O Sábado

Quando Jesus estava andando pelos campos de grãos durante o sábado, ele e seus discípulos colheram algumas espigas e comeram os grãos. Alguns fariseus perguntaram a Jesus por que ele estava fazendo o que era errado fazer no sábado. Jesus lhes respondeu:

> Vocês não leram o que Davi fez quando ele e seus amigos estavam com fome? Eles entraram na casa de Deus e comeram o pão abençoado que era lícito apenas para os sacerdotes comerem. As pessoas não foram feitas para o sábado; o sábado foi feito para as pessoas. Se soubessem o que significam as palavras que Deus disse: 'Eu desejo misericórdia, não sacrifício', não condenariam inocentes. Se sua ovelha cair em uma cova no sábado, você não a tirará de lá? Quanto mais valiosa é uma pessoa do que uma ovelha!

Quando Jesus estava ensinando na sinagoga no sábado, um homem com a mão atrofiada estava lá. Os fariseus e escribas estavam procurando uma razão para acusar Jesus, então eles o observavam atentamente para ver se ele curaria alguém no sábado (eles consideravam a cura um tipo de trabalho). Jesus sabia o que eles estavam pensando e disse ao homem que se levantasse na frente de todos. Quando se levantou, Jesus perguntou aos líderes religiosos: 'O que é lícito no sábado: fazer o bem ou o mal, salvar a vida ou destruí-la?' Quando ninguém respondeu, Jesus disse ao homem que estendesse a mão. Quando o fez, sua mão estava completamente curada. Os fariseus e escribas ficaram furiosos porque Jesus curou o homem naquele dia.

O Bom Samaritano

Um líder religioso queria testar Jesus e perguntou-lhe o que deve ser feito para uma pessoa viver para sempre. Jesus respondeu que as pessoas deveriam fazer o que estava escrito na Lei. O líder citou a Lei: 'Ame o Senhor seu Deus de todo o seu coração, de toda a sua alma e de todas as suas forças e de todo o seu entendimento' e 'Ame o seu próximo como a si mesmo.' Jesus respondeu: 'Você respondeu corretamente. Faça isso, e viverá.'

Mas o líder queria parecer inteligente e perguntou a Jesus: 'E quem é o meu próximo?' Jesus respondeu com uma história.

> Um homem desceu a perigosa estrada de Jerusalém a Jericó e foi atacado por ladrões. Eles o despiram, depois o espancaram e o deixaram quase morto. Um sacerdote que viajava na estrada viu o homem e passou do outro lado da estrada. Um levita também viu o homem e passou por ele do outro lado da estrada. Mas um samaritano veio e viu o homem quase morto e sentiu pena dele. Ele primeiro limpou e cobriu suas feridas, depois colocou o homem em seu burro e o levou para a pousada mais próxima, onde disse ao estalajadeiro que cuidasse dele. Ele deu dois dias de salário ao hospedeiro e disse: 'Quando eu voltar, pagarei todas as despesas extras que você tiver para cuidar dele.'

Jesus perguntou ao líder qual dos três homens era o próximo do homem que caiu nas mãos dos assaltantes. O líder respondeu: 'O homem que teve misericórdia dele.' Jesus disse ao líder: 'Vá e seja misericordioso com aqueles que precisam.'

Alegria em Encontrar o que Está Perdido

Coletores de impostos e pecadores muitas vezes se reuniam ao redor de Jesus para ouvi-lo falar. Certo dia, alguns fariseus e escribas estavam no meio da multidão e falaram baixinho com desgosto que Jesus acolheu e comeu com pecadores. Jesus sabia o que esses líderes religiosos estavam dizendo e deu a eles dois cenários hipotéticos.

> Se uma mulher tem 10 moedas de prata e perde uma, ela não acende uma candeia, varre o chão e procura com cuidado até encontrá-la? Se você tem 100 ovelhas e perde uma delas, você não vai deixar as 99 e procurar a que está perdida até encontrá-la? Quando você encontrá-la, você não vai ficar tão feliz e colocá-la em seus ombros e levá-la para casa? Em ambos os casos, as pessoas se alegram quando encontram o que estão procurando. Deus não quer perder ninguém. Há mais alegria no céu quando um pecador se arrepende do que por 99 justos que não precisam se arrepender.

O Filho Pródigo

Jesus também contou uma longa parábola sobre um homem com dois filhos. O filho mais novo pediu ao pai sua herança. Depois que o pai vendeu o suficiente de sua propriedade para dar ao filho sua metade, o filho pegou seu dinheiro e fez uma longa viagem. Ele desperdiçou seu dinheiro vivendo de forma imprudente. Depois que ele gastou todo o seu dinheiro, ocorreu uma fome severa e ele ficou tão pobre que pegou um emprego alimentando porcos (judeus não tocam porcos nem comem carne de porco). Ele estava com tanta fome que queria comer o que os porcos estavam comendo.

O filho logo caiu em si. Ele pensou nos empregados de seu pai que tinham comida de sobra, mas ele estava morrendo de fome! Ele decidiu voltar para seu pai e pedir para ser um de seus empregados.

O pai vigiava todos os dias depois de ele ter partido, esperando que ele voltasse. Muitos meses depois, o filho apareceu ao longe e o pai reconheceu seu jeito de andar. Cheio de alegria e amor e sem se preocupar com o que os outros pensariam, ele correu para seu filho, jogou os braços em volta dele e o beijou. (Naquela cultura, os homens mais velhos não corriam.) O filho começou a se desculpar, mas o pai o interrompeu e disse aos seus servos: 'Vá depressa e traga o melhor manto e coloque-o nele. Coloque um anel em seu dedo e sandálias em seus pés. Mate o maior bezerro para que possamos fazer um banquete e comemorar. Pois meu filho estava morto, mas agora está vivo; ele estava perdido e foi encontrado.' Então eles começaram a festejar.

Jesus continuou com a história. O filho mais velho estava no campo e, ao voltar para casa, ouviu música e viu pessoas dançando. Ele perguntou a um servo o que estava acontecendo e foi informado de que seu irmão estava vivo e havia voltado para casa. Seu pai havia matado o maior bezerro para comemorar o retorno de seu irmão.

O irmão mais velho ficou com raiva e se recusou a participar da celebração. O pai implorou para ele entrar, mas o filho mais velho disse: 'Olha! Todos esses anos tenho trabalhado como um escravo ao teu serviço e nunca desobedeci às tuas ordens. Mas tu nunca me deste nem um cabrito para eu festejar com os meus amigos. Mas quando volta para casa esse seu filho, que esbanjou os teus bens com a vida errada, matas o novilho gordo para ele!'

O pai disse com profundo amor: 'Meu filho, você está sempre comigo, e tudo o que tenho é seu. Mas temos que comemorar e alegrar-nos porque seu irmão estava morto e voltou à vida — ele estava perdido e foi encontrado.'

(O termo *pródigo* significa gastar recursos livre e imprudentemente ou ser extravagante. A compreensão comum desta história aplica o termo ao filho, mas no contexto de outros ensinamentos de Jesus sobre a preocupação de Deus por aqueles que estão perdidos, uma melhor compreensão da história seria aplicar o termo ao amor extravagante que o pai tinha por seu filho perdido, mesmo quando ele envergonhou a família. Portanto, 'O Pai Pródigo' é um título melhor para a história.)

Mais Exemplos de Generosidade Inesperada

Jesus foi convidado para jantar por um fariseu muito respeitado que também havia convidado muitos de seus amigos religiosos. Jesus notou que os homens tentavam escolher lugares de honra à mesa. Jesus viu isso acontecer e contou uma parábola.

Um homem preparou um jantar luxuoso para muitos convidados. Quando o jantar estava pronto, ele enviou seu servo para dizer a todos os que haviam sido convidados a vir. Mas todos deram desculpas para não vir. O primeiro disse que havia acabado de comprar um campo e devia cuidar dele. Outro disse que havia acabado de comprar cinco bois e precisava cuidar deles. Um terceiro homem disse que havia acabado de se casar e não poderia vir. O criado voltou e disse que ninguém viria. O anfitrião ficou zangado e disse ao seu servo: 'Vá às ruas e becos da cidade e traga os pobres, os aleijados, os cegos e os mancos.' O criado fez isso, mas ainda havia espaço para mais convidados. O anfitrião então fez o servo percorrer toda a região para trazer mais pessoas, e sua casa ficou cheia. Nenhum dos que foram inicialmente convidados experimentou seu banquete.

Em outra reunião, Jesus contou uma parábola sobre como Deus seria generoso com aqueles que parecem não merecer. O reino que estava vindo seria como um proprietário de terras que saiu de manhã cedo e contratou trabalhadores para sua vinha, dizendo que lhes pagaria um dia de salário por um dia de trabalho. Mas algumas horas depois, o proprietário viu outros esperando para serem contratados e os contratou também, dizendo que pagaria um salário justo. Ele fez a mesma coisa várias vezes, e contratou homens até no final da tarde.

No final do dia, todos vieram para ser pagos. O dono começou com os últimos contratados, e os que vieram por último receberam um dia de salário. Aqueles que foram contratados de manhã cedo viram isso e esperaram que receberiam muito mais do que um dia de salário. Mas cada homem recebeu a mesma quantia, um dia de salário, independentemente de quantas horas tivessem trabalhado.

Aqueles que foram contratados primeiro começaram a resmungar. Eles disseram ao proprietário: 'Estes homens contratados por último trabalharam apenas uma hora, e o senhor os igualou a nós — fizemos a maior parte do trabalho!'

Mas o dono disse que não estava sendo injusto. Ele lhes pagou o salário de um dia, assim como havia prometido. Ele lhes disse que deveriam aceitar e então disse: 'Não tenho o direito de ser generoso com o meu próprio dinheiro? Vocês estão com inveja da minha generosidade!'

Jesus terminou dizendo: 'Os últimos serão primeiros, e os primeiros serão últimos.'

Perdão

Certa vez, Pedro perguntou a Jesus com que frequência as pessoas deveriam perdoar as outras. A tradição judaica era perdoar alguém três vezes, e Pedro sugeriu que o número certo poderia ser até sete vezes, mais que o dobro do que havia sido ensinado no passado. Mas Jesus respondeu dizendo que o número certo era setenta e sete, e então contou essa história.

> Um rei receberia uma grande soma de dinheiro de um de seus servos. Quando o rei veio cobrar, o homem não pôde pagar. O rei então ordenou que ele, sua família e todos os seus bens fossem vendidos para pagar a dívida. Mas o servo caiu de joelhos e implorou por misericórdia, dizendo que pagaria tudo de volta. O rei sentiu pena do homem e cancelou a dívida e deixou o servo e sua família irem.
>
> Mas o servo então foi a um homem que lhe devia uma pequena dívida. Quando o homem disse que não poderia pagar de volta, o servo sufocou o homem e exigiu o dinheiro. Quando o homem implorou por paciência e disse que pagaria tudo de volta, o servo mandou jogá-lo na prisão até que pudesse pagar a dívida.
>
> Quando os outros servos o viram fazer isso, eles contaram ao rei, e ele chamou o servo e disse: 'Eu cancelei sua grande dívida, então você deveria ter sido misericordioso com o homem que lhe devia uma pequena dívida.' O rei então jogou o servo que havia sido perdoado na prisão, onde foi torturado até que pudesse pagar o que devia.

Não havia como nenhum dos servos pagar ao rei o que era devido. Jesus concluiu dizendo que Deus não perdoaria aqueles que não perdoassem os outros. Ao dizer que as pessoas devem perdoar os outros 77 vezes, ele estava realmente dizendo que as pessoas devem sempre perdoar aqueles que pedem.

Parábolas sobre Sementes

Ao viajar pelas cidades e aldeias, Jesus contou boas novas sobre o reino de Deus. Seus discípulos estavam com ele quando contou esta parábola.

> Um fazendeiro saiu para semear. Algumas caíram no caminho onde foram pisadas e comidas pelos pássaros. Algumas sementes caíram em terreno pedregoso e, quando brotaram, as plantas murcharam porque

não tinham umidade. Outras sementes caíram entre espinhos, que cresceram e sufocaram as plantas. Outras sementes caíram em boa terra, cresceram e produziram uma grande colheita, cem vezes mais do que o que foi semeado.

Quando seus discípulos lhe perguntaram o que esta parábola significava, ele explicou a eles.

As sementes são a palavra de Deus. As sementes no caminho são os que ouvem, mas o diabo vem e tira a palavra de seus corações, para que não creiam mais. As sementes no chão pedregoso são aquelas que recebem a palavra com alegria, mas não têm raízes. Eles acreditam por um tempo, mas quando as coisas ficam difíceis, eles caem. As sementes que caíram entre os espinhos são aquelas que ouvem, mas enquanto vivem suas vidas, são sufocados pelas preocupações, riquezas e prazeres da vida — não amadurecem em sua fé. Mas as sementes em boa terra são aquelas de bom coração, que ouvem a palavra e a guardam, e produzem uma boa colheita por causa de sua perseverança.

Jesus contou outra história sobre o reino de Deus. Uma história como a das sementes espalhadas no chão. Com o tempo, as sementes de alguma forma crescem. Por si só, o solo gradualmente produz grãos, que são colhidos quando estão prontos.

Ele ofereceu outras imagens sobre como é o reino de Deus. O reino é como um grão de mostarda muito pequeno. Quando plantada, cresce e se torna tão grande que seus galhos podem sustentar pássaros. O reino também é como fermento invisível que misteriosamente faz crescer o pão.

O Sermão da Montanha

Jesus às vezes falava para milhares de pessoas ao mesmo tempo. Certa vez, ele falou por muito tempo em uma montanha para vários milhares de pessoas. Parte do que ele pregava era difícil de entender e era diferente do que havia sido ensinado a eles anteriormente.

Bem-aventurados os pobres em espírito, pois deles é o Reino dos céus.
Bem-aventurados os que choram, pois serão consolados.
Bem-aventurados os humildes, pois eles receberão a terra por herança.
Bem-aventurados os que têm fome e sede de justiça, pois serão satisfeitos.

Bem-aventurados os misericordiosos, pois obterão misericórdia.

Bem-aventurados os puros de coração, pois verão a Deus.

Bem-aventurados os pacificadores, pois serão chamados filhos de Deus.

Bem-aventurados os perseguidos por causa da justiça, pois deles é o Reino dos céus.

Bem-aventurados serão vocês quando, por minha causa os insultarem, perseguirem e levantarem todo tipo de calúnia contra vocês. Alegrem-se e regozijem-se, porque grande é a recompensa de vocês nos céus, pois da mesma forma perseguiram os profetas que viveram antes de vocês.

Vocês são o sal da terra. Mas se o sal perder o seu sabor, é jogado fora. Vocês são a luz do mundo. Não se pode esconder uma cidade construída sobre um monte. Ninguém acende uma candeia e a esconde. Pelo contrário, coloca-a onde possa iluminar a todos. Deixe a sua luz brilhar diante dos homens, para que vejam as suas boas obras e glorifiquem a Deus.

Não vim para me livrar da Lei ou das palavras dos Profetas — vim para cumpri-las. Foi escrito há muito tempo: 'Não matarás, e quem matar será julgado.' Mas eu digo que qualquer um que estiver com raiva de um irmão ou irmã será julgado. Então, se você está apresentando sua oferta no altar e lembrar que seu irmão ou irmã tem algo contra você, vá primeiro e reconcilie-se com eles. Depois volte e apresente sua oferta.

Foi escrito há muito tempo: 'Não cometerás adultério.' Mas eu lhes digo que quem olha para uma pessoa e a quer para si, cometeu adultério em seu coração. Se o seu olho direito faz você tropeçar, arranque-o. É melhor você perder uma parte do seu corpo do que vocês inteiros irem para o inferno.

Você já ouviu dizer: 'Olho por olho e dente por dente.' Mas eu digo, se alguém te der um tapa na face direita, ofereça a outra face. Se alguém quiser processar você e tirar sua túnica, dê também a capa. Se alguém te forçar a andar uma milha, ande duas milhas por eles. Dê a quem pede e não se afaste de quem quer pedir emprestado de você.

Você já ouviu dizer: 'Ame seu próximo e odeie seu inimigo.' Mas eu digo, ame seus inimigos e ore por aqueles que são maus com você. Se você ama aqueles que o amam, isso não é nada — até os cobradores de impostos fazem isso! Se você apenas cumprimentar as pessoas que são como você, você está fazendo o que todo mundo faz.

Não pratique sua religião para os outros verem. Quando você dá aos necessitados, não anuncie com trombetas como as pessoas religiosas fazem para serem elogiadas. Quando você der, faça em segredo. Deus vê o que é feito em segredo e o recompensará.

Não tente obter muitas coisas boas para si, porque elas podem ser destruídas ou roubadas. Em vez disso, faça coisas boas para os outros, que não podem ser destruídas ou roubadas.

Não se preocupe com sua vida ou seu corpo e com o que você vai vestir. Olhe para os pássaros — eles não armazenam comida em celeiros, mas Deus os alimenta. Você é muito mais valioso do que os pássaros. A preocupação não tornará sua vida uma hora mais longa. Em vez disso, busque primeiro o reino de Deus e faça o que é certo, então tudo será dado a você. Não se preocupe com o amanhã — há muitos problemas para lidar todos os dias.

Não julgue os outros, pois você será julgado da mesma forma que julga os outros. Por que você olha para o cisco no olho de outra pessoa, mas ignora a trave em seu próprio olho? Não seja hipócrita! Primeiro tire a trave do seu próprio olho, e então você verá claramente para poder remover um pouquinho do cisco do olho do outro.

Faça aos outros o que gostaria que fizessem a você — isso resume a Lei e os Profetas. Isso é difícil de fazer. A porta e a estrada que levam à perdição são largas, mas a porta e a estrada que levam à vida são estreitas. Pegue a estrada estreita e passe pelo portão estreito. Poucas pessoas seguem esse caminho — a maioria segue falsos líderes que parecem pacíficos, mas são como lobos por dentro. Você os conhecerá por seus frutos. As pessoas colhem uvas ou figos de plantas com espinhos? Toda árvore boa dá frutos bons, mas uma árvore ruim dá frutos ruins. Toda árvore que não dá bom fruto é cortada e lançada ao fogo. Assim, nem todo aquele que me chama 'Senhor' entrará no reino dos céus, mas somente aqueles que fazem a vontade do meu Deus no céu. Muitos me dirão naquele dia: 'Senhor, não ensinamos em teu nome e não expulsamos demônios e realizamos muitos milagres?' Eu direi a eles: 'Eu nunca te conheci. Afastem-se de mim vocês, que praticam o mal!'

Aqueles que põem em prática as minhas palavras são como os sábios que construíram a sua casa sobre a rocha. As chuvas vieram, os riachos subiram, e os ventos sopraram e bateram contra aquela casa. Mas não caiu porque seu alicerce estava na rocha. Mas aqueles que ouvem minhas palavras e não as colocam em prática são como tolos que construíram sua casa na areia. As chuvas vieram, os rios subiram, e os ventos sopraram e bateram contra aquela casa, e ela foi levada.

Oração

Jesus ensinou as pessoas a falar com Deus. Aqueles que rezam não devem usar linguagem floreada para impressionar aqueles que estão assistindo e ouvindo, e não devem fazer orações repetindo as mesmas coisas. Em vez disso, as pessoas devem orar em particular e ser honestas, falando a Deus sobre seus pensamentos e sentimentos mais profundos. Deus sabe o que as pessoas precisam, mesmo antes que peçam.

Jesus forneceu um exemplo de oração que continha certos elementos básicos. Estes incluíam (1) um reconhecimento de que Deus é santo, (2) um desejo de que o reino de Deus influencie este mundo para que se torne mais parecido com o céu, (3) um desejo de que a vontade de Deus seja feita na terra, (4) um pedido pelas necessidades básicas que precisamos para sobreviver, (5) um pedido de perdão por nossos pecados e ajuda para perdoar os outros, e (6) uma busca por proteção e libertação das forças do mal no mundo. As orações podem, portanto, se concentrar em louvor, ação de graças e pedidos. Jesus disse que Deus adora quando as pessoas oram e quer que todos dependam de Deus para que suas necessidades sejam atendidas.

> Peça e lhe será dado; procura e acharás; bata e a porta se abrirá. Todo aquele que pede receberá, aquele que busca achará, e aquele que bater terá a porta aberta. Qual de vocês, se seus filhos pedirem pão, lhes dará uma pedra? Ou se eles pedirem um peixe, lhes dará uma cobra? Se os maus sabem dar boas dádivas aos seus filhos, quanto mais o vosso Deus do céu dará boas coisas aos que pedirem!

Jesus muitas vezes se retirava para lugares tranquilos e privados para eliminar distrações e ficar sozinho para conversar com Deus. Não havia uma hora ou lugar específico em que ele orava; parecia acontecer o tempo todo. Sua consciência de Deus era constante e contínua, e ouvir a Deus através do silêncio fazia parte deste processo.

Deus é Revelado em Jesus

Quando Jesus estava ensinando em uma sinagoga, ele orou: 'Eu te louvo, Senhor dos céus e da terra, porque esconbeste estas coisas dos sábios e cultos, e as revelaste às crianças pequenas. Era o que você desejava fazer.' Então ele falou ao povo e se referiu a Deus como seu Pai.

Tudo me foi dado por meu Pai. Ninguém conhece o Pai, exceto o Filho e aqueles que o Filho escolher. Vinde a mim, todos vós que estais cansados e sobrecarregados, e eu vos aliviarei. Se está com sede, venha a mim e beba. Deixe-me guiá-lo como um fazendeiro guia seus bois. Meu jugo é suave, meu fardo é leve. Se você me conhece, você conhece a Deus. Eu sou manso e humilde, e seu espírito encontrará descanso. Se você me conhece, você conhecerá a verdade, e ela o libertará.

Os discípulos perguntaram a Jesus: 'Que sinal darás para que possamos acreditar em ti? Nossos antepassados comeram o maná no deserto e escreveram: 'Deus lhes deu pão do céu para comer.' Jesus respondeu com este comentário sobre o pão.

Não foi Moisés quem lhes deu pão do céu. É Deus quem lhe dá o verdadeiro pão do céu. Eu sou o pão da vida. Quem vem a mim não terá fome, e quem crê em mim nunca terá sede. Não vou rejeitar ninguém que vier até mim. Eu não desci do céu para fazer a minha vontade, mas para fazer a vontade de Deus que me enviou. Esta é a vontade do Deus que me enviou, que eu não perca ninguém que me foi dado, mas que eu ressuscite cada um no último dia. Este pão é o meu corpo que darei pela vida do mundo.

Alguns dos judeus começaram a resmungar quando ele disse que tinha vindo do céu. Eles o conheciam como filho de José e Maria — como ele poderia dizer que veio do céu? Os judeus também começaram a discutir uns com os outros e se perguntaram como Jesus poderia dar-lhes seu corpo para comer.

Jesus os interrompeu e disse: 'A menos que você coma a carne do Filho do Homem e beba seu sangue, não terá vida em si. Aqueles que comem minha carne e bebem meu sangue têm a vida eterna, e eu os ressuscitarei no último dia. Minha carne é verdadeira comida, e meu sangue é verdadeira bebida. Nossos antepassados comeram o maná e morreram, mas quem comer este pão viverá para sempre.'

Depois de ouvir isso, muitos que estavam seguindo Jesus pararam de ouv-lo e foram embora. Jesus perguntou aos seus 12 discípulos se eles também queriam deixá-lo. Simão Pedro respondeu: 'Senhor, quem mais devemos seguir? Tu tens as palavras de vida eterna. Nós agora entendemos e sabemos que és o Santo de Deus.'

Os Custos do Discipulado

Multidões continuaram viajando com Jesus, e ele queria que pensassem cuidadosamente sobre o que significava segui-lo. Ele lhes disse: 'Se alguém vem a mim e ama sua família ou sua própria vida mais do que a mim, não pode ser meu discípulo. E aquele que não carrega sua cruz e não me segue não pode ser meu discípulo.' Então ele contou várias histórias para explicar o que ele queria dizer.

> Suponha que você queira construir uma torre. Você não vai primeiro assentar e calcular o custo para ver se você tem dinheiro suficiente para completá-la? Se você lançar o alicerce e não conseguir terminar, todos vão te ridicularizar. Ou suponha que um rei esteja pensando em ir à guerra. Ele não vai pensar primeiro se seus 10 mil homens podem derrotar os 20 mil homens de outro rei? Se ele não puder vencer, ele enviará pessoas para o outro rei e tentará resolver suas diferenças pacificamente. Da mesma forma, aqueles que não desistem de tudo não podem ser meus discípulos.
>
> Eu os envio como ovelhas entre lobos, então fiquem atentos. Você deve ser tão sábio quanto as serpentes e ao mesmo tempo simples como uma pomba. Você será entregue aos líderes locais e chicoteado nas sinagogas. Você será levado perante governadores, reis e gentios para serem minhas testemunhas. Mas quando eles te prenderem, não se preocupe com o que dizer ou como dizer — o Espírito de Deus falará através de você. Você será odiado por todos por minha causa, e quando for perseguido, fuja para outro lugar. Não tenha medo daqueles que matam o corpo — eles não podem matar a alma. Mas cuidado com aqueles que são maus que querem destruir sua alma e corpo e levá-lo com eles para o inferno. Reconhecerei a Deus no céu aqueles que falam por mim aos outros. Mas eu renegarei aqueles que me negam aos outros. Quem encontra a sua vida vai perdê-la, e quem perde a sua vida por minha causa vai encontrá-la.

Preparação para o Julgamento

Jesus contou várias parábolas sobre estar pronto e preparado para o retorno de Deus e o julgamento de todas as pessoas.

Parábola das Dez Virgens

Ele falou primeiro sobre 10 virgens que estavam esperando para encontrar seu noivo em um horário desconhecido. Cinco eram tolas — elas tinham lamparinas para iluminar a noite, mas não tinham óleo para reabastecer suas lamparinas. As outras cinco eram sábias — tinham lamparinas e guardavam óleo para renová-las. Depois de esperar muito tempo por um noivo, todas adormeceram.

O noivo chegou no meio da noite e estava pronto para encontrá-las. As mulheres tolas não conseguiam acender suas lamparinas e pediram óleo emprestado das outras. Mas as mulheres sábias não compartilharam seu óleo; se o fizessem, não haveria óleo suficiente para todas acenderem todas as lamparinas. Essas mulheres disseram às outras para irem comprar óleo para elas mesmas. Enquanto as tolas estavam comprando óleo, o noivo veio e levou as sábias para o banquete de casamento. Então a porta foi fechada.

Quando as tolas chegaram mais tarde com seu óleo, elas disseram: 'Senhor, Senhor, abra a porta para nós!' Mas o noivo disse: 'Não as conheço.' Jesus concluiu esta parábola dizendo que as pessoas devem estar preparadas porque o tempo do julgamento é desconhecido.

Parábola das Dádivas de Ouro

Jesus também contou uma história sobre fazer uso sábio do que temos enquanto estamos vivos. Ele descreveu três servos que receberam quantidades diferentes de ouro para usar enquanto o proprietário estava longe, em uma longa jornada. O proprietário deu ouro a cada um com base em sua capacidade de usá-lo com sabedoria. Um servo recebeu cinco sacolas, um servo recebeu duas sacolas e o terceiro recebeu uma sacola.

O servo que recebeu cinco bolsas de ouro usou-o com sabedoria e ganhou mais cinco bolsas de ouro. O servo que recebeu duas bolsas também usou o ouro com sabedoria e dobrou a quantidade de ouro. Mas o servo que recebeu uma bolsa cavou um buraco e escondeu o ouro no chão.

O senhor finalmente voltou e pediu o ouro. Os servos que receberam cinco e dois sacos deram ao proprietário o dobro da quantia que receberam. O proprietário disse a cada um deles: 'Muito bem, servo bom e fiel!

Você foi fiel nas poucas coisas; eu o porei no comando de muitas coisas. Venha e participe da minha alegria!'

Então o servo que recebeu uma bolsa de ouro disse ao proprietário: 'Eu sabia que você é uma pessoa difícil, e eu estava com medo de você e escondi seu ouro no chão.' Este servo então deu ao senhor um saco de ouro que ele desenterrou do chão.

O proprietário disse a este último servo: 'Você é mau e preguiçoso! Se você sabia como eu sou, por que não depositou meu dinheiro no banco? Então eu teria pelo menos recebido o ouro mais os juros.' O proprietário então deu aquela bolsa de ouro ao servo que tinha 10 bolsas e disse: 'Aqueles que usam o que têm receberão mais, mas aqueles que não usam o que têm perderão o que têm.' Então o dono mandou jogar o último servo na escuridão, onde as pessoas choram.

Parábola das Ovelhas e dos Bodes

Jesus contou uma parábola para descrever quem iria para o céu e quem iria para o lugar dos mortos. Ele disse que o Filho do Homem se sentará em um trono e, à medida que cada pessoa estiver diante dele, ele os separará como um pastor separa as ovelhas dos bodes.

O rei dirá a alguns: 'Venham e tomem o que lhe pertence, um reino preparado para vocês desde que o mundo foi criado. Pois eu estava com fome e vocês me deram de comer, eu estava com sede e vocês me deram de beber, eu era estrangeiro e vocês me acolheram, eu precisava de roupas e vocês me vestiram, eu estava doente e vocês cuidaram de mim, eu estava na prisão e vocês me visitaram.'

Mas essas pessoas perguntarão: 'Senhor, quando te vimos com fome e te demos de comer ou com sede e te demos de beber? Quando te vimos estrangeiro e te convidamos para entrar ou precisando de roupas e te vestimos? Quando o vimos doente ou preso e o visitamos?'

O rei dirá a eles: 'Quando vocês fizeram essas coisas aos meus irmãos e irmãs, fizeram a mim.'

Então o rei dirá aos outros: 'Vocês são amaldiçoados e irão para o fogo eterno preparado para o diabo e seus anjos. Pois eu estava com fome e vocês não me alimentaram, eu estava com sede e vocês não me deram de beber, eu era um estrangeiro e vocês não me convidaram para entrar, eu precisava de roupas e vocês não me deram roupa, eu estava doente e na prisão, e vocês não cuidaram de mim.'

Este grupo dirá maravilhado: 'Senhor, quando te vimos com fome ou com sede ou estrangeiro ou necessitado de roupas ou doente ou preso e não te ajudamos?'

O rei dirá a eles: 'O que não fizeram àqueles que tiveram esses problemas, não fizeram a mim.' Essas pessoas irão para o castigo eterno, mas os justos viverão para sempre no céu.

Condenação de Líderes Religiosos

Jesus muitas vezes falou duramente com os líderes religiosos porque eles estavam desviando o povo, não modelando o bom comportamento e tinham motivos ambíguos. Eles estavam confiantes em suas próprias práticas religiosas e desprezavam todos os outros. Jesus contou esta parábola.

Dois homens foram ao templo para orar, um fariseu e o outro cobrador de impostos. O fariseu orou em voz alta dizendo: 'Deus, eu te agradeço porque não sou como as outras pessoas — ladrões, malfeitores, adúlteros — ou mesmo como este cobrador de impostos. Jejuo duas vezes por semana e dou um décimo de tudo o que recebo.' Mas o cobrador de impostos ficou de longe, bateu no peito e disse: 'Deus, tem misericórdia de mim, que sou pecador.' Eu lhes digo que este homem, não o fariseu, pode ir para casa com confiança e ficar diante de Deus. Todos os que se exaltam serão humilhados; aqueles que se humilham serão exaltados.

Em outra reunião, Jesus criticou duramente os líderes religiosos.

Ai de vocês fariseus. Vocês dão a Deus um décimo de suas ervas do jardim, mas negligenciam ser justos, bondosos e andar humildemente com seu Deus. Deveriam ter feito essas coisas, bem como dado suas ervas. Vocês amam os lugares mais importantes nas sinagogas e o respeito que obtém nos mercados. Vocês amam sua aparência enquanto vestem suas vestes extravagantes e fazem suas longas orações. Ai de vocês, escribas — vocês sobrecarregam as pessoas com cargas que dificilmente podem carregar e não levantam um dedo para ajudá-las.

Vocês são todos hipócritas! Dizem que aprovam o que seus ancestrais fizeram, mas eles mataram os profetas. Deus lhes enviou profetas, mas alguns foram mortos e outros perseguidos. Esta geração será responsabilizada pelo sangue de todos os profetas que já foram derramados. Vocês são lápides brancas que parecem boas por fora, mas por dentro estão mortas e impuras.

Jesus contou-lhes outra parábola sobre um proprietário de terras que plantou uma vinha e edifícios para protegê-la. Então ele alugou a vinha para alguns fazendeiros e se mudou. Quando o tempo da colheita se aproximou, ele enviou seus servos aos lavradores para colher seus frutos. Os inquilinos espancaram um dos servos e mataram os outros dois. O proprietário enviou mais servos para recolher as frutas, e os arrendatários os trataram da mesma forma. Finalmente, o proprietário enviou seu filho, pensando que os inquilinos certamente o respeitariam. Mas quando os arrendatários viram o filho, disseram uns aos outros: 'Este é o herdeiro. Vamos matá-lo e tomar a sua herança.' Então eles o mataram também.

Jesus perguntou aos que estavam ali: 'Quando vier o dono da vinha, o que fará àqueles lavradores?'

Os fariseus disseram: 'Os matará de modo horrível e arrendará a vinha a outros lavradores.'

Jesus lhes disse: 'Vocês leram nas Escrituras: A pedra que os construtores rejeitaram tornou-se a pedra angular. Portanto eu lhes digo que o Reino de Deus será tirado de vocês e será dado a um povo que produzam frutos.' Os líderes religiosos sabiam que ele estava falando sobre eles.

Jesus então contou aos líderes religiosos uma última parábola com uma mensagem semelhante. Nesta história, um pai tinha dois filhos e pediu que ambos trabalhassem na vinha da família. O primeiro filho disse que não iria, mas depois mudou de ideia e foi e trabalhou. O segundo filho disse que iria, mas não trabalhou. Jesus perguntou aos líderes religiosos qual filho fez o que o pai queria, e todos concordaram que havia sido o primeiro filho. Ouvindo a resposta deles, Jesus lhes disse: 'Verdadeiramente, as pessoas que vocês acham que são más entrarão no reino de Deus antes de vocês. João veio e mostrou a vocês como viver. Vocês não responderam, mas aqueles que vocês acham que são maus responderam.' Ações, não palavras bonitas, revelam as verdadeiras crenças e desejos de uma pessoa.

Depois de ouvir essas repreensões e lembrar de todas as outras coisas que Jesus havia lhes dito no passado, os fariseus ficaram cansados de discutir. Eles procuraram por uma forma de prendê-lo, mas tinham medo da multidão porque a maioria das pessoas pensava que ele era um profeta. Eles observavam Jesus de perto e enviaram espiões que fingiam ser sinceros, para poder prender Jesus e descobrir algo que ele houvesse dito de forma que pudessem entregá-lo ao governador romano. Esses espiões o questionaram: 'Mestre, sabemos que você fala e ensina o que é certo, que você é justo e ensina o caminho de Deus. É certo pagar imposto a César ou não?'

Jesus viu percebeu sua armadilha inteligente e perguntou-lhes: 'Mostre-me uma moeda. De quem é a imagem e a inscrição?'

'De César,' eles responderam.

Jesus lhes disse: 'Deem a César o que é de César, e a Deus o que é de Deus.' Espantados com sua resposta, eles ficaram calados e não conseguiram pegá-lo com suas armadilhas em nada que ele houvesse dito em público.

Nomes de Jesus

As pessoas tinham muitos nomes para Jesus. Por muitos séculos, as pessoas foram identificadas pela família, então as pessoas o conheciam como Jesus, filho de José e Maria. No Antigo Testamento, o Messias era referido com muitos nomes, e durante e após seu ministério, as pessoas se referiam a Jesus usando outros nomes. Aqui estão alguns dos nomes usados para se referir a Jesus e ao Messias:

Advogado	Juiz	O Redentor
Alfa e Ômega	Leão da Tribo de Judá	Pai Eterno
A Palavra	Luz do Mundo	Poderoso Deus
A Porta	Maravilhoso Conselheiro	Profeta
A Ressureição e a Vida	Messias/Cristo	Pão da Vida
A Rocha	Mestre, Rabi	Rei dos Reis
A Verdade	Noivo	Salvador
Chefe da Igreja	O Bom Pastor	Senhor Ressuscitado
Cordeiro de Deus, Cordeiro	O Caminho	Todo Poderoso
Deus, Senhor	O Grande Sumo Sacerdote	Videira Verdadeira
Filho do Homem, O Filho	O Príncipe da Paz, O Príncipe	

Capítulo 17

Prisão, Julgamento e Execução

Líderes Religiosos Eliminam Jesus

Em seu terceiro ano de ministério, Jesus começou a falar com mais frequência sobre ser servo e sobre sua própria morte. Até então, ele havia sido cuidadoso ao falar sobre seu papel no mundo. Ele frequentemente falava de si mesmo como o Filho do Homem ou como 'ele' em vez de 'eu' e usava símbolos quando falava de si mesmo. Por exemplo, ele disse: 'Eu sou o pão da vida. Aquele que vem a mim nunca terá fome. Eu sou a ressureição e a vida — aquele que crê em mim viverá, mesmo quando morrer.'

Ele aceitava ser chamado de 'mestre' e 'profeta', mas silenciava os demônios quando eles diziam que ele era o Messias. Ele realizou milagres em público que cumpriram as previsões sobre ele ser o Messias, o Rei-Servo referido pelos profetas. No entanto, ele dizia aos outros para não falarem sobre os milagres que ele fazia por eles que indicavam que ele era o Messias, e ele às vezes não agia porque 'não era o momento certo.'

Alguns judeus estavam ficando impacientes e queriam saber se ele era o Messias. Ele se referia a Deus como seu Pai no céu e falava sobre o reino de Deus que havia chegado. Alguns ficavam admirados com seu poder, mas as coisas que ele dizia eram tão radicalmente diferentes que alguns queriam apedrejá-lo — era um pecado afirmar ser Deus. Os líderes religiosos pensavam que Jesus estava afastando os judeus da verdade, e o simbolismo que ele usava era confuso para seus discípulos.

Jesus também falava indiretamente sobre sua própria morte e como ela levaria à vida eterna no céu. Por exemplo, ele chamava a si mesmo de 'o bom pastor.'

Eu sou o bom pastor e a porta das ovelhas que conhecem e ouvem a sua voz. Ele sabe o nome de cada uma e as conduz para fora. Ele vai à frente delas e elas o seguem. Eu sou a porta — aqueles que entrarem por mim serão salvos e encontrarão pastagem. Eu vim para que tenham vida plena e abundante! O bom pastor dá a vida pelas ovelhas. Tenho outras ovelhas que não estão aqui e devo trazê-las porque elas ouvirão minha voz. Haverá um rebanho e um pastor. Meu Pai me ama porque eu dou a minha vida, apenas para retomá-la. Ninguém a tira de mim — eu escolho dá-la.

Depois que Jesus ressuscitou Lázaro dos mortos, alguns judeus contaram aos fariseus o que Jesus havia feito. Os chefes dos sacerdotes e os fariseus convocaram uma reunião de todos os líderes religiosos e debateram o que deveriam fazer. 'Este homem realiza muitos sinais e, se o deixarmos continuar, todos acreditarão nele. Então os romanos tirarão nosso templo e nossa nação.' O sumo sacerdote disse: 'É melhor que morra um homem pelo povo, do que permitir que toda a nação pereça.' Daquele dia em diante, todos conspiraram para prender e matar Jesus.

Jesus Entra em Jerusalém

A hora de Jesus havia chegado. Ele caminhou até Jerusalém com seus discípulos e outros seguidores para a Festa da Páscoa da primavera. Antes de entrar na cidade, ele enviou dois discípulos para buscar uma jumenta e seu jumentinho. Isso cumpriu o que o profeta Zacarias escreveu sobre o Messias: 'Seu rei vem até você, humilde e montado em um jumentinho, cria de jumenta.'

Os discípulos lhe trouxeram a jumenta e o jumentinho e colocaram suas túnicas sobre eles para que Jesus se sentasse. Uma grande multidão estendeu seus casacos na estrada quando ele entrou na cidade, e outros cortaram galhos das árvores e os espalharam na estrada. As multidões ao longo da estrada gritavam: 'Hosana ao Filho de Davi! Bendito é o que vem em nome do Senhor!'

A cidade inteira estava energizada e as pessoas perguntavam quem estava causando a agitação. As pessoas diziam que era Jesus, o profeta de Nazaré. Ele foi novamente ao Templo e expulsou todos os que ali compravam e vendiam.

A Última Refeição com os Discípulos

Quinta-feira à noite antes da Páscoa, Jesus sabia que era hora de deixar este mundo e voltar para Deus no céu. Ele reuniu os 12 discípulos no cenáculo da casa de um amigo para o jantar.

Durante a refeição, Jesus se levantou e tirou o manto. Ele enrolou uma toalha na cintura e derramou água em uma tigela grande. Começou a lavar os pés dos discípulos e a enxugá-los com a toalha. Simão Pedro perguntou por que Jesus ia lavar seus pés e disse que Jesus nunca deveria fazer algo assim. Mas Jesus disse: 'Se eu não os lavar, você não terá parte comigo.'

Depois que Jesus lavou e secou todos os pés deles, ele voltou para a mesa. Ele perguntou aos homens: 'Vocês entendem o que lhes fiz? Vocês me chamam 'Mestre' e 'Senhor', e com razão, pois eu o sou. Mas eu lavei--lhes os pés para dar o exemplo, que vocês devem fazer como lhes fiz.'

Enquanto eles ainda estavam comendo, tomando o pão, Jesus deu graças, partiu-o e o deu aos discípulos, dizendo: 'Isto é o meu corpo dado em favor de vocês; façam isto em memória de mim.' Da mesma forma, depois da ceia, tomou o cálice, dizendo: 'Este cálice é a nova aliança no meu sangue, derramado em favor de vocês.' (Esta 'refeição' ficou conhecida como a Última Ceia.)

Durante o resto da refeição, os discípulos começaram a discutir entre si sobre quem estaria em posições de poder sob Jesus quando ele se tornasse rei. Tiago e João acharam que eles eram os melhores e pediram a Jesus que os deixasse sentar um em cada lado de seu trono. Os outros ficaram com raiva quando ouviram o que Tiago e João haviam pedido.

Jesus os reuniu e disse: 'Os governantes romanos são muito orgulhosos e gostam de mostrar seu poder sobre todos os judeus. Mas você não deve agir assim. Em vez disso, quem quiser se tornar grande entre vocês deve ser seu servo, e quem quiser ser o primeiro deve ser escravo de todos. Pois nem mesmo o Filho do Homem veio para ser servido, mas para servir e dar a sua vida por muitos.'

Jesus Prediz Sua Traição

Jesus então disse que um deles o trairia. Seus discípulos ficaram atordoados e se entreolharam. João estava sentado ao lado de Jesus e perguntou--lhe baixinho quem seria o traidor. Jesus respondeu que era a pessoa a quem ele daria um pedaço de pão depois de mergulhá-lo em seu prato. Então ele deu um pedaço de pão a Judas Iscariotes. Assim que Judas pegou o pão, Jesus lhe disse para ir fazer o que ele ia fazer.

Nenhum dos outros discípulos sabia o que estava acontecendo. Judas estava encarregado do dinheiro dos discípulos, então alguns deles pensaram que ele iria comprar algo para a festa ou que daria o dinheiro aos pobres. Mas, na realidade, Judas havia feito um acordo com os fariseus para que Jesus fosse preso naquela noite, quando as multidões não estivessem por perto. Ele se ofereceu para identificar Jesus em troca de 30 moedas de prata.

Jesus Dá Uma Nova Ordem e Prevê a Negação de Pedro

Depois que Judas partiu, Jesus disse aos outros: 'Eu não estarei com vocês por muito mais tempo. O Filho do Homem será entregue para ser morto. Vocês não podem ir para onde eu vou. Mas se me amam, mantenham meus mandamentos. E agora estou dando a vocês um novo mandamento: amem uns aos outros da mesma forma que eu os amei. É pelo seu amor um pelo outro que as pessoas saberão que vocês são meus discípulos. O maior amor é sacrificar sua vida para salvar os outros.'

Pedro perguntou: 'Senhor, por que não posso seguir-te agora? Darei a minha vida por ti!'

Jesus respondeu: 'Sério? Eu lhe asseguro que ainda esta noite você me negará três vezes antes que o galo cante! Vocês todos me deixarão como o profeta Zacarias previu quando escreveu: 'Ferirei o pastor, e as ovelhas do rebanho se espalharão.' Mas depois que eu ressuscitar, irei adiante de vocês para a Galileia.'

Jesus Conforta seus Discípulos

Jesus continuou discutindo sua partida. 'Não se preocupem. Vou preparar-lhes lugar na casa do meu Pai. Voltarei e os levarei para que estejam comigo.'

Tomé disse que eles não sabiam para onde ele estava indo, então eles não sabiam o caminho. Jesus respondeu:

Eu sou o caminho, a verdade e a vida. Ninguém vem ao Pai, a não ser por mim. Se você me conhece, você conhece meu Pai também. Quem me viu, viu o Pai. Eu falo as palavras do Pai que vive em mim e que está realizando a sua obra. Os que creem em mim farão o que tenho feito, e farão coisas ainda maiores do que estas, porque estou indo para o Pai.

Deus lhe dará o Espírito para ajudá-lo e estará com você para sempre. O mundo não entenderá nada sobre este Espírito invisível, mas estará em você. Em pouco tempo, o mundo não me verá mais, mas não os deixarei órfãos — irei até vocês e vocês me verão. Porque eu vivo, vocês também viverão. O Espírito vos ensinará todas as coisas e vos fará lembrar de tudo o que vos disse.

Eu sou a videira verdadeira. Vocês são os ramos e Deus é o jardineiro que corta os ramos mortos e poda os ramos vivos para que produzam mais frutos. Nenhum ramo pode dar fruto por si mesmo; ele deve permanecer conectado à videira. Você não pode dar frutos a menos que fique perto de mim; além de mim você não pode fazer nada. Dê muito fruto para mostrar que você é meu discípulo. Escolhi você para produzir frutos que vão durar.

Se o mundo te odeia, lembre-se que ele me odiou primeiro. Se o mundo me perseguiu, perseguirá você também. Mas isso é para cumprir o que está escrito em sua Lei: 'Eles me odiaram sem razão.' Deixo com vocês minha paz. Neste mundo você terá problemas, mas não desanime — eu venci o mundo!

Jesus disse que Satanás, o príncipe deste mundo, estava vindo para ele. Todos eles saíram do cenáculo e caminharam até o jardim do Getsêmani, do lado de fora dos muros da cidade.

O Jardim do Getsêmani

Quando chegaram ao jardim, Jesus estava muito triste. Ele disse a seus discípulos que orassem por ele enquanto ele ia mais longe no jardim com Pedro, Tiago e João. Ele disse aos três homens que ficassem com ele e ficassem atentos a qualquer coisa que viesse em sua direção. Então ele foi ainda mais longe no jardim e orou a Deus, dizendo: 'Pai, se possível, afasta de mim este cálice. Contudo, não seja feita a minha vontade, mas a tua.'

Ele voltou para seus três discípulos várias vezes, e cada vez eles estavam dormindo, não vigiando. Ele disse a Pedro: 'Vocês não conseguem vigiar por uma hora? Vigiem e orem para não serem tentados. O espírito está disposto, mas a carne é fraca.'

Cada vez que Jesus se retirava para o jardim para ficar sozinho, ele orava: 'Pai, se esse cálice não pode ser afastado de mim, eu o farei.' Finalmente, ele voltou a todos os discípulos e disse-lhes: 'Chegou a hora — o Filho do Homem será entregue nas mãos de pecadores. Levantem-se — aí vem aquele que me trai.'

Judas Iscariotes tinha acabado de aparecer com os servos dos chefes dos sacerdotes e anciãos do povo e muitos homens armados com espadas e paus porque esperavam uma luta. Judas tinha combinado de beijar Jesus como um sinal para indicar que era ele quem eles deveriam capturar. Judas foi até Jesus e o beijou com a saudação tradicional de um rabino.

Os homens armados então agarraram Jesus. Pedro se moveu rapidamente para defendê-lo — ele puxou sua espada e cortou a orelha de um servo do sumo sacerdote.

Jesus disse a Pedro: 'Guarde a espada! Todos os que empunham a espada, pela espada morrerão. Eu poderia pedir a meu Pai e ele enviaria anjos para me resgatar. Mas para que se cumpram as Escrituras, deve acontecer desta forma.'

Jesus então curou a orelha do servo e virou-se para aqueles que vieram prendê-lo e disse: 'Estou eu chefiando alguma rebelião, para que vocês venham prender-me com espadas e varas? Todos os dias eu estava ensinando no templo, e vocês não me prenderam. Mas tudo isso acontece para que se cumpram as Escrituras dos profetas.' Vendo que Jesus havia sido capturado, todos os discípulos fugiram rápida e silenciosamente.

Jesus Antes do Sinédrio

Era meia-noite e Jesus foi levado para encontrar todos os membros do Sinédrio. Eles procuravam evidências sólidas contra Jesus para justificar sua morte, mas nenhuma evidência era dada. Finalmente, dois membros disseram que Jesus havia afirmado que destruiria o Templo de Deus e o reconstruiria em três dias.

O sumo sacerdote perguntou a Jesus se isso era verdade, mas Jesus ficou em silêncio. O sumo sacerdote lhe pediu: 'Se você é o Cristo, o Filho de Deus, diga-nos.'

Jesus respondeu: 'Sim, tu mesmo o disseste.'

Quando o sumo sacerdote ouviu isso, rasgou suas vestes e disse: 'Você mostrou desrespeito a Deus! Não precisamos de mais testemunhas! O que deveríamos fazer?'

Os outros responderam: 'Ele deve morrer!' Cuspiram-lhe no rosto e lhe deram murros. Outros lhe davam tapas e zombavam dele, dizendo: 'Profetize-nos, Cristo. Quem foi que lhe bateu?'

Judas viu o que estava acontecendo e percebeu que havia feito uma coisa má. Ele trouxe as 30 moedas de prata ao sumo sacerdote e disse que havia traído um homem inocente. Quando os líderes religiosos disseram que não se importavam, Judas jogou as moedas de prata dentro do Templo, saiu e enforcou-se.

Os chefes dos sacerdotes pegaram as moedas e usaram o dinheiro para comprar um campo para cemitério de estrangeiros. O profeta Jeremias havia predito isso quando escreveu séculos antes: 'Tomaram as trinta moedas de prata e as usaram para comprar um cemitério para os pobres.'

Pedro tinha seguido Jesus à distância após a prisão no jardim. Ele entrou no pátio do sumo sacerdote e sentou-se com os guardas para ver o que aconteceria. Uma serva veio até ele e disse que ele tinha estado com Jesus.

Mas Pedro negou e saiu para a porta do pátio. Outra serva o viu e disse aos outros que o tinha visto com Jesus. Mas Pedro negou novamente e jurou que não sabia quem era Jesus.

Pouco depois, os que estavam ali disseram a Pedro: 'Certamente você é um deles; seu modo de falar o denuncia.' Pedro praguejou alto e jurou que não conhecia o homem. Imediatamente um galo cantou. Pedro então se lembrou de que Jesus disse que o negaria três vezes antes que o galo cantasse. Ele foi embora e chorou amargamente.

Jesus Enfrenta Pilatos

Na manhã de sexta-feira, os chefes dos sacerdotes e todos os líderes religiosos fizeram planos para que os romanos executassem Jesus. Eles o amarraram e o entregaram a Pôncio Pilatos, o governador. Pilatos perguntou a Jesus: 'Você é o rei dos judeus?'

'Sim, é como tu dizes,' respondeu Jesus.

Pilatos lhe perguntou: 'Você não ouve a acusação que eles estão fazendo contra você?' Mas, novamente, Jesus não respondeu às acusações. Pilatos estava impressionado que Jesus não se defendia.

Era costume do governador na festa soltar um prisioneiro escolhido pela multidão. Naquela época, um conhecido revolucionário chamado Barrabás estava preso porque havia matado alguém durante uma revolta contra os romanos. Quando a multidão se reuniu, Pilatos perguntou: 'Qual deles vocês querem que eu solte: Barrabás ou Jesus, chamado

Cristo?' Os chefes dos sacerdotes e os anciãos convenceram a multidão a pedir Barrabás e mandar executar Jesus. (Pilatos sabia que eles queriam Jesus morto para proteger o poder que tinham.)

A multidão respondeu: 'Barrabás.'

Então Pilatos perguntou: 'Que farei então com Jesus, chamado Cristo?'

A multidão respondeu: 'Crucifica-o!'

Pilatos se perguntou por que a multidão queria Jesus morto. Ele disse à multidão que eles mesmos deveriam lidar com ele, mas os líderes religiosos disseram que não tinham permissão para matar um homem. Os líderes judeus insistiram: 'De acordo com a lei, ele deve morrer, porque se declarou Filho de Deus.'

Quando Pilatos ouviu isso, ficou com medo e entrou no palácio e falou com Jesus. Pilatos disse a Jesus que ele tinha o poder de libertá-lo ou crucificá-lo. Jesus disse: 'Não terias nenhum poder sobre mim, se este não te fosse dado de cima.'

Pilatos perguntou a Jesus por que seu próprio povo queria que ele fosse morto. Jesus disse: 'O meu reino não é deste mundo. Eu nasci para ser um rei e trazer a verdade ao mundo.'

Pilatos respondeu: 'Qual é a verdade?'

Jesus não respondeu, e Pilatos quis libertá-lo porque ele não havia feito nada de errado. Mas os líderes judeus disseram que se ele deixasse Jesus ir, ele não era amigo de César — havia apenas um rei, e qualquer um que afirmasse ser um rei estava se opondo a César. Os líderes também disseram que Jesus não estava seguindo a religião deles — seus ensinamentos estavam fazendo com que as pessoas acreditassem em coisas diferentes. Eles não o teriam entregado a Pilatos se ele não tivesse feito algo errado.

Quando Pilatos soube que Jesus era da Galileia, enviou-o para ser interrogado por Herodes, o líder do governo da Galileia. Herodes estava em Jerusalém para a Páscoa e ficou feliz por finalmente conhecer Jesus, que era famoso em toda a Palestina. Mas Herodes não encontrou nada de errado com Jesus e o enviou de volta a Pilatos.

Quando Jesus voltou, Pilatos voltou-se novamente para a multidão e perguntou: 'Por que vocês querem que ele seja crucificado? Que crime ele cometeu? Não acho nele motivo algum de acusação.'

Mas a multidão gritava: 'Crucifica-o.' Eles queriam que Jesus sofresse a pena de morte. Pilatos disse-lhes: 'Aqui está o seu rei.'

O povo respondeu: 'Não temos rei senão César.'

Pilatos ficou revoltado e lavou as mãos na frente da multidão, dizendo: 'Sou inocente do sangue deste homem; a responsabilidade é de vocês.'

As pessoas responderam: 'Que o sangue dele caia sobre nós e sobre nossos filhos.'

Tortura e Execução

Pilatos então soltou Barrabás e os soldados romanos levaram Jesus e o torturaram. Eles o cercaram, tiraram todas as suas roupas e o vestiram com uma túnica, e torceram uma coroa de espinhos longos e a enfiaram em sua cabeça. Eles zombaram de Jesus, cuspiram nele e bateram nele e em sua cabeça repetidas vezes para que os espinhos penetrassem fundo. Eles tiraram o manto, colocaram suas próprias roupas de volta nele e o levaram para ser chicoteado brutalmente.

Depois de ser chicoteado, Jesus teve que carregar uma grande cruz pelas ruas. A cruz logo ficou pesada demais para ele, então um homem judeu da África o ajudou a carregar pelo resto do caminho. Uma multidão os seguia, incluindo mulheres que choraram alto por ele.

Em uma colina fora dos muros da cidade chamada Gólgota (que significa *lugar da caveira*), Jesus foi pregado na cruz. Dois criminosos comuns foram crucificados com ele. Enormes pregos foram cravados em suas mãos e pés, e a cruz foi erguida bem alto para que todos pudessem ver. A placa acima de sua cabeça dizia: 'JESUS DE NAZARÉ, O REI DOS JUDEUS' e estava escrito em três idiomas. Os judeus queriam que o sinal dissesse que Jesus se dizia o rei dos judeus, mas Pilatos disse que escreveu o que quis.

Era por volta do meio-dia quando as três cruzes foram colocadas no chão. Enquanto estava pendurado na cruz, Jesus recebeu um tipo de vinho, mas ele se recusou a beber. Os soldados romanos que estavam lá tiraram na sorte quem ficaria com suas roupas. (Isso cumpriu outra previsão sobre o Messias.)

Alguns dos que passavam o insultavam, dizendo: 'Você que disse que destruiria o templo e o reedificaria em três dias — salve a si mesmo! Desça da cruz, se é Filho de Deus!' Os líderes religiosos também subiram a colina e o insultaram. Eles disseram à multidão: 'Salvou os outros, mas não é capaz de salvar a si mesmo! Se é o rei de Israel, que desça agora da cruz, e creremos nele. Ele confia em Deus. Que Deus o salve agora, pois ele disse que era o Filho de Deus!'

Um dos dois homens crucificados ao lado dele também insultou Jesus, dizendo: 'Você não é o Cristo? Salve-se a si mesmo e a nós!' Mas o outro criminoso disse: 'Nós estamos recebendo o que merecemos. Mas este homem não cometeu nenhum mal.' Então ele se virou para Jesus e disse: 'Jesus, lembra-te de mim quando entrares no teu Reino.'

Jesus respondeu: 'Verdadeiramente, hoje ainda você estará comigo no paraíso.'

Muitos de seus seguidores assistiram à distância. Alguns esperavam que um milagre acontecesse. Sua mãe, sua tia, Maria Madalena e João estavam ao pé da cruz, e enquanto Jesus estava pendurado lá, ele disse a João para cuidar de sua mãe. Ele também disse a Deus: 'Pai, perdoa-lhes, pois não sabem o que fazem.'

A Morte e o Sepultamento de Jesus

O céu escureceu por três horas depois que as cruzes foram colocadas no chão. Às três da tarde, Jesus clamou em alta voz: 'Meu Deus, por que me abandonaste?' Pouco depois, ele disse: 'Está consumado. Pai, nas tuas mãos entrego o meu espírito.'

Nesse ponto, a terra tremeu, os céus tremeram e a espessa cortina do Templo se rasgou em duas de alto a baixo. Um guarda que observava Jesus ficou apavorado e exclamou: 'Certamente ele era o Filho de Deus!' Quem estava assistindo chorou ao ver o que estava acontecendo e saiu do local muito triste.

Estava ficando tarde na sexta-feira e os líderes judeus não queriam corpos pendurados durante o sábado. Pediram a Pilatos que quebrasse as pernas dos homens para que morressem mais rápido e os corpos fossem retirados. Os soldados quebraram as pernas dos dois homens que foram crucificados com Jesus, mas quando chegaram a Jesus e viram que ele estava morto, não quebraram suas pernas. Em vez disso, um soldado perfurou a lateral do corpo de Jesus com uma lança e de lá saiu uma mistura de sangue e água (isso indicava que ele estava morto). Esses eventos cumpriram duas previsões sobre o Messias: 'Nenhum dos seus ossos será quebrado' e 'Olharão para aquele que traspassaram.'

Ao anoitecer, um homem rico chamado José, de Arimateia, obteve permissão para levar o corpo de Jesus. Nicodemos, o homem que visitava Jesus à noite, foi com José para sepultar o corpo em um túmulo novo que havia sido escavado em um muro de rocha em um jardim. Nicodemos trouxe uma mistura de especiarias, e os dois envolveram o corpo de Jesus com as especiarias em faixas de linho limpo. Essa era a maneira normal dos judeus enterrarem seus mortos. Então rolaram uma grande pedra na frente da entrada do sepulcro e foram embora enquanto Maria Madalena e outra Maria estavam sentadas próximo ao sepulcro. Elas tinham vindo para ver onde Jesus seria sepultado para que pudessem voltar depois do sábado e ungir o corpo.

Menos de 24 horas se passaram desde quando Jesus havia se encontrado com seus discípulos para a última ceia na quinta-feira à noite até seu sepultamento. No sábado, os chefes dos sacerdotes e os fariseus foram ver Pilatos novamente. Eles lhe disseram que Jesus havia dito que ressuscitaria dos mortos no terceiro dia. Para garantir que os discípulos não roubassem o corpo e dissessem que ele estava vivo novamente, eles pediram que guardas romanos protegessem o túmulo. Pilatos ordenou que os guardas se certificassem de que ninguém perturbasse o túmulo, e um selo foi colocado na pedra para garantir que ela permanecesse fechada. Os soldados então guardavam o túmulo. Enquanto isso acontecia, os judeus guardavam o sábado, enquanto Jesus estava morto no túmulo selado. Ele tinha 33 anos quando morreu, e seu ministério durou apenas três anos.

Capítulo 18

Vida Após a Morte

Jesus Volta dos Mortos

Antes do amanhecer de domingo, várias mulheres foram ao túmulo para cobrir o corpo de Jesus com especiarias. Fazia cerca de 40 horas desde sua morte na sexta-feira à tarde, e elas se perguntavam como iriam remover a pedra. Mas quando chegaram ao túmulo, a pedra já havia sido removida. Entraram no túmulo, mas não encontraram o corpo. Havia ocorrido um terremoto no início da manhã e um anjo tinha retirado a pedra. Os guardas ficaram com tanto medo do anjo que fugiram.

Enquanto as mulheres se perguntavam o que havia acontecido, dois homens com roupas brilhantes entraram no sepulcro. Quando as mulheres amedrontadas baixaram o rosto para o chão, os anjos disseram: 'Por que vocês estão procurando entre os mortos aquele que vive? Jesus não está aqui; ele ressuscitou! Lembrem-se do que ele lhes disse na Galileia: 'É necessário que o Filho do Homem seja entregue nas mãos de homens pecadores, seja crucificado e ressuscite no terceiro dia'.' Então elas se lembraram do que ele havia dito.

Maria Madalena foi uma das mulheres que foram ao túmulo e começou a chorar enquanto se perguntava onde estava Jesus. Um homem veio até ela e perguntou por que ela estava chorando. Ela disse ao homem: 'Levaram embora o meu Senhor e não sei onde ele está.' Ela pensou que estava falando com o jardineiro e não percebeu que era Jesus. Ela disse: 'Senhor, se você o levou embora, diga-me onde o colocou, e eu irei até ele.'

Jesus então disse: 'Maria', e ela reconheceu sua voz. Ela gritou e o abraçou apaixonadamente, e ela soube que ele não era um fantasma. Jesus disse a ela para dizer aos discípulos que ele estava vivo e os veria na Galileia.

As mulheres correram para contar aos 11 discípulos que Jesus estava vivo, e Maria disse que o tinha visto. Os discípulos não acreditaram nas mulheres — o que elas diziam não fazia sentido. Pedro e João correram para o túmulo e entraram. Eles viram apenas as tiras de linho, mas não viram Jesus, então eles não sabiam o que havia acontecido.

Vários guardas romanos informaram aos líderes religiosos o que aconteceu. Os chefes dos sacerdotes e anciãos deram aos soldados um grande suborno e disseram-lhes que dissessem que os discípulos tinham vindo de noite e roubado o corpo enquanto dormiam. Como os soldados romanos seriam executados se fossem encontrados dormindo no trabalho ou se deixassem o posto, os líderes judeus prometeram subornar o governador se ele descobrisse. Os soldados pegaram o dinheiro e fizeram o que foram instruídos, e a história sobre como os discípulos roubaram o corpo circulou amplamente entre os judeus.

Visões de Jesus
O Caminho de Emaús

Mais tarde naquele dia, dois homens que seguiram Jesus estavam caminhando para Emaús, um vilarejo a 11 quilômetros de Jerusalém. Enquanto conversavam sobre o que havia acontecido, Jesus se aproximou e começou a caminhar com eles. Eles não o reconheceram, e Jesus perguntou: 'Sobre o que vocês estão discutindo?'

Eles pararam, olhando para baixo com rostos entristecidos. Um deles disse: 'Você é o único visitante em Jerusalém que não sabe das coisas que ali aconteceram nestes últimos dias?'

Jesus perguntou: 'Que coisas?'

Eles responderam: 'Os chefes dos sacerdotes e nossas autoridades entregaram Jesus de Nazaré para ser morto pelos romanos. Ele era um profeta poderoso para Deus e para o povo, e todos esperávamos que fosse ele quem salvaria Israel. E acabamos de ouvir que neste terceiro dia desde que ele foi morto, algumas mulheres disseram que foram ao túmulo, mas não encontraram seu corpo. Elas disseram que viram anjos que disseram que ele estava vivo. Alguns de nossos amigos foram ao túmulo e também o encontraram vazio.'

Jesus lhes disse: 'Lembram-se do que os profetas falaram, que o Cristo devia sofrer essas coisas para entrar na sua glória?' E ele começou a explicar o que todas as escrituras tinham a dizer sobre ele, desde Moisés e todos os profetas.

Ao entrarem em Emaús, Jesus ficou na estrada principal, mas os dois homens insistiram para que ficasse com eles porque estava escurecendo. Jesus foi com eles e, quando começaram a comer, tomou o pão, deu graças, partiu-o e deu a eles. Eles viram suas mãos feridas e então perceberam quem ele era.

Mas de repente ele se foi. Eles contaram uns aos outros como se sentiram inspirados enquanto caminhavam com ele e enquanto ele explicava as escrituras para eles. Eles imediatamente se levantaram e voltaram para Jerusalém. Eles encontraram 10 discípulos (Tomé não estava lá) e disseram que tinham visto Jesus! Eles explicaram o que aconteceu na estrada e como o reconheceram quando ele partiu o pão com eles.

Jesus Aparece aos Discípulos

Naquela noite, os discípulos estavam escondidos com as portas trancadas porque temiam que os líderes judeus também viessem atrás deles. Jesus veio, pôs-se no meio deles e disse: 'A paz esteja com vocês!' Eles ficaram surpresos e com medo e pensaram que estavam vendo um fantasma. Mas Jesus lhes disse: 'Não temam nem tenham dúvidas em seus corações. Vejam as minhas mãos e os meus pés. Sou eu! Toquem-me — um espírito não tem carne nem ossos.'

Mostrou-lhes as mãos e os pés e pediu algo para comer. Ele comeu um pedaço de peixe assado na frente deles. Ele explicou as escrituras para que eles pudessem ver como tudo fazia sentido agora que eles sabiam que ele era o Messias, o Cristo:

> Isto é o que eu disse anteriormente: Deve ser cumprido tudo o que foi escrito a meu respeito nas escrituras. O Messias teve que sofrer e morrer, mas ressuscitaria dos mortos no terceiro dia para que todo o mundo, começando em Jerusalém, soubesse que aqueles que se arrependerem terão seus pecados perdoados. Você testemunhou essas coisas. Vou enviar-lhe o espírito de Deus.

Tomé não estava com os discípulos, e os outros discípulos lhe disseram mais tarde: 'Vimos o Senhor!' Mas Tomé não acreditou neles. Ele disse: 'Não acreditarei se eu não vir as marcas dos pregos nas suas mãos, não colocar o meu dedo onde estavam os pregos e não puser a minha mão no seu lado.'

Uma semana depois, todos os 11 discípulos estavam novamente na casa. As portas estavam trancadas, mas Jesus veio e ficou com eles e disse: 'A paz esteja com vocês!' Ele se virou para Tomé e disse: 'Coloque o seu dedo aqui; veja as minhas mãos. Estenda a sua mão e toque o meu lado. Pare de duvidar e creia.'

Tomé exclamou: 'Meu Senhor e meu Deus!'

Jesus respondeu: 'Você acredita porque me viu; felizes os que não me viram e ainda creem.'

Jesus aparece na Galileia

Jesus apareceu novamente a alguns de seus discípulos perto do mar da Galileia. Eles estavam pescando no barco de Pedro à noite, mas não pegaram nada. Naquela manhã, Jesus estava na praia, mas os discípulos não o reconheceram. Ele chamou em voz alta e perguntou se eles haviam pescado algum peixe. Responderam que não.

Jesus lhes disse para jogarem a rede do outro lado do barco e, quando o fizeram, pegaram tantos peixes que não tinham forças para puxar a rede.

João disse a Pedro que era Jesus! Ao ouvir isso, Pedro pulou na água e foi até a praia. Os outros discípulos chegaram à praia no barco, rebocando a rede cheia de peixes por cerca de 90 metros. Quando desembarcaram, Jesus disse-lhes que viessem tomar o café da manhã e trouxessem alguns dos peixes que haviam acabado de pescar. Eles sabiam que era Jesus, especialmente depois que Jesus lhes deu pão e peixe. Foi a terceira vez que Jesus apareceu a seus discípulos depois de ter voltado à vida.

Jesus Restabelece Pedro

Quando terminaram de comer, Jesus perguntou a Pedro: 'Você me ama realmente mais do que estes?' Pedro respondeu: 'Sim, Senhor, tu sabes que te amo.' Jesus disse: 'Alimente meus cordeiros.'

Jesus lhe perguntou pela segunda vez: 'Pedro, você me ama?' Pedro respondeu novamente: 'Sim, Senhor, tu sabes que te amo.' Jesus disse: 'Cuide das minhas ovelhas.'

Então Jesus disse a Pedro pela terceira vez: 'Simão Pedro, filho de João, você me ama?' Pedro ficou magoado porque Jesus lhe perguntou pela terceira vez. Ele disse: 'Senhor, tu sabes todas as coisas e sabes que eu te amo.' Jesus disse: 'Alimente as minhas ovelhas. Siga-me!' Pedro havia negado Jesus três vezes, mas agora ele havia afirmado sua fidelidade a Jesus três vezes.

Palavras e Ações Finais

Enquanto os 11 discípulos estavam na Galileia, Jesus lhes disse: 'Foi-me dada toda a autoridade no céu e na terra. Eu sempre estarei com vocês, mesmo quando morrerem. Agora vão e façam discípulos em todas as nações. Os batize e os ensine a obedecer a tudo o que eu lhes disse.'

Então todos eles foram para uma área perto de Jerusalém. Os discípulos perguntaram a Jesus quando ele iria restaurar o reino de Israel. Ele lhes disse: 'Não é para vocês saberem a hora ou o dia, só Deus sabe. Mas vocês receberão poder quando o Espírito Santo descer sobre vocês, e serão minhas testemunhas em Jerusalém, depois na Judeia e Samaria, e depois em todo o mundo.'

Jesus então levantou as mãos e os abençoou, e então subiu às nuvens. Eles o observaram de perto enquanto ele subia, e dois homens vestidos com roupas brancas de repente ficaram ao lado deles. Eles disseram aos homens: 'Por que vocês estão aqui olhando para o céu? Jesus foi para o céu e voltará do mesmo jeito.' Os discípulos o adoraram e depois voltaram para Jerusalém cheios de alegria. Fazia 40 dias desde que Jesus havia ressuscitado dos mortos, e mais de 500 pessoas o viram.

Depois que os discípulos voltaram a Jerusalém para o quarto onde estavam hospedados, outros se juntaram a eles, incluindo a mãe de Jesus e seus outros quatro filhos (Tiago, José, Judas e Simão) e várias mulheres. Como Judas Iscariotes estava morto, Pedro disse que ele deveria ser substituído. Uma condição que seu substituto tinha que cumprir era que ele deveria ter visto Jesus depois que ele voltou à vida. Dois homens foram nomeados que estiveram com Jesus durante todo o tempo de seu ministério, desde o tempo de João Batista até quando Jesus ascendeu ao céu. No final, Matias foi selecionado para substituir Judas Iscariotes.

Havia cerca de 120 pessoas que seguiram fielmente a Jesus e acreditaram no que ele havia dito. Eles permaneceram comprometidos em seguir seu exemplo e ser testemunhas do que tinha acontecido e do que Jesus havia dito.

Jesus não havia vindo como um rei da maneira ordinária. Sua chegada em um celeiro de uma pequena cidade prenunciou sua humildade. Ele raramente usava seus poderes incomuns, exceto para ajudar os outros. Ele foi modelo de servidão a Deus ao falar principalmente aos judeus — eles eram o povo de Deus, mas não entendiam o que Deus havia tentado ensinar a eles. As ações e ensinamentos de Jesus também mostraram a aceitação de Deus por todas as pessoas, não apenas pelos judeus. Seu foco nos desfavorecidos de alguma forma mostrou um conjunto diferente de prioridades, e sua recusa em se conformar às regras religiosas demonstrou uma nova maneira de pensar. O amor era a maior prioridade, não o obedecimento às regras. Amar os outros cura o corpo, a mente e o espírito das pessoas; o amor sacrificial traz paz ao coração humano e harmonia em nossos relacionamentos uns com os outros.

Capítulo 19

Os Apóstolos Reagem e Se Espalham

Notícias Sobre Jesus se Espalham à Medida que os Crentes são Perseguidos

Os que seguiam a Jesus esperavam juntos em Jerusalém pelo tempo em que receberiam o espírito de Deus. Durante o festival judaico de Shavuot (50 dias após a morte de Jesus), eles estavam reunidos em uma grande casa. De repente, um som como um vento violento encheu a casa, e algo parecido com línguas de fogo tocou cada um deles. Todos ficaram cheios do Espírito Santo, e cada um começou a falar em outra língua. (A chegada do Espírito ficou conhecida como 'Pentecostes.') Quando eles entraram na cidade, os judeus vindos da Ásia, África e Europa ficaram maravilhados ao ouvir os galileus falando sua língua e falando sobre as maravilhas de Deus. Aqueles que não conheciam as outras línguas zombavam deles porque achavam que estavam bêbados.

Pedro Lidera à Medida que o Movimento Cresce

Pedro dirigiu-se à multidão, enquanto os outros 11 discípulos o cercavam. Ele disse aos judeus que aqueles que falavam o que lhes parecia balbucios não estavam bêbados. Em vez disso, estavam cumprindo as predições feitas pelo profeta Joel de que Deus derramaria o Espírito sobre todas as pessoas, jovens e idosos, homens e mulheres. Pedro disse a seus companheiros israelitas:

> Jesus de Nazaré foi um homem aprovado por Deus para realizar vários milagres e sinais. Era o plano de Deus que ele fosse entregue por homens iníquos para ser morto, mas Deus o ressuscitou dos mortos porque era impossível que a morte o retivesse. Deus prometeu ao rei Davi que um de seus descendentes subiria ao trono, que seria o Messias que morreu e voltou à vida. Todos nós testemunhamos que ele voltou à vida. Tenha certeza disto: Deus fez Jesus, a quem você crucificou, Senhor e Messias.

As pessoas que o ouviram se sentiram convencidas e perguntaram a Pedro o que deveriam fazer. Pedro respondeu: 'Arrependam-se, e sejam batizados em nome de Jesus Cristo, para perdão dos seus pecados. Então vocês também receberão o dom do Espírito Santo. Salvem-se desta geração corrompida!' Aqueles que aceitaram sua mensagem foram batizados e cerca de 3 mil pessoas aderiram ao movimento naquele dia.

Pedro e João mais tarde foram ao Templo na hora da oração. Um homem que era coxo de nascença pedia dinheiro todos os dias no portão do Templo. Pedro disse: 'Não tenho prata nem ouro, mas o que tenho, lhe dou. Em nome de Jesus Cristo, o Nazareno, ande.' Ele pegou a mão do homem e o ajudou a se levantar. Os pés e tornozelos do homem ficaram instantaneamente fortes. Ele começou a andar e logo estava pulando enquanto louvava a Deus.

Aqueles nos pátios do Templo o reconheceram como o homem curado que mendigava no portão do Templo, e ficaram surpresos ao ver que ele estava andando e pulando. As pessoas correram para os discípulos, e Pedro disse: 'Israelitas, não foi nosso poder ou piedade que fez esse homem andar. O Deus de Abraão, Isaque e Jacó glorificou seu servo Jesus. Vocês o deserdaram, embora Pilatos quisesse deixá-lo ir. Vocês mataram Jesus, mas Deus o ressuscitou dos mortos. Nós testemunhamos isso. Foi a fé desse homem no nome de Jesus que o tornou capaz de andar.'

Pedro explicou como os profetas haviam predito que o Messias sofreria e os lembrou do que Moisés disse: 'O Senhor Deus lhes levantará dentre seus irmãos um profeta, e vocês devem ouvir tudo o que ele lhes disser. Quem não ouvir esse profeta, será eliminado do meio do seu povo.'

Enquanto Pedro e João falavam, os líderes religiosos os prenderam e os colocaram na prisão durante a noite. Os líderes ficaram muito zangados porque os dois discípulos estavam ensinando que Jesus havia voltado à vida depois de ser morto, e muitos que ouviram sua mensagem acreditaram neles. O número de crentes cresceu para cerca de 5 mil homens (sem incluir as mulheres).

No dia seguinte, todos os governantes, anciãos, escribas e sumos sacerdotes se reuniram em Jerusalém e fizeram com que Pedro e João fossem trazidos diante deles. Eles perguntaram quem lhes deu autoridade para dizer essas coisas. Pedro ficou cheio do Espírito Santo e disse a eles:

Se fomos chamados aqui hoje para um ato de bondade mostrado a um homem que não pode andar e nos perguntam como ele foi curado, então que o povo de Israel saiba disso: É pelo nome de Jesus Cristo de Nazaré, a quem você crucificou, mas Deus ressuscitou dos mortos, que este homem foi curado. Jesus é quem o salmista disse que seria 'a pedra que vocês, construtores, rejeitaram, a qual se tornou a pedra angular.' A salvação não é encontrada em mais ninguém, pois não há outro nome neste mundo que possa salvar uma pessoa.

Quando os líderes religiosos perceberam que Pedro e João eram discípulos de Jesus, eles se retiraram e se reuniram em particular para discutir o que fazer a seguir. Todos em Jerusalém tinham ouvido falar sobre como Pedro havia curado o homem no portão do Templo. Eles decidiram ordenar a Pedro e João que parassem de ensinar sobre Jesus. Mas Pedro e João disseram que não poderiam parar de ensinar sobre o que tinham visto e ouvido.

Depois que Pedro e João foram soltos, eles foram e contaram aos outros discípulos o que os chefes dos sacerdotes e anciãos haviam dito e como Pedro havia sido preenchido pelo Espírito quando falou. Todos ficaram maravilhados e louvaram a Deus. Eles perceberam que as ameaças contra eles ofereciam uma oportunidade para que falassem com ousadia, porque o Espírito falaria por eles e milagres poderiam acontecer usando o nome de Jesus.

Os apóstolos realizavam muitos sinais e maravilhas entre o povo. Todos os que creram costumavam reunir-se no Pórtico de Salomão. O povo levava os doentes às ruas e os colocava em camas e macas, para que pelo menos a sombra de Pedro se projetasse sobre alguns, enquanto ele passava. Afluíam também multidões das cidades próximas a Jerusalém, trazendo seus doentes e os que eram atormentados por espíritos imundos; e todos eram curados. Aqueles que creram se dedicaram ao ensino dos apóstolos e à comunhão, ao partir do pão e à oração.

Eles comeram juntos alegremente com corações sinceros, louvando a Deus e ganhando uma boa reputação. A cada dia, mais homens e mulheres se juntavam ao movimento.

Todos os crentes compartilhavam tudo o que tinham, e ninguém reivindicava suas posses como suas — não havia pessoas necessitadas entre eles. Ocasionalmente, aqueles que possuíam terras ou casas as vendiam, traziam o dinheiro e o colocavam aos pés dos apóstolos, e era distribuído a quem precisasse.

Um homem chamado Ananias e sua esposa Safira venderam uma propriedade, mas ele secretamente guardou algum dinheiro para si e depois deu o resto aos apóstolos. Pedro o confrontou por mentir sobre a quantidade de dinheiro que havia recebido pela venda da terra. Ao ouvir isso, Ananias morreu no local e foi levado. Poucas horas depois, sua esposa chegou aos apóstolos, mas ela não sabia o que havia acontecido com seu marido. Pedro perguntou a ela quanto dinheiro eles haviam conseguido com a venda de sua terra. Ela disse o preço, que era a quantia que Ananias havia dado aos apóstolos.

Pedro disse a ela: 'Por que planejaram esta mentira? Os homens que sepultaram seu marido estão aqui, e eles a levarão também.' Nesse momento, ela caiu e morreu. Aqueles que enterraram seu marido a carregaram e a enterraram ao lado dele. O medo se espalhou por todos que ouviram o que havia acontecido.

Os Crentes São Perseguidos

Os líderes religiosos se sentiam ameaçados por esse novo movimento religioso, então prenderam os apóstolos e os colocaram na cadeia. Mas durante a noite, um anjo abriu as portas da prisão. Os apóstolos escaparam e, pela manhã, voltaram ao Templo para continuar ensinando.

Quando os líderes religiosos se reuniram para que os apóstolos fossem trazidos diante deles, os oficiais da prisão descobriram que suas celas estavam vazias. Alguém lhes disse que os apóstolos estavam de volta ao Templo. O capitão da guarda do Templo trouxe os apóstolos para comparecerem perante o Sinédrio para serem interrogados. O sumo sacerdote disse: 'Demos ordens expressas a vocês para que não ensinassem sobre Jesus, mas vocês continuaram ensinando e dizem que somos responsáveis por sua morte.'

Pedro respondeu: 'Devemos obedecer a Deus, não a ordens humanas. Vocês mataram Jesus enforcando-o em uma cruz, mas o Deus de nossos antepassados o ressuscitou dos mortos. Deus o exaltou como Príncipe e Salvador para que ele pudesse trazer Israel ao arrependimento e perdoar nossos pecados. Nós testemunhamos essas coisas, e Deus deu o Espírito Santo para aqueles que o obedecem.'

Os homens do Sinédrio ficaram furiosos com Pedro e queriam matar todos eles. Mas um fariseu chamado Gamaliel, que tinha boa reputação, ordenou que os apóstolos saíssem da sala. Ele se virou para aqueles que ficaram e disse: 'Pense cuidadosamente sobre o que você quer fazer com esses homens. Você conhece dois homens que tinham seguidores e lideraram rebeliões, e foram mortos. Seus seguidores se dispersaram e nada aconteceu. Aconselho-o a deixar esses homens em paz e deixá-los ir. Se suas ações não forem de Deus, eles falharão. Mas se eles são de Deus, você não poderá detê-los porque estará lutando contra Deus.'

Seu discurso convenceu o resto dos homens. Eles mandaram açoitar os apóstolos e ordenaram-lhes que não falassem sobre Jesus. Então os deixaram ir. Os apóstolos partiram e se alegraram porque foram considerados dignos de sofrer desgraça em nome de Jesus. Dia após dia, eles continuaram ensinando e proclamando as boas novas de que Jesus era o Messias.

Mais Líderes São Escolhidos

À medida que o número de discípulos aumentava, os judeus que falavam grego e seguiam Jesus reclamaram que os judeus que falavam apenas hebraico negligenciavam suas viúvas na distribuição diária de alimentos. Os 12 apóstolos decidiram que não seria certo negligenciar seu ministério de ensino para servir comida. Eles disseram aos outros: 'Irmãos e irmãs, escolham sete sábios dentre vocês que são conhecidos por serem cheios do Espírito de Deus. Que eles liderem o trabalho para ajudar os judeus de língua grega que precisam de ajuda. Dessa forma, podemos concentrar nossa atenção em orar e ensinar.'

Todos gostaram dessa ideia e escolheram sete 'diáconos' para supervisionar a ajuda prestada aos outros. Os apóstolos continuaram pregando, e a palavra de Deus continuou a se espalhar. O número de discípulos em Jerusalém aumentou rapidamente, e muitos sacerdotes também se tornaram seguidores de Jesus.

Estêvão é Morto

Estêvão foi um dos diáconos e realizou grandes maravilhas e sinais entre o povo. Mas a oposição surgiu de líderes nas sinagogas que serviam judeus na África e na Ásia Menor. Eles secretamente persuadiram alguns homens a dizer que Estêvão havia falado palavras desrespeitosas contra Moisés e

Deus. Isso irritou vários líderes religiosos, que prenderam Estêvão e o levaram perante o Sinédrio.

O sumo sacerdote perguntou a Estêvão se as acusações eram verdadeiras. Estêvão fez um longo discurso sobre como Deus havia escolhido Abraão para deixar a Mesopotâmia e se estabelecer em Canaã, e explicou toda a história dos israelitas. Isso mostrou aos líderes religiosos que ele era um homem religioso educado e sincero. Mas ele também acusou os líderes religiosos de serem como seus antepassados que rejeitaram Deus e o Espírito. Eles eram responsáveis por matar Jesus, o Messias.

Quando os membros do Sinédrio ouviram isso, ficaram furiosos e gritaram com ele. Estêvão ficou cheio do Espírito e olhou para os céus. Ele lhes disse: 'Eu vejo o céu aberto, e Jesus está de pé, à direita de Deus.' Quando os líderes religiosos ouviram isso, taparam os ouvidos, gritaram com ele e o arrastaram para fora da cidade, onde o apedrejaram até a morte. (Este foi um ato ilegal — apenas os romanos podiam executar uma pessoa.[6]) Enquanto Estêvão estava sendo apedrejado, ele pediu a Deus que não os acusasse. Ele foi o primeiro seguidor de Jesus a ser martirizado.

A Dispersão dos Crentes

Logo depois que Estêvão foi apedrejado, muitos seguidores de Jesus em Jerusalém foram ameaçados de morte. Os crentes pensavam que Jesus voltaria muito em breve para estabelecer o reino de Deus na terra e ser um rei político que os libertaria da opressão romana, então todos ficaram perto de Jerusalém. Mas o perigo os expulsou da área, e todos, exceto os apóstolos, se espalharam pela Judeia e Samaria.

Saulo

Um dos homens que viram Estêvão ser apedrejado e aprovaram sua execução foi um homem chamado Saulo. Seu pai era um fariseu e ele havia sido bem treinado em todas as escrituras judaicas. Ele interrompia as reuniões dos crentes indo de casa em casa e arrastando homens e mulheres crentes para a prisão.

---

[6] O apedrejamento geralmente envolvia derrubar uma pessoa de um pequeno penhasco. Se a pessoa sobrevivesse à queda, uma grande pedra era jogada sobre ela. Se mesmo assim a pessoa sobrevivesse, outros jogavam pedras até que morresse.

Saulo continuou fazendo ameaças contra todos os discípulos do 'Caminho', termo dado a esse novo movimento religioso porque Jesus disse que ele era 'o caminho, a verdade e a vida.' Saulo foi ao sumo sacerdote para pegar cartas que ele pudesse levar às sinagogas de Damasco, para que, se encontrasse alguém que fosse do Caminho, ele pudesse trazê-los de volta a Jerusalém como seus prisioneiros.

Saulo recebeu as cartas e começou sua viagem a Damasco. Quando ele estava se aproximando da cidade, uma luz do céu de repente brilhou ao seu redor. Ele caiu no chão e ouviu uma voz que dizia: 'Saulo, por que você me persegue?'

Ele perguntou: 'Quem és tu?'

A voz disse: 'Eu sou Jesus, a quem você persegue. Levante-se e vá para Damasco, onde alguém lhe dirá o que deve fazer.'

Os homens que viajavam com Saulo ouviam a voz, mas não viam ninguém. Saul se levantou, mas agora estava cego. Os homens que viajavam com ele o levaram a Damasco, e Saulo não comeu e nem bebeu nada por três dias.

Um discípulo em Damasco chamado Ananias teve uma visão na qual Deus lhe disse para ir à casa na estrada principal da cidade. Ele deveria perguntar por um homem chamado Saulo que estava orando. Saulo teve uma visão de que Ananias viria para restaurar sua visão.

Ananias ficou com medo. Ele tinha ouvido muitos relatos sobre Saulo e como ele estava caçando os seguidores de Jesus e prendendo-os. Mas Deus disse a Ananias: 'Vá! Este homem é meu instrumento escolhido para pregar sobre mim perante os gentios e seus reis, e perante o povo de Israel.'

Depois de três dias, Ananias veio à casa. Ele colocou as mãos sobre Saulo e lhe disse: 'Jesus me disse para vir para que você veja novamente e seja cheio do Espírito Santo.' Imediatamente, algo como escamas caiu dos olhos de Saulo, e ele pôde ver. Ele se levantou e foi batizado. Seus olhos foram abertos literal e figurativamente: ele não era mais cego e agora entendia que Jesus era o Messias.

Saulo passou vários dias com os discípulos do Caminho em Damasco. Ele começou a pregar nas sinagogas que Jesus era o Messias e o Filho de Deus. Todos os que o ouviram ficaram maravilhados e conheciam sua reputação de ameaçar crentes em Jerusalém. Saulo ficou cada vez mais poderoso e impressionou os judeus que viviam em Damasco e provou a eles que Jesus era o Messias.

Finalmente, os judeus em Damasco conspiraram para matar Saulo. Eles o vigiaram no portão da cidade para que pudessem pegá-lo, mas Saulo descobriu a trama. Ele escapou da cidade quando seus seguidores o baixaram em uma cesta por uma abertura na parede durante a noite. Saulo foi para o deserto e depois passou três anos desenvolvendo sua compreensão das escrituras com o que havia aprendido sobre Jesus.

Saulo finalmente retornou a Jerusalém e tentou se juntar aos discípulos, mas todos estavam com medo dele — eles pensaram que era um truque para que ele capturasse todos de uma vez. Mas Barnabé contou aos apóstolos o que havia acontecido com Saulo em Damasco e que agora ele estava pregando sem medo sobre Jesus. Assim, Saulo ficou com eles e moveu-se livremente por Jerusalém, falando com ousadia e debatendo os judeus helenísticos. Esses judeus tentaram matá-lo, mas ele escapou e foi para sua casa em Tarso, na Ásia Menor (perto de Adana, na Turquia).

Filipe

Os discípulos pregavam sobre Jesus onde quer que fossem. Filipe foi a uma cidade em Samaria, e as pessoas o ouviram atentamente e o observaram realizar milagres. Ele libertou as pessoas de seus espíritos malignos e curou muitos paralíticos ou coxos. Isso trouxe grande alegria ao povo que os judeus desprezavam.

Os apóstolos em Jerusalém ouviram que os samaritanos haviam aceitado a palavra de Deus e enviaram Pedro e João para a região. Quando eles chegaram, eles colocaram as mãos sobre eles, e eles receberam o Espírito. Depois que Pedro e João lhes ensinaram mais sobre Jesus, eles pregaram em muitas outras aldeias samaritanas.

Um anjo disse a Filipe para fazer uma viagem ao sul pela estrada deserta que ia de Jerusalém a Gaza. No caminho, encontrou um oficial da Etiópia encarregado do dinheiro de sua rainha. O homem tinha ido a Jerusalém para adorar e estava indo para casa. Enquanto o homem estava sentado em sua carruagem lendo o livro escrito pelo profeta Isaías, Filipe viu a carruagem e descobriu o que o homem estava lendo. Filipe perguntou se ele entendia o que estava lendo. O homem disse que só entenderia se alguém lhe explicasse. Ele convidou Filipe a sua carruagem para explicar a parte de Isaías que dizia: 'Ele foi conduzido como uma ovelha ao matadouro; como um cordeiro diante de seu tosquiador está em silêncio — ele não falou. Ele foi humilhado e privado de justiça, e sua vida foi tirada da terra.'

Filipe explicou que a passagem era sobre Jesus e explicou quem era Jesus e como ele havia cumprido as previsões de Isaías. Enquanto eles viajavam pela estrada, eles chegaram a um corpo de água. O oficial parou sua carruagem e pediu a Filipe que o batizasse. Filipe então foi e pregou as boas novas em muitas cidades, desde o norte até a cidade portuária de Cesareia, na Fenícia.

Pedro Continua a Liderar

Enquanto isso, Pedro estava viajando pela região pregando e realizando milagres. Ele curou um paralítico que morava em Lida e estava de cama há oito anos. Em Jope, uma discípula chamada Dorcas, que sempre fazia o bem e ajudava os pobres, adoeceu e morreu. Pedro soube disso e foi para Jope. Ao chegar, encontrou muitas pessoas que haviam sido ajudadas por Dorcas. Ele entrou na sala onde estava seu corpo e rezou. Então ele disse a ela que se levantasse, e ela abriu os olhos e se levantou com a ajuda de Pedro. Ele então a apresentou às pessoas que estavam de luto por sua morte. A notícia se espalhou rapidamente pela cidade sobre o que havia acontecido, e muitas outras pessoas creram em Jesus.

O Encontro com Cornélio

Um centurião romano chamado Cornélio morava em Cesareia, e toda a sua família era temente a Deus. Ele orava a Deus regularmente e doava generosamente aos necessitados. Um dia ele encontrou um anjo que lhe disse para enviar alguns homens a Jope e trazer de volta um homem conhecido como Pedro, que estava hospedado na casa de um homem chamado Simão. Cornélio enviou dois servos e um soldado devoto a Jope para encontrar Pedro.

Enquanto os homens viajavam para Jope, Pedro estava orando ao meio-dia e estava com fome. Enquanto a refeição era preparada, ele caiu em transe. Ele viu um grande lençol descendo do céu pelos quatro cantos.

Ela continha todos os tipos de animais, incluindo répteis e pássaros, que eram considerados impuros. Uma voz lhe disse para matá-los e comê-los.

Mas Pedro nunca havia comido nada que lhe ensinaram a não comer. Então, enquanto ele ainda estava em transe, ele disse que não comeria. Mas a voz falou novamente: 'Não chame de impuro o que Deus diz ser limpo.' Isso aconteceu três vezes, e então o lençol foi levado de volta ao céu, e ele saiu de seu transe.

Enquanto Pedro se perguntava sobre o significado da visão, chegaram os homens enviados por Cornélio. O Espírito disse a Pedro que estavam procurando por ele homens que lhe haviam sido enviados por Deus. Pedro encontrou os homens e lhes perguntou por que estavam ali.

Os homens contaram a Pedro sobre Cornélio, quem ele era e sua reputação, e como um anjo lhe disse para enviá-los para encontrar Pedro. No dia seguinte, todos voltaram para Cesareia, e alguns crentes de Jope foram junto. Quando chegaram a Cesareia, Cornélio os recebeu em sua casa, que estava cheia de gentios.

Pedro disse a todos eles: 'Vocês sabem que é contra a nossa lei um judeu associar-se a um gentio ou visitá-lo. Mas Deus me mostrou que eu não deveria chamar impuro a homem nenhum. Por isso, quando fui procurado, vim sem qualquer objeção. Por que vocês me mandaram buscar?'

Cornélio contou a ele que havia falado com um anjo e que ele deveria fazer com que Pedro os visitasse, mas ele não sabia por quê. Pedro então percebeu por que teve a visão do alimento proibido. Ele disse à multidão: 'Agora eu entendo que Deus não mostra favoritismo, mas aceita aqueles de todas as nações que fazem o que é certo. A mensagem de Deus foi enviada primeiro aos israelitas, mas Jesus nos ensinou a dizer a todos que ele é o único que Deus designou como juiz de todas as pessoas.'

Enquanto Pedro ainda estava falando essas palavras, o Espírito Santo veio sobre todos na sala. Os judeus que vieram com Pedro ficaram maravilhados que o Espírito Santo tivesse vindo também aos gentios, e que eles também estivessem falando em línguas estrangeiras enquanto louvavam a Deus. Pedro ordenou que todos fossem batizados em nome de Jesus.

Os apóstolos e crentes em toda a Judeia ouviram que os gentios haviam recebido as boas novas sobre Deus. Quando Pedro foi a Jerusalém, os crentes judeus o criticaram por entrar na casa de um gentio e comer com eles. Mas Pedro contou-lhes toda a história sobre o que havia acontecido em Jope e Cesareia e sobre o que viu enquanto estava em transe. Ele contou sobre como o Espírito Santo veio sobre os gentios e os lembrou que Jesus disse para batizar os outros com o Espírito Santo. Ele disse aos céticos: 'Se Deus deu aos gentios crentes o mesmo Espírito que recebemos, quem era eu para ficar no caminho de Deus?' Depois de ouvir isso, eles não se opuseram mais e louvaram a Deus quando perceberam que até os gentios poderiam ser salvos pedindo que seus pecados fossem perdoados.

Os Cristãos e a Igreja em Antioquia

Aqueles que foram dispersos pela perseguição viajaram até a Fenícia, Chipre e Antioquia, espalhando a palavra apenas para os judeus. Mas alguns deles foram para Antioquia e começaram a falar aos gregos sobre Jesus. Muitas pessoas acreditaram, e o número de seguidores continuou a aumentar.

A notícia chegou aos de Jerusalém, e eles enviaram Barnabé a Antioquia. Quando viu o que estava acontecendo, ficou feliz e encorajou todos a permanecerem fiéis ao Senhor. Barnabé foi a Tarso procurar Saulo e, quando o encontrou, o trouxe de volta a Antioquia. Barnabé e Saulo se reuniram com os seguidores em Antioquia por um ano, e os discípulos foram chamados de 'cristãos' pela primeira vez. Coletivamente, eles eram conhecidos como a 'igreja', o termo que Jesus usou ao dizer a Pedro que ele lideraria seus seguidores.

Capítulo 20

As Viagens de Paulo

Três Viagens Criam Igrejas na Ásia Menor, Macedônia e Grécia

As boas novas sobre Jesus se espalharam pela região. As pessoas foram informadas de que Jesus havia morrido como um sacrifício permanente pelos pecados do mundo inteiro, então qualquer um poderia ter um relacionamento com um Deus vivo se quisesse. Um sinal de que haviam mudado seus caminhos e eram cristãos era que tinham sido batizados e obedeciam aos ensinamentos de Jesus, incluindo amar os outros.

Pedro liderou o ensino de judeus na Judeia e Samaria. Um cristão chamado Marcos se aproximou de Pedro e escreveu um pequeno livro sobre a vida de Jesus que foi incluído no Novo Testamento. Ao mesmo tempo, a igreja com muitos gentios em Antioquia cresceu sob a liderança de Saulo, Barnabé e outros. A Saulo se referiam como Paulo, seu nome grego.

Paulo e Barnabé Viajam Juntos

Cerca de 20 anos depois de Jesus ter ido para o céu e depois de passar cinco anos em Antioquia, Paulo e Barnabé fizeram uma viagem para pregar em outro lugar. Eles primeiro navegaram para Chipre, onde Paulo pregou nas sinagogas. Em seguida, navegaram para Perge (no sul da Turquia) e viajaram 160 quilômetros para o norte até Antioquia da Pisídia, na região da Galácia, na Ásia Menor.

Eles foram à sinagoga no sábado, e quando chegou a hora de as pessoas na plateia falarem, Paulo se levantou e passou vários minutos falando sobre a história dos israelitas, incluindo as profecias sobre o Messias. Então ele falou sobre a vida de Jesus, que ele era descendente de Davi e do Messias. Embora Jesus tivesse sido morto, ele voltou à vida e viveu por muitos dias e muitas pessoas o viram. O que Deus prometeu aos seus antepassados judeus se cumpriu: por meio de Jesus, os pecados foram perdoados, e por meio dele todos os que o seguiram foram libertos de todo pecado, o que não podia ser feito sob as leis de Moisés.

Os que estavam na sinagoga convidaram Paulo e Barnabé para voltar na semana seguinte, e muitos na congregação seguiram Paulo e Barnabé e continuaram a conversar com eles. Na semana seguinte, quase toda a cidade se reuniu para ouvi-los falar. Quando os líderes religiosos viram a multidão, ficaram com ciúmes e começaram a debater com Paulo e abusaram dele verbalmente. Paulo e Barnabé responderam com coragem: 'Tínhamos que falar primeiro com os judeus. Mas como vocês rejeitam o que dizemos e não querem a vida eterna, agora nos voltamos para os gentios. O Senhor nos disse que somos uma luz para os gentios para que o mundo inteiro possa ser salvo.'

Os gentios ficaram felizes por ouvir isso e se sentiram honrados por Deus, e muitos deles creram e se tornaram cristãos. Mas os líderes judeus organizaram a expulsão de Paulo e Barnabé da área. Ao saírem, os dois homens sacudiram a poeira dos pés para avisá-los e foram para Icônio, uma cidade a 120 quilômetros de distância.

Pregando em Icônio, Listra e Derbe

Em Icônio, Paulo e Barnabé foram como de costume à sinagoga e falaram tão bem que muitos judeus e gregos creram. Mas, como no passado, muitos líderes judeus se recusaram a acreditar e fizeram com que outros os acusassem de mentir. Paulo e Barnabé passaram muitos dias pregando com ousadia e realizando milagres. O povo de Icônio estava dividido — alguns ficaram do lado dos judeus, enquanto outros acreditavam nos dois apóstolos. Um plano foi desenvolvido para matar os dois homens, mas eles descobriram e fugiram para Listra, uma cidade a 32 quilômetros de distância.

Paulo e Barnabé pregaram o evangelho em Listra e arredores. Encontraram um homem que era coxo de nascença e nunca tinha andado. Paulo olhou para o homem e disse que sua fé o curou. Quando ele disse ao homem para se levantar, o homem pulou e começou a andar.

Quando a multidão viu o que Paulo fez, gritou: 'Os deuses vieram a nós em forma humana!' Eles pensavam que eram os deuses romanos, Zeus e Hermes. Mas os dois apóstolos gritaram: 'Amigos, somos humanos como vocês. Temos boas notícias – deixe esses deuses inúteis e siga o

Deus vivo, aquele que fez os céus e a terra, o mar e tudo que neles há. Até agora, Deus permitiu que cada um seguisse seu próprio caminho, mas Deus ainda mostrou bondade dando-lhe chuva e colheitas para que você tivesse bastante comida.'

Judeus vindos de Antioquia da Pisídia e Icônio voltaram a multidão contra eles. Eles apedrejaram Paulo e o arrastaram para fora da cidade, pensando que ele estava morto. Mas alguns discípulos o levaram de volta para a cidade. No dia seguinte, ele e Barnabé partiram para Derbe, onde pregaram o evangelho e muitas pessoas creram. Então eles voltaram pelo caminho de onde vieram, fortalecendo os crentes em cada cidade.

Eles voltaram para Perge e navegaram de volta para Antioquia e contaram aos crentes de lá o que havia acontecido durante a viagem. Eles haviam ficado longe por dois anos, e os cristãos ficaram felizes em saber que mais gentios eram agora discípulos.

O Concílio em Jerusalém

Depois que Paulo e Barnabé voltaram, alguns discípulos vieram da Judeia para visitar a igreja em Antioquia. Eles estavam ensinando que os novos crentes gentios tinham que ser circuncidados para serem salvos, mas Paulo e Barnabé discordaram. Um pequeno grupo de líderes da igreja em Antioquia, incluindo Paulo e Barnabé, foi visitar os líderes cristãos em Jerusalém para discutir o assunto. Eles viajaram pela Fenícia e Samaria e contaram aos cristãos de lá como os gentios estavam se tornando crentes. Esta notícia encorajou os novos crentes de lá.

Quando o grupo chegou a Jerusalém, eles relataram o que Deus havia feito por meio deles. Alguns dos crentes que eram fariseus disseram que os gentios tinham que ser circuncidados conforme exigido pelas leis de Moisés. Todos discutiram o assunto e, finalmente, Pedro falou.

> Irmãos, vocês sabem que Deus permitiu que os gentios se tornassem discípulos e tivessem o Espírito Santo. Deus conhece nosso coração e não vê diferença entre judeus e gentios: todos podemos ter fé. Por que gostaríamos de adicionar mais requisitos aos gentios, requisitos estes que nós mesmos tivemos dificuldade em seguir? Não! Acreditamos que é através do dom gratuito de Jesus que somos salvos. Não importa nossa aparência; é o coração que importa.

Todo o grupo ficou em silêncio enquanto Paulo e Barnabé falavam sobre o que aconteceu entre os gentios que encontraram na Ásia Menor. Quando terminaram de falar, Tiago se levantou e falou:

Pedro descreveu como Deus primeiro agiu para escolher um povo à parte dos gentios. Amós escreveu: 'Voltarei e reconstruirei a tenda caída de Davi. Todos os povos do mundo buscarão o Senhor, até os gentios.' Portanto, não devemos tornar difícil para os gentios que se voltam para Deus. Em vez disso, devemos dizer-lhes para não comerem alimentos oferecidos a ídolos, não cometerem imoralidade sexual, não comerem carne de animais estrangulados e não beberem sangue.

Todos concordaram e escreveram uma carta que listava apenas esses requisitos para os crentes gentios em outras regiões.

Paulo Faz Outra Viagem

Alguns meses depois, Paulo e Barnabé voltaram às cidades que haviam visitado na Ásia Menor para ver como estavam as igrejas. Eles decidiram se separar: Barnabé levou um homem chamado Marcos, que estava com eles na primeira viagem, e Paulo levou Silas, um homem que conheceu na reunião em Jerusalém.

Paulo e Silas viajaram de volta para a Ásia Menor e fortaleceram as igrejas pelo caminho. Paulo conheceu um discípulo chamado Timóteo cuja mãe era uma crente judia, mas cujo pai era grego. Os crentes nas cidades o respeitavam, e Paulo o convidou para se juntar a eles na viagem. Timóteo foi circuncidado para agradar os judeus da região e, enquanto viajavam de cidade em cidade, eles contavam à igreja o que os líderes cristãos em Jerusalém diziam sobre as poucas coisas que precisavam fazer. O número de crentes cresceu e sua fé se aprofundou.

Viajando para a Macedônia

Enquanto Paulo e Silas viajavam, o Espírito Santo os fez evitar algumas áreas. Eles acabaram na cidade portuária de Trôade e encontraram um crente gentio chamado Lucas, um médico, que começou a viajar com eles. (Lucas escreveu dois longos relatos sobre os eventos da vida de Jesus e as viagens que Paulo fez. Esses relatos estão incluídos no Novo Testamento.)

Enquanto estava em Trôade, Paulo teve uma visão de um homem da Macedônia (norte da Grécia) implorando-lhe para vir ajudá-lo. Paulo acreditou que este era um chamado de Deus para ir à Macedônia, então os quatro homens (Paulo, Silas, Timóteo e Lucas) viajaram para Filipos, uma colônia romana e uma grande cidade da Macedônia.

Em Filipos, eles encontraram um lugar onde as pessoas rezavam à beira de um rio. Eles conheceram uma mulher chamada Lídia, dona de um grande negócio. Ela adorava a Deus e respondeu à mensagem de Paulo sobre Jesus. Quando ela e os membros de sua família foram batizados, ela passou mais tempo com os homens aprendendo sobre sua nova fé.

Paulo e Silas em uma Prisão Filipense

Mais tarde, os homens conheceram uma escrava que era vidente. Ela ganhava muito dinheiro para seus senhores e seguiu os homens por muitos dias, gritando: 'Estes homens são servos do Deus Altíssimo e dizem às pessoas como serem salvas.'

Paulo ficou tão indignado com ela que disse ao espírito: 'Em nome de Jesus Cristo, eu lhe ordeno que saia dela!' O espírito maligno imediatamente saiu dela.

Quando seus senhores perceberam que sua fonte de ganhar dinheiro havia desaparecido, eles arrastaram Paulo e Silas até os oficiais romanos locais. Eles disseram que os homens eram judeus e estão perturbando a cidade. Outros se juntaram ao ataque, e os oficiais ordenaram que os dois homens fossem despidos e açoitados. Depois, os dois homens foram acorrentados em uma cela no fundo da prisão.

Paulo e Silas estavam orando e cantando hinos a Deus durante a noite e outros prisioneiros os ouviam. De repente, um violento terremoto sacudiu os alicerces da prisão. Todas as portas da prisão se abriram e as correntes de todos se soltaram. O carcereiro acordou e, ao ver as portas da prisão abertas, desembainhou a espada para se matar, pois achou que os presos haviam fugido.

Mas Paulo gritou: 'Não se machuque! Ainda estamos todos aqui!' O carcereiro entrou correndo e perguntou a Paulo e Silas o que ele deveria fazer para ser salvo. Eles lhe disseram: 'Creia no Senhor Jesus, e serão salvos, você e os de sua casa.' O carcereiro lavou as feridas dos espancamentos, levou-os para sua casa e os alimentou. Ele e toda a sua casa foram batizados e ficaram cheios de alegria porque todos finalmente acreditaram no Deus verdadeiro.

De manhã, os oficiais soltaram Paulo e Silas. O carcereiro disse a Paulo que eles poderiam ir em paz, mas Paulo disse aos oficiais que eles haviam sido espancados publicamente sem julgamento, mesmo sendo cidadãos romanos, e que haviam sido presos.

Quando os oficiais souberam que Paulo e Silas eram cidadãos romanos, ficaram alarmados e pediram que deixassem a cidade. Mas em vez disso, Paulo e Silas foram para a casa de Lídia e foram encorajados por outros cristãos que estavam lá.

Em Tessalônica e Bereia

Paulo, Silas e Timóteo deixaram Filipos e viajaram cerca de 150 quilômetros até Tessalônica, enquanto Lucas ficou em Filipos. Eles foram à sinagoga em três sábados seguidos para explicar as Escrituras e provar que Jesus era o Messias. Alguns dos judeus e muitos gregos religiosos tornaram-se cristãos, incluindo muitas mulheres proeminentes.

Mas outros judeus ficaram com inveja. Como em outras cidades, eles fizeram com que homens perversos do mercado formassem uma multidão e os procurassem. A multidão foi à casa de Jasom, onde os apóstolos estavam hospedados, mas eles não estavam lá. Então a multidão arrastou Jasom e outros crentes para fora da casa, dizendo que eles negavam que César fosse o rei. Quando os oficiais da cidade ouviram isso, todos os cristãos foram presos. (Eles foram logo liberados depois que pagaram a fiança.)

Naquela noite, os crentes levaram os três apóstolos para a cidade vizinha de Bereia, onde havia outra sinagoga. Os judeus bereanos eram mais nobres do que os tessalonicenses, e eles receberam mais atentamente a Paulo e examinaram cuidadosamente as Escrituras para ver se o que Paulo dizia era verdade. Como resultado, muitos deles creram, assim como muitos homens gregos e várias mulheres gregas proeminentes.

Mas quando os judeus em Tessalônica ouviram que Paulo estava pregando em Bereia, alguns deles foram para lá e fizeram com que as multidões se voltassem contra ele. Os crentes rapidamente mandaram Paulo embora, mas Silas e Timóteo permaneceram em Bereia. Paulo foi escoltado para Atenas e disse a Silas e Timóteo que se juntassem a ele assim que possível.

Em Atenas

Quando Paulo estava em Atenas, ficou indignado quando viu que a cidade estava cheia de ídolos. Ele pregou primeiro na sinagoga e na praça principal nos outros dias. Um grupo de filósofos gregos começou a debater com ele e Paulo foi convidado a explicar seus ensinamentos em uma reunião de pessoas educadas que se reuniam para discutir novas ideias.

Paulo ficou diante deles e disse: 'Povo de Atenas, vejo que vocês são muito religiosos! Andando por aí, vi muitos objetos de adoração. Eu até encontrei um altar que dizia: 'A UM DEUS DESCONHECIDO.' Então vocês não conhecem esse deus. É sobre isso que vou falar.'

Paulo raciocinou com os filósofos gregos, mas não mencionou nenhuma das escrituras hebraicas. Ele disse que o Deus que fez o mundo e tudo que nele há não precisava habitar templos feitos por mãos humanas e não se assemelhava a uma escultura de ouro ou prata feitas por humanos. Embora Deus tenha negligenciado essa ignorância, Deus agora ordenava que todas as pessoas se arrependessem, pois um dia Deus julgaria a todos. Paulo estava tentando convencer seus ouvintes de que havia apenas um Deus verdadeiro, não muitos deuses. Quando ele mencionou a ressurreição dos mortos, alguns deles zombaram, mas outros quiseram ouvir mais. Como resultado, algumas das pessoas que o ouviram tornaram-se crentes.

Em Corinto

Paulo deixou Atenas e foi para Corinto, uma dura cidade portuária a 48 quilômetros de distância que tinha reputação de comportamento imoral. Ele conheceu um homem judeu chamado Áquila que tinha vindo recentemente da Itália com sua esposa Priscila porque todos os judeus em Roma haviam recebido ordens de ir embora. Paulo ficou e trabalhou com Áquila e Priscila, que eram fabricantes de tendas. (Paulo então ganhou dinheiro para pagar suas despesas de viagem fazendo e vendendo tendas.)

Paulo debatia na sinagoga todos os sábados e tentava convencer judeus e gregos a se tornarem cristãos. Quando Silas e Timóteo chegaram da Macedônia, Paulo passou todo o seu tempo pregando, e vários líderes judeus se tornaram crentes.

Uma noite, Paulo teve outra visão na qual Deus lhe disse para ficar em Corinto e que ele estaria seguro lá. Então ele ficou em Corinto por 18 meses enquanto ensinava os novos crentes. O líder romano na cidade permitiu que Paulo pregasse, então ele ficou a salvo dos judeus que queriam silenciá-lo.

Quando chegou a hora de deixar Corinto, Paulo e os outros navegaram pelo mar Egeu até Éfeso e levaram Priscila e Áquila com eles. Paulo passou um tempo na sinagoga em Éfeso falando aos judeus. Quando lhe pediram para ficar mais tempo, ele disse que tinha que ir embora, mas que voltaria. Ele deixou Áquila e Priscila em Éfeso e navegou de volta para Cesareia, depois foi a Jerusalém para dar um relato aos líderes cristãos.

Paulo Faz Uma Terceira Viagem

Mais tarde, Paulo fez uma terceira viagem pela Ásia Menor e visitou muitas cidades para fortalecer os discípulos.

Éfeso

Paulo estava ansioso para voltar a Éfeso, uma grande cidade na costa ocidental da Ásia Menor. Priscila e Áquila estavam ensinando por lá e ficaram felizes em ver Paulo. Eles lhe contaram sobre um erudito judeu chamado Apolo do Egito que estava pregando lá e ensinando sobre Jesus de uma maneira muito precisa. Priscila e Áquila passaram algum tempo ajudando-o a melhorar seu ensino e apoio aos cristãos. Apolo havia partido para pregar e ensinar na Grécia quando Paulo chegou.

Quando Paulo chegou a Éfeso, fez o que sempre fez: foi à sinagoga para pregar primeiro aos judeus. Ele falou ousadamente por três meses sobre o reino de Deus. Mas alguns dos judeus não creram e falaram mal do Caminho. Então Paulo e alguns de seus discípulos deixaram as sinagogas e passaram dois anos palestrando na escola de Tirano. Todos que viviam naquela região da Ásia ouviram a palavra de Paulo sobre o Senhor. Deus também fez milagres extraordinários por meio de Paulo. Lenços e aventais que o tocavam eram levados aos enfermos, e eles eram curados de suas doenças e os espíritos malignos saíam deles.

Alguns homens judeus tentaram expulsar espíritos malignos usando o nome de Jesus, como se o nome fosse um tipo de palavra mágica. Eles diziam: 'Em nome do Jesus que Paulo prega, eu ordeno que você saia.' Um dia, um espírito maligno lhes respondeu e disse: 'Eu conheço Jesus e Paulo; mas vocês, quem são?' O homem que tinha o espírito maligno saltou sobre eles e os espancou tanto que eles fugiram da casa nus e feridos.

Quando os judeus e gregos em Éfeso souberam disso, todos ficaram com medo. Muitos dos novos crentes confessaram abertamente seus pecados, e alguns que praticavam ocultismo reuniram e queimaram publicamente seus livros muito raros e valiosos. Como resultado, a notícia sobre Jesus continuou se difundindo.

Os ensinamentos de Paulo também causaram uma crise econômica em Éfeso. Um ourives que fazia miniaturas de prata de Ártemis (a deusa local da fertilidade) trazia muitos negócios para os artesãos da cidade. Ele reuniu os trabalhadores e disse-lhes que os ensinamentos de Paulo haviam afastado muito de seus negócios. Paulo havia influenciado toda a província dizendo que deuses feitos por mãos humanas não eram deuses. Isso colocou em risco seus negócios e fez Ártemis cair em descrédito. Os artesãos ficaram furiosos quando ouviram isso. Eles começaram a gritar: 'Grande é a Ártemis dos efésios!'

Logo toda a cidade estava em tumulto e as pessoas foram às pressas para um enorme teatro ao ar livre. Paulo queria falar à multidão, mas os discípulos não o permitiram. Algumas autoridades da província que conheciam Paulo imploraram para que ele não fosse ao teatro.

A multidão no teatro lotado estava fora de controle. Milhares de pessoas estavam lá e todo mundo estava gritando, embora a maior parte do povo nem soubesse por que estava ali. Os judeus na multidão empurraram um de seus líderes para a frente, ele pediu silêncio para que pudesse falar com a multidão. Mas quando a multidão percebeu que ele era judeu, todos gritaram em uníssono por cerca de duas horas: 'Grande é a Ártemis dos efésios!'

Finalmente, o escrivão da cidade acalmou a multidão, lembrando-lhes que todos sabiam que Éfeso era a guardiã do templo de Ártemis e sua imagem havia caído do céu. (Um meteorito que parecia uma mulher havia caído ali.) As pessoas deveriam se acalmar e não fazer nada precipitadamente. Todos os artesãos tinham o direito de levar seus problemas aos tribunais e podiam apresentar sua queixa. Depois que o funcionário disse isso, ele disse a todos para voltarem ao trabalho ou irem para casa.

Outras viagens

Quando o tumulto terminou, Paulo deixou Éfeso e foi para a Macedônia e Grécia com alguns discípulos. Ele encorajou as pessoas ao longo do caminho e permaneceu na região por muitos meses. Em algumas cidades, os judeus conspiravam contra ele, então ele tinha que mudar seus planos. Ele foi acompanhado por crentes de muitas cidades onde havia pregado e ensinado. Ele queria voltar para Jerusalém e não sabia o que aconteceria a ele quando voltasse. Mas ele estava convencido de que prisão e sofrimentos estavam em seu futuro. Ele sabia que nunca mais veria muitos de seus seguidores. Ele os avisou que tempos difíceis e falsos mestres estavam por vir, então eles precisavam permanecer vigilantes.

A terceira viagem missionária de Paulo à região durou mais de três anos. Em vez de ser um fardo para aqueles que visitava, ele fazia e vendia tendas enquanto ensinava e debatia. Ele mostrou-lhes humildade e trabalho confiantes, assim como Jesus havia feito. Ele lembrou aos discípulos que estavam na região o que Jesus havia dito: 'É melhor dar do que receber.' (As rotas que Paulo fez durante suas viagens encontram-se nos mapas no final deste livro.)

Capítulo 21

De Jerusalém a Roma

Paulo Usa Sua Cidadania para Fazer Outra Viagem

Quando Paulo e seus companheiros de viagem retornaram à Palestina, um profeta da Judeia disse que o Espírito lhe revelou que Paulo seria preso e entregue aos gentios em Jerusalém. Todos tentaram convencer Paulo de que ele não deveria ir para lá, mas ele disse que estava pronto para ser amarrado e até morrer se isso avançasse o movimento cristão.

Quando Paulo e seus companheiros de viagem chegaram a Jerusalém, eles se reuniram com os líderes da igreja e relataram tudo o que havia acontecido durante suas viagens, inclusive o que Deus havia feito entre os gentios. Os líderes da igreja louvaram a Deus e disseram a Paulo que milhares de judeus haviam se tornado crentes na Palestina.

Paulo é Preso em Jerusalém

Quando Paulo foi ao Templo, alguns judeus da Ásia o reconheceram e o acusaram de falso ensino e de fazer gregos entrarem no Templo. Isso não era verdade, mas aqueles na cidade estavam perturbados. As pessoas arrastaram Paulo para fora do Templo e tentaram matá-lo. A notícia chegou ao comandante romano de que Jerusalém estava se revoltando, e ele enviou oficiais e soldados para acalmar a multidão. Quando os desordeiros viram o comandante e os seus soldados, pararam de espancar Paulo.

O comandante prendeu Paulo, acorrentou-o e perguntou quem ele era e o que tinha feito. As pessoas na multidão gritaram acusações diferentes, e o comandante não conseguiu saber ao certo qual era a verdade. Paulo foi enviado para a fortaleza e, no caminho, a multidão ficou tão violenta que Paulo precisou ser carregado pelos soldados.

Paulo perguntou ao comandante se podia falar à multidão. O comandante pensou que Paulo era um terrorista egípcio e ficou surpreso por ele falar grego. Paulo disse que era um judeu de Tarso e obteve permissão para se dirigir à multidão. Falando em frente à fortaleza, fez sinal de silêncio e começou a falar em aramaico, o que acalmou ainda mais a multidão.

Paulo explicou sua instrução e como havia estudado as escrituras enquanto morava em Jerusalém. Ele era tão zeloso por Deus quanto eles e havia perseguido os seguidores do Caminho. Ele contou à multidão o que aconteceu com ele em sua viagem a Damasco. Quando ele contou à multidão sobre como ele havia sido enviado aos gentios, as pessoas começaram a gritar com ele novamente e disseram que ele deveria ser morto.

Vendo que um motim poderia recomeçar, o comandante ordenou que Paulo fosse à fortaleza para que fosse açoitado e interrogado. Enquanto os soldados se preparavam para açoitá-lo, Paulo disse ao centurião: 'Vocês têm o direito de chicotear um cidadão romano que ainda não foi considerado culpado?'

O centurião foi imediatamente ao comandante e disse que Paulo era cidadão romano. Paulo foi levado ao comandante e ele explicou como nasceu cidadão romano. (Algumas pessoas compraram sua cidadania romana.) O comandante ficou alarmado e imediatamente interrompeu o interrogatório.

Paulo se dirige ao Sinédrio

O comandante queria saber por que Paulo era acusado pelos judeus. Ele libertou Paulo e ordenou que o Sinédrio se reunisse para que Paulo pudesse ficar diante deles. Paulo se dirigiu a eles e sabia que alguns eram saduceus e outros eram fariseus. Ele começou dizendo: 'Irmãos, sou fariseu, filho de fariseu. Estou sendo julgado por causa da minha esperança na ressurreição dos mortos!'

Quando ele disse isso, uma violenta discussão eclodiu entre os saduceus, que acreditavam que não há ressurreição nem anjos nem espíritos, e os fariseus que admitiam essas coisas. Alguns fariseus se levantaram e argumentaram que Paulo não havia feito nada de errado. A discussão tornou-se tão violenta que o comandante temeu que Paulo fosse morto. Ele ordenou as tropas que levassem Paulo de volta à fortaleza.

A Conspiração para matar Paulo

Naquela noite, o Espírito disse a Paulo: 'Não se preocupe! Como você falou de mim aqui em Jerusalém, você também deve testemunhar sobre mim em Roma.' Enquanto isso, mais de 40 judeus tramaram uma conspiração para matar Paulo. De manhã, eles pediram aos chefes dos sacerdotes e aos anciãos que pedissem ao comandante que trouxesse Paulo novamente ao Sinédrio para que seu caso pudesse ser ouvido com mais detalhes. Os judeus planejavam matar Paulo enquanto ele viajava para a reunião.

Mas Paulo descobriu a conspiração e informou o comandante, que o enviou ao governador Félix em Cesareia enquanto estava protegido por 470 soldados. Os judeus teriam que ir a Cesareia para continuar sua investigação.

Julgamentos Perante Oficiais Romanos

Judeus de alto escalão foram a Cesareia e apresentaram acusações contra Paulo. Um advogado judeu disse que Paulo era um perturbador que promovia tumultos entre os judeus em todo o mundo. Outros também fizeram acusações contra Paulo.

Depois que os judeus falaram, foi a vez de Paulo falar. Ele disse a Félix que adorava a Deus em Jerusalém, mas não estava discutindo com ninguém no Templo nem causando problemas na cidade. Não havia provas das alegações dos judeus, mas ele admitia ser um seguidor do Caminho. Felix estava familiarizado com o Caminho e encerrou o processo. Ele esperava que Paulo lhe oferecesse um suborno, mas Paulo apenas falava sobre como viver corretamente. Félix deixou Paulo na prisão por dois anos. Paulo recebeu alguma liberdade e foi permitido que seus amigos cuidassem dele.

Festo substituiu Félix e imediatamente ouviu as acusações contra Paulo. Os judeus queriam que Paulo fosse transferido de volta para Jerusalém para que pudessem emboscá-lo e matá-lo no caminho. Mas Festo queria que Paulo fosse julgado em Cesareia.

Quando Festo ouviu o caso, os judeus tentaram intimidar Paulo, mas não conseguiram provar nenhuma de suas acusações. Paulo fez sua defesa e disse que não violou nenhuma lei judaica nem fez nada contra

César. Festo perguntou a Paulo se ele queria ser julgado em Jerusalém, mas Paulo apelou para que seu caso fosse julgado por César. Festo disse a Paulo que, uma vez que ele apelasse para César, seu julgamento seria em Roma.

Festo consulta o rei Agripa

Quando o Rei Agripa chegou a Cesareia para receber Festo como novo governador, eles discutiram o caso de Paulo. O rei viu Paulo no dia seguinte na frente de muitos oficiais militares de alta patente e homens poderosos da cidade. Festo disse a todos que os judeus queriam matar Paulo, que era inocente.

Paulo explicou a todos que ele era fariseu e que o que Deus havia prometido aos judeus havia se cumprido. A razão pela qual os judeus estavam contra ele era porque ele acreditava que Jesus era o Messias e que havia ressuscitado dos mortos. Ele já havia se oposto ao movimento do Caminho e prendido os discípulos de Jesus, mas ele veio a saber que tudo o que foi dito sobre Jesus era verdade. Ele descreveu o que havia acontecido no caminho de Damasco e que Deus queria que ele pregasse aos gentios, não apenas aos judeus, 'para abrir os olhos deles e convertê-los das trevas para a luz, do poder de Satanás para Deus, para que possam receber o perdão dos pecados.'

O rei estava bem familiarizado com os costumes e controvérsias judaicas, então ele entendeu o que Paulo disse. Depois que Paulo terminou de falar, o rei disse a Festo e aos outros que Paulo não havia feito nada de errado. Se ele não tivesse apelado para César, Paulo poderia ter sido posto em liberdade.

Paulo Navega para Roma

Paulo e alguns outros prisioneiros foram entregues a um centurião romano para navegar para a Itália. Alguns amigos de Paulo foram com ele, inclusive Lucas. Eles navegaram em um caminho específico para evitar ventos fortes. Quando os ventos de outono do norte ficaram mais fortes, Paulo avisou ao comandante que era perigoso continuar; o navio poderia ser destruído. Mas o centurião seguiu o conselho do capitão e do dono do navio. Não havia nenhum porto apropriado para eles visitarem naquele ponto, então eles continuaram, esperando chegar a um porto seguro a 80 quilômetros de distância.

Mas o vento ficou muito forte e empurrou o navio para longe da costa. O era arrastado pelos ventos e pelas ondas, então cordas foram enroladas ao redor do barco para mantê-lo unido. Homens no barco lançaram a carga ao mar para aliviar o peso enquanto a tempestade assolava. Alguns dias depois, a tripulação jogou todo o equipamento de vela do navio ao mar. A tempestade continuou por muitos dias e o barco flutuou impotente. Todos estavam enjoados e não conseguiam comer, e todos achavam que iriam morrer.

Paulo levantou-se diante de todos no navio e disse-lhes para não perderem a esperança. Ele disse que um anjo de seu Deus havia contado a ele que era preciso que ele fosse julgado diante de César e que todos a bordo viveriam, mesmo que o navio fosse destruído quando encalhasse em uma ilha desconhecida.

O navio continuou à deriva para o oeste através do Mar Mediterrâneo. Uma noite, os marinheiros mediram a profundidade do mar e a profundidade diminuiu em pouco tempo. Para impedi-los de bater nas rochas que ainda não podiam ver, eles lançaram todas as âncoras da parte de trás do navio e fizeram preces pela luz do dia. Alguns marinheiros tentaram escapar no bote salva-vidas, mas Paulo disse ao comandante que todos tinham que ficar no navio para que todos pudessem se salvar. Desta vez o centurião o escutou, e os soldados cortaram as cordas que prendiam o bote salva-vidas e o deixaram cair.

Pouco antes do amanhecer, Paulo pediu que todos se alimentassem. A tempestade durou 14 dias e todos estavam fracos, então eles precisavam de força para sobreviver. Paulo tomou um pão e deu graças a Deus diante de todos e começou a comer. Encorajados pelo exemplo de Paulo, os outros começaram a comer. Havia 276 pessoas no navio, e todos comeram o quanto quiseram. Quando terminaram, jogaram o resto da comida ao mar para aliviar o peso do navio.

Desembarque em Malta

Quando amanheceu, ninguém reconheceu a terra. Eles viram uma enseada com uma praia e decidiram conduzir o navio até lá. Eles cortaram as âncoras, alçaram uma vela e foram à deriva em direção à praia.

Mas o navio atingiu um banco de areia e encalhou. A proa estava presa e as ondas quebravam o barco em pedaços.

Os soldados planejaram matar os prisioneiros para impedi-los de nadar e escapar, mas o centurião queria poupar a vida de Paulo, então nenhum dos prisioneiros foi ferido. Todos aqueles que sabiam nadar receberam ordens de pular ao mar e chegar à terra. O resto teria que se agarrar a qualquer coisa que flutuasse até chegar à terra.

Todos chegaram em segurança à costa. Eles estavam na ilha de Malta, e os habitantes da ilha os ajudaram com uma bondade incomum enquanto a chuva fria os golpeava na praia. Paulo foi mordido por uma cobra venenosa enquanto fazia uma fogueira na praia. Os ilhéus viram a víbora pendurada em sua mão e disseram que ele era um assassino — disseram que, embora ele tivesse escapado do mar, a deusa Justiça não o permitia viver. Mas Paulo jogou a cobra no fogo e não se machucou. As pessoas esperavam que ele inchasse ou caísse morto de repente, mas depois de muito tempo, nada aconteceu com Paulo. Então mudaram de ideia e passaram a dizer que ele era um deus.

O oficial-chefe de Malta morava em uma grande propriedade perto da praia, e recebeu as vítimas do naufrágio em sua casa e lhes mostrou generosa hospitalidade por três dias. Seu pai estava doente, e quando Paulo colocou as mãos sobre ele e orou, o pai foi curado. Outros na ilha descobriram o que aconteceu, e o resto das pessoas doentes na ilha vieram e foram curadas por Paulo.

Paulo Prega em Roma Sob Guarda

Paulo e os outros ficaram em Malta por três meses, depois retomaram sua viagem a Roma. Quando eles chegaram, Paulo foi autorizado a viver por conta própria sob a custódia de um soldado. Paulo encontrou-se com os líderes judeus locais e explicou por que estava ali; nenhum deles tinha ouvido o que havia acontecido em Jerusalém. Eles queriam saber o que ele tinha a dizer sobre o Caminho porque todos estavam falando contra ele.

Paulo se encontrou com um número maior de judeus que viviam em Roma. Ele falou sobre o reino de Deus e, ao conectá-lo à Lei de Moisés e ao que os profetas disseram, tentou persuadi-los a respeito de Jesus. Alguns foram convencidos, mas outros não creram. Paulo terminou citando o profeta Isaías:

Vá a este povo e diga: 'Vocês continuarão ouvindo e vendo, mas não entenderão. Pois o coração das pessoas se tornou insensível: seus ouvidos mal podem ouvir e elas fecharam os olhos.' Portanto, a salvação de Deus foi enviada aos gentios; eles ouvirão!

Paulo ficou na casa alugada por dois anos e recebia a todos que o visitavam. Ele havia escrito uma carta muito longa para os crentes em Roma quando estava viajando pela Grécia, então os crentes em Roma sabiam sobre ele. (Esta carta está incluída no Novo Testamento). Paulo continuou ensinando ousadamente sobre o reino de Deus e sobre Jesus, o Messias, e ninguém o impediu. Ele enviou cartas de encorajamento aos crentes e seus líderes em muitas cidades que visitou na Ásia Menor, Macedônia e Grécia. Nessas cartas, ele forneceu mais instruções às igrejas, assim como havia escrito para elas antes de ir para Roma.

(Paulo foi libertado da prisão domiciliar em 62 d.C. e continuou pregando e ensinando em várias partes do sul da Europa e na ilha de Creta. Ele foi preso novamente em Roma e foi morto por causa de sua fé durante o reinado de Nero por volta de 68 d.C.. Seu ministério durou cerca de 32 anos.)

Capítulo 22

Cartas de Paulo aos Crentes

Novas Igrejas Recebem Incentivo e Instrução

Durante seu longo ministério, Paulo escreveu cartas às igrejas do sul da Europa e da Ásia Menor e a alguns líderes cristãos da região. Ele escreveu cartas para os crentes em Roma, Corinto, Tessalônica, Filipos, Éfeso, Colossos (uma cidade perto de Laodiceia) e as cidades da região da Galácia (Antioquia da Pisídia, Icônio, Listra e Derbe). Ele também escreveu para líderes cristãos em várias cidades: Timóteo em Éfeso, Tito em Creta e Filemom em Colossos. Paulo também pode ter sido o autor ou coautor de um longo documento escrito para judeus ('Hebreus', que está resumido no próximo Capítulo).

As cartas naquela época eram escritas em folhas de papiro de tamanho parecido às folhas de papel que usamos agora. Na maioria das vezes, apenas uma folha era usada para cada carta. Quando cartas mais longas eram escritas, elas eram conectadas umas às outras e enroladas como um pergaminho. Às vezes, os escribas escreviam as cartas enquanto eram ditadas pelo autor. Cartas longas podem ter tido vários escribas.

Ideias religiosas, ensinamentos sobre uma vida correta e conselhos práticos geralmente eram incluídos nas cartas de Paulo. Ele descreveu e interpretou os ensinamentos e ações de Jesus, e discutiu o que significavam para os crentes. Ele também encorajou aqueles que recebiam as cartas, pois estavam passando por dificuldades por causa de sua nova fé. Paulo escreveu cartas muito longas que incluíam muitos conceitos sobre Deus, esclarecendo e defendendo a fé usando argumentos lógicos.

Este Capítulo resume as principais mensagens das cartas de Paulo na ordem em que provavelmente foram escritas.

Carta aos Gálatas

A primeira carta que Paulo escreveu foi para as igrejas de Galácia e discutiu controvérsias sobre como um cristão é identificado. Os gentios se juntaram à igreja, e alguns judeus acreditavam que deveriam obedecer a todas as regras do judaísmo, incluindo suas restrições alimentares, circuncisão, sacrifícios e separação de outros que não compartilhavam suas crenças. No passado, os gentios que se convertiam ao judaísmo eram obrigados a seguir as leis de Moisés. No entanto, a maioria dos gentios que estavam se tornando cristãos não queriam se converter ao judaísmo além de seguir a Jesus, e muitos deles estavam deixando a igreja. O que torna uma pessoa cristã? Seguir apenas os caminhos de Jesus, ou eles também devem seguir as regras do judaísmo?

Paulo usou suas próprias experiências para dizer que seguir Jesus era suficiente. A graça de Deus não veio a Paulo porque ele era um fariseu devoto que obedecia às leis judaicas. Paulo sabia que Pedro havia se encontrado com gentios e que alimentos 'impuros' eram comestíveis para os cristãos. Pedro aprovou que Paulo pregasse aos gentios e enfatizou apenas a necessidade de continuar ajudando os pobres. Paulo aceitou a todos porque Deus não mostrava mais favoritismo para com os judeus. Eis seu argumento básico:

Uma pessoa não é justificada (declarada justa e aceitável a Deus) seguindo a lei, mas pela fé em Jesus, o Cristo. Ninguém se torna justo obedecendo à lei. Eu morri para a lei para que eu possa viver para Deus. Eu morri com Cristo e me tornei uma nova pessoa porque ele vive em mim. Vivo pela fé no Filho de Deus que me amou e se entregou por mim. Se a justiça pode ser conquistada através da lei, Cristo morreu por nada. A lei nos manteve juntos até que Jesus veio e nos salvou; ter a lei provou que nem sempre podemos cumpri-la. Portanto, não há exigência de seguir a lei — somos libertos de sermos escravos da lei. Não há judeu nem gentio, nem escravo nem livre, nem homem e mulher — todos são um no Senhor. Os não-judeus foram adotados na família de Deus; aqueles que creem e obedecem a Jesus são parte dos ancestrais de Abraão e herdam as promessas de Deus. Visões rígidas do evangelho pervertem a verdade e são uma forma de escravidão.

Paulo lembrou seus leitores que não deveriam desconsiderar a lei ou pensar que a ilegalidade era aceitável. Estar livre da lei não significava estar livre para pecar. Em vez disso, os cristãos devem ser guiados pelo espírito de Deus e não cometer atos imorais. Os cristãos devem amar e servir uns aos outros com humildade, pois toda a lei se resume em um mandamento: 'Ame o seu próximo como a si mesmo.'

> Fique longe de atos como imoralidade sexual, feitiçaria e adoração de ídolos, ódio, discussão, ciúme, raiva extrema, egoísmo e embriaguez. O fruto do Espírito é amor, alegria, paz, longanimidade, benignidade, bondade, fidelidade, mansidão e domínio próprio. Não há lei contra essas coisas. Se alguém for pego em pecado, restaure a pessoa gentilmente. Ajudem a carregar os fardos uns dos outros, não comparem seus atos com os dos outros e não se cansem de fazer o bem a todas as pessoas, especialmente a outros crentes.

Cartas aos Tessalonicenses

Paulo escreveu duas cartas à igreja em Tessalônica, a grande capital da Macedônia; Silas e Timóteo foram coautores. Ambas as cartas foram escritas logo depois que os três homens foram expulsos de Corinto. A igreja de Tessalônica era composta principalmente de gentios, e Timóteo havia contado a Paulo e Silas como a igreja estava indo bem.

Na primeira carta, os autores parabenizaram os crentes por sua conversão e fé crescente. A fidelidade da igreja mesmo ao ser perseguida foi um bom exemplo para as igrejas de outras cidades. Três palavras importantes — fé, amor e esperança — aparecem logo no início da carta. A fé produziu boas obras, o amor levou a atos de bondade e misericórdia, e a esperança gerou coragem e perseverança em tempos difíceis. Os autores também deram aos crentes instruções práticas sobre como viver.

> Evitem a imoralidade sexual e se comportem de maneira santa e honrosa. Levem uma vida tranquila e cuidem dos próprios negócios. Trabalhem para que sua vida ganhe o respeito de pessoas de fora e para que vocês não precisem depender dos outros. Vivam em paz uns com os outros. Digam às pessoas para não serem ociosas ou perturbadoras, encorajem aqueles que estão deprimidos, ajudem os fracos e sejam paciente com todos. Certifiquem-se de que ninguém faça algo errado quando for maltratado e tente sempre fazer o que é bom para o outro e para todos os outros. Alegre-se sempre, nunca pare de orar e agradeça em todas as circunstâncias.

A segunda carta, mais curta, foi escrita logo após a primeira carta. A igreja estava sendo perseguida, e alguns cristãos acreditavam que era um sinal de que Jesus voltaria em breve à terra. Os falsos profetas reforçaram essa ideia pois muitos cristãos foram mortos. A primeira carta de Paulo encorajou os crentes a ficarem atentos a Jesus e à ressurreição dos mortos, o que aumentou a crença de que o retorno de Jesus poderia acontecer a qualquer momento. Como resultado, alguns crentes deixaram seus empregos.

Paulo explicou que Jesus não voltaria em breve, e talvez nem mesmo por um longo tempo. Ele explicou que o tempo do retorno de Jesus é desconhecido, então as pessoas precisavam voltar ao trabalho. Era importante que os crentes trabalhassem duro e não fossem um fardo para os outros, assim como os três homens cuidaram de suas próprias necessidades. Deus acabaria punindo as pessoas más.

Cartas aos Coríntios

Paulo escreveu três cartas aos crentes em Corinto, mas a primeira foi perdida, então seu conteúdo é desconhecido. Em sua segunda carta (conhecida como Primeira Coríntios), Paulo respondeu a perguntas de uma carta que a igreja lhe enviara. Corinto era uma cidade portuária com muitas tavernas e pessoas vendendo seus corpos para o prazer dos outros, e a igreja estava lutando. A maioria dos crentes não eram estudados e vinham de uma classe social mais baixa, então se sentiam inferiores às pessoas mais estudadas da cidade. Paulo lhes disse que, embora não fossem sábios ou nobres pelos padrões humanos, 'Deus escolheu as coisas bobas do mundo para envergonhar os sábios e escolheu as coisas fracas do mundo para envergonhar os fortes.'

As pessoas na igreja de Corinto tinham muitas questões práticas. Eles perguntaram como lidar com divisões e processos dentro da igreja e com cristãos que agiam de forma imoral. Eles tinham dúvidas sobre o casamento, quais alimentos poderiam ser consumidos e como realizar serviços úteis de adoração (como celebrar a Ceia do Senhor, mulheres na igreja e exercer os dons espirituais). Os membros da igreja também tinham dúvidas sobre a ressurreição de Jesus e sua própria ressurreição no futuro.

Paulo pediu aos membros da igreja que fossem unificados em vez de divididos com base em quem os ensinava. 'Eu plantei a semente, Apolo a regou, mas Deus a fez crescer. Eu lancei uma fundação e outros construíram sobre ela. Se vocês brigam sobre qual mestre é melhor, isso mostra que vocês ainda são bebês na fé. Quando vocês eram bebês na fé, eu lhes dei leite espiritual com o qual vocês podiam lidar. Suas divisões mostram que vocês não estão prontos para comida sólida.'

Paulo também esclareceu o que havia dito sobre com quem os cristãos deveriam estar e que tipo de pessoas evitar.

Minha carta anterior dizia que você não deveria se associar com pessoas que cometeram atos sexuais impróprios. Eu não quis dizer que você não devesse se associar com pessoas deste mundo que são imorais, ou aqueles que são gananciosos, ladrões ou adoram outros deuses. Se fosse esse o caso, você teria que deixar o mundo! O que eu quis dizer foi que você não deve se associar com aqueles que afirmam ser seu irmão ou irmã em Cristo, mas que são sexualmente imorais, gananciosos, mentirosos e ladrões, ou bebem demais. Não devemos julgar aqueles que estão fora da igreja — Deus fará isso.

Paulo explicou que ser guiado pelo espírito de Deus era mais importante do que ter sabedoria humana. 'Se você tem o Espírito, você tem a mente de Cristo.' O corpo humano era sagrado e o templo do Espírito Santo. Aqueles que cometiam pecados graves precisavam ser removidos da igreja e excluídos da Ceia do Senhor.

Em relação ao casamento, Paulo disse que ser solteiro era bom porque permitia que as pessoas servissem a Deus e aos outros mais livremente. Mas por causa de nossa natureza sexual, Deus abençoou os casamentos pois 'é melhor casar-se do que queimar com paixões descontroladas.' Aqueles que se casam precisam dar seus corpos um ao outro, e nenhuma das partes tem poder sobre a outra. Paulo também deu sua opinião (não palavras de Deus) sobre outros assuntos relacionados ao casamento e divórcio.

Paulo disse que podemos comer qualquer coisa, mas se uma pessoa pensa que não é certo comer alguma coisa e depois come, ela pecou. Comer se torna uma pedra no caminho para aqueles que têm uma fé menos desenvolvida. Portanto, os cristãos não devem comer algo se isso fizer com que outra pessoa coma algo que acha que não deveria comer. (A maior parte da carne consumida na época havia sido sacrificada a ídolos.) Paulo disse: 'Sou judeu com os judeus, mas quando estou com outros que não seguem regras sobre o que comer, como o que eles comem. Eu me tornei tudo para todas as pessoas para que elas estejam mais dispostas a ouvir minha mensagem. Deus não permitirá que você seja tentado além do que pode suportar. Quando você é tentado, sempre há uma maneira de sair da tentação.'

Paulo escreveu sobre como conduzir os cultos de adoração. Os crentes precisavam ter certeza de que estavam compartilhando a Ceia do Senhor em paz. Se houvesse discórdia entre os indivíduos, eles deveriam resolvê-lo primeiro. Paulo também disse que as mulheres não devem falar ou fazer perguntas durante o culto se não entenderem algo — elas devem perguntar aos outros sobre isso mais tarde. As mulheres também devem evitar ter conversas paralelas e ficar quietas, a menos que estejam orando e ensinando como parte das atividades de adoração.

Paulo disse que passava muito tempo fazendo as pessoas falarem em outras línguas que ninguém mais entendia. Este foi um dom dado pelo Espírito a alguns crentes, e aconteceu durante o primeiro Pentecostes. Mas se ninguém pudesse interpretar o que foi dito, não seria útil, e outros poderiam pensar que a igreja era de pessoas doentes mentais. Todos tinham dons espirituais, como cura, sabedoria, conhecimento, fé, compreensão se um espírito é bom, falar outra língua, ajuda e orientação. Dons menos dramáticos dados pelo Espírito, como pregar e entender a verdade sobre Deus, eram mais úteis. Paulo disse: 'Eu falo em línguas mais do que todos vocês. Mas prefiro falar cinco boas palavras de instrução entre os crentes do que falar 10 mil palavras em outro idioma.'

Ele falou sobre a igreja como se fosse um corpo humano com muitas partes — cada uma com uma função diferente.

> O ouvido não pode dizer: 'Porque não sou olho, não sou parte do corpo.' Se todo o corpo fosse um olho, como poderíamos ouvir? Deus criou muitas partes de um corpo, e todas as partes devem trabalhar juntas. As partes que parecem mais fracas são indispensáveis. Se uma parte sofre, todos sofrem.

Paulo então escreveu que usar os dons espirituais não era tão importante quanto ser uma pessoa amorosa. Paulo comparou os dons espirituais e o amor desta forma:[7]

---

[7] Paulo usou o termo grego *ágape* como a palavra para amor nesta passagem. A palavra envolve ação e sacrifício pelos outros. Não significa um sentimento emocional, amizade (*philia*) ou amor físico (*eros*).

Se falo em outra língua, mas não demonstro amor, estou apenas fazendo barulho. Se tenho o dom de profecia e posso compreender todos os mistérios e conhecimentos, ou se tenho tanta fé que posso mover uma montanha, mas não demonstro amor, não sou nada. Se eu der tudo o que tenho aos pobres e sacrificar meu corpo, mas não amar os outros, não ganho nada.

O amor é paciente e gentil. Não é ciumento e não se gaba ou desonra os outros. Não é orgulhoso ou egoísta. Ele não fica com raiva facilmente ou julga quando as pessoas fazem algo errado. O amor não se deleita com o mal, mas se alegra com a verdade. Ele suporta e acredita em todas as coisas; é sempre esperançoso e suporta todas as coisas. Quando eu era criança, falava e pensava como uma criança. Agora que amadureci, deixei de lado meus modos infantis e egoístas. O amor nunca falha. As profecias cessarão e as línguas se calarão e o conhecimento passará. Fé, esperança e amor são os mais importantes, e o maior deles é o amor.

Finalmente, Paulo discutiu a ressurreição do corpo, um conceito estranho para os gregos que fez com que alguns crentes duvidassem se voltariam à vida em algum momento. Ninguém duvidou que Jesus voltou dos mortos. Isso significava que outros poderiam voltar dos mortos. Jesus derrotou a morte para que o corpo espiritual de uma pessoa volte à vida. Paulo concluiu com este mistério:

Quando estivermos mortos, seremos transformados instantaneamente quando a última trombeta soar. Os mortos serão ressuscitados e viverão para sempre. O que Oséias disse se cumprirá: 'A morte foi tragada pela vitória de Deus. Onde, ó morte, está a tua vitória; onde está sua picada?'

A Última Carta de Paulo aos Coríntios

Paulo fez várias viagens a Corinto para apoiar e ensinar os crentes, e algumas de suas visitas foram 'doloridas.' A oposição a Paulo havia crescido, mas o líder de uma rebelião havia sido punido. Paulo escreveu para expressar alívio e alegria por a igreja ter lidado com esse problema, e encorajou os crentes a permitir que o líder dos rebeldes voltasse à igreja. Uma vez que ser cristão no império romano era arriscado, ele lembrou a igreja da esperança que eles tinham na ressurreição de suas almas. Os cristãos andavam guiados pela fé, e não pela visão. Eles eram novas criaturas porque Deus vivia neles — eles haviam deixado seus velhos modos de agir e pensar. Os crentes são como vasos de barro, moldados pelo mestre oleiro, que desempenham diferentes funções conforme a vontade de Deus.

Paulo falou sobre todas as suas qualificações para ensinar, mas também enfatizou suas próprias fraquezas, incluindo ter um 'espinho na carne.' Paulo nunca disse nada sobre o que o incomodava, e ele orou várias vezes para que o problema fosse resolvido. Mas Deus disse: 'Meu poder se manifesta na fraqueza humana.' Paulo era bom o suficiente como ele era, e suas limitações o mantinham humilde — quando ele era fraco, ele era forte.

Carta aos Romanos

A carta mais longa de Paulo foi enviada às igrejas domésticas em Roma que tinham crentes judeus e gentios. Ele escreveu antes de sua primeira viagem a Roma e não conhecia muitos dos cristãos em Roma pessoalmente, então sua escrita é mais formal do que as outras cartas que escreveu.

Sua carta resumiu as ideias básicas da nova fé cristã aos crentes que não tinham esse conhecimento. Ele explicou os princípios gerais da fé como se sua carta fosse um caso legal. Sua mensagem geral era que Jesus morreu e libertou todas as pessoas do pecado, então um relacionamento com Deus está disponível para qualquer um que tenha fé em Jesus, o Cristo. Ele usou cinco temas para apoiar esta mensagem:

- Todas as pessoas têm uma natureza pecadora.
- A morte de Jesus foi o melhor e último sacrifício de sangue necessário para tirar os pecados do mundo e permitir que todas as pessoas sejam aceitáveis a Deus.
- Os cristãos precisam ser santos e confiar no Espírito de Deus para perseverar em tempos difíceis. Uma fé mais profunda leva a uma justiça mais profunda.
- Os judeus foram inicialmente escolhidos como povo de Deus, mas os gentios agora estão incluídos porque os israelitas continuamente rejeitaram a Deus.
- Ser cristão significa viver de maneira diferente em um mundo pecador.

As Pessoas Têm uma Natureza Pecaminosa

O primeiro tema observou que todas as pessoas têm uma natureza pecadora; indivíduos e a sociedade como um todo tendem a fazer coisas más. As pessoas cometem todos os tipos de crimes e não mostram misericórdia ou justiça com os outros. Elas mentem, brigam, fofocam e pensam em maneiras de ajudar a si mesmas, mesmo quando sabem que há consequências graves para isso. Elas são orgulhosas e se gabam de quão incríveis elas são e não são pacientes ou gentis. Elas ouvem a lei, mas não a obedecem; não praticam o que pregam.

> Ninguém é justo, todos se afastaram de Deus. Não podemos ser aceitáveis a Deus obedecendo à lei. Nossa incapacidade de obedecer à lei mostra nossa natureza pecaminosa. Não há diferença entre judeus e gentios — todos pecaram e ficaram aquém dos padrões de justiça de Deus.

Jesus, o Melhor e Último Sacrifício Necessário

O segundo tema conta como a morte de Jesus foi o melhor e último sacrifício de sangue necessário para tirar os pecados do mundo e permite que as pessoas permaneçam justificadas e justas diante de Deus. O sangue derramado por Cristo parou permanentemente a ira de Deus contra a natureza pecaminosa das pessoas, assim como os sacrifícios de animais de alta qualidade anteriormente removiam os pecados dos israelitas. Mas aqueles sacrifícios apenas pararam temporariamente a ira de Deus contra os judeus. O sacrifício de Jesus se aplica a todos.

Abraão foi 'justificado' (justo) por causa de sua fé. Ele se mudou obedientemente da Mesopotâmia para Canaã e estava pronto para matar Isaque, embora Deus lhe prometesse inúmeros descendentes. Ele nunca perdeu a esperança de ter um filho, mesmo quando ele e Sarah eram muito velhos. Ele não foi justificado por obedecer à lei — ele mostrou sua fé antes de ser circuncidado, o que era simplesmente um sinal de sua fé. Um verdadeiro judeu é alguém que é fiel aos ensinamentos de Deus, não alguém que tem as características externas de um judeu ou obedece à lei. 'Os pecados de um homem (Adão) afetaram todos os humanos; o sacrifício de um homem (Jesus) purificou todos os humanos.'

Os benefícios de ser cristão são gratuitos porque Jesus pagou o preço. As pessoas só precisam ter uma fé sincera em Jesus para permanecerem limpas diante de Deus e obterem os benefícios. Esses benefícios incluem ter paz, alegria e esperança, mesmo em tempos difíceis. O pecado mata, mas Jesus morreu para nos dar vida.

Santidade Cristã

Um terceiro tema centrado nos processos de amadurecimento na fé cristã. As pessoas naturalmente fazem coisas que sabem que não deveriam fazer, mas o espírito de Deus ajuda as pessoas a resistir à tentação e mudar seu caráter. 'Todas as coisas cooperam para o bem daqueles que amam a Deus. O sofrimento produz perseverança, que produz caráter, que produz esperança. Se Deus é por nós, quem será contra nós? Nada pode nos separar do amor de Cristo.' Aqueles que são guiados pelo Espírito não estão dependendo em seus próprios recursos. Eles estão explorando a 'água viva' de Deus, que gradualmente os transforma em pessoas que refletem a natureza e o caráter de Deus. O Espírito ajuda os cristãos a se tornarem sal da terra e luz do mundo.

Atualizando as Promessas aos Israelitas

O quarto tema relacionado à questão de como o judaísmo se relaciona com o crenças cristãs. Deus escolheu os israelitas para serem os representantes de Deus na terra — isso mudou? Paulo sabia que a maioria dos judeus não acreditava que Jesus era o Messias e rejeitava a ideia de que o reino de Deus havia chegado. Os judeus esperavam que o Messias se tornasse rei e derrubasse os romanos. Como um fariseu devoto, Paulo compreendeu plenamente as leis de Moisés e teve uma experiência pessoal que lhe permitiu vincular as ideias do judaísmo com as novas ideias do cristianismo. As novas promessas estão logicamente ligadas às promessas anteriores. Um Deus soberano poderia 'eleger' qualquer grupo de pessoas para ser o povo escolhido. Ao se concentrar em obedecer à lei em vez de ter fé em Deus, os judeus perderam seu status especial como povo escolhido de Deus. Agora, os gentios que tinham fé em Jesus foram incluídos — adotados na família de Deus, um galho enxertado em uma árvore sagrada para substituir os galhos mortos. Os judeus ainda eram especiais para Deus, mas quando Deus incluiu os gentios no reino, houve mais mensageiros que poderiam dar frutos e levar as boas novas do amor salvador e o perdão de Deus a todas as partes do mundo. Os gentios também poderiam ajudar os judeus a entender o plano geral de Deus para o mundo. O amor e a misericórdia de Deus pela raça humana não haviam mudado em nada.

Vivendo como Cristãos no Mundo

Paulo termina discutindo o que era necessário para um cristão viver em um mundo mau. Os cristãos devem ser obviamente diferentes.

> Eu os exorto a oferecer seus corpos como sacrifício vivo a Deus, que é uma forma de adoração. Não se conformem com os caminhos e ideias deste mundo, mas mudem renovando sua mente.
>
> Todos devem usar seus dons da melhor maneira possível. Cada pessoa é parte de um corpo, mas todos nós temos funções e dons diferentes. Alguns pregarão enquanto outros servirão ou ensinarão; alguns vão encorajar ou dar generosamente, enquanto outros vão liderar ou mostrar bondade.
>
> O amor deve ser sincero. Amem uns aos outros e honrem os outros mais do que a si mesmos. Sejam felizes na esperança, pacientes durante os problemas e fiéis na oração. Compartilhem com outros cristãos que estão em necessidade e pratiquem a hospitalidade. Não se orgulhem e pensem em si mesmos mais do que deveriam. Em vez disso, vejam a si mesmos com olhos realistas.
>
> Abençoem aqueles que perseguem você. Alegrai-vos com os que se alegram; chorai com os que choram. Façam o que puderem para viver em paz com todos. Estejam dispostos a se associar com pessoas em posições baixas que fazem um trabalho simples e sujo. Odeie o que é mau; abraçar o que é bom. Não façam mal a quem faz mal a vocês, e façam o que todo mundo acha certo. Não busquem vingança — isso é algo que Deus vai resolver. Em vez disso, 'Se seus inimigos estão com fome, alimente-os; se estiverem com sede, dê-lhes algo para beber. Ao fazer isso, você amontoará brasas ardentes sobre a cabeça deles.'[8] Não se deixem vencer pelo mal, mas vença o mal com o bem.
>
> Submetam-se aos funcionários do governo que fornecem justiça. Deem a eles o que vocês devem: Se vocês devem impostos ou têm dívidas, pague-as. Respeite e honre quem precisa.

---

[8] Confira a nota de rodapé do Capítulo 13, na seção relacionada a Provérbios 25, para ver o significado deste ditado.

Carta aos Colossenses

A cidade de Colossos ficava a 160 quilômetros a leste de Éfeso e estava em uma importante rota comercial que ligava a Ásia e a Europa. Paulo nunca tinha estado lá, mas tinha visitado cidades próximas e ouvido falar de sua crescente igreja composta principalmente de gentios. Paulo escreveu aos colossenses para abordar os falsos ensinamentos que a igreja estava enfrentando, ensinamentos que misturavam legalismo judaico, filosofia grega e misticismo oriental.

A primeira metade da carta tratou da doutrina cristã correta. Ele enfatizou a supremacia de Jesus.

> Jesus é a imagem visível do Deus invisível, o primogênito de toda a criação. Todas as coisas na terra e no céu, visíveis e invisíveis, foram criadas por ele e para ele. Ele existia antes de todas as coisas, e ele mantém todas as coisas juntas. Ele é a cabeça do corpo, a igreja, e é supremo em tudo. A plenitude de Deus viveu nele, e por meio dele todas as coisas na terra e no céu são reconciliadas com Deus por meio do sacrifício de seu sangue na cruz.

Paulo implorou a seus leitores que se concentrassem em Jesus, em vez de seguir práticas judaicas estritas, filosofias de adoração de anjos e ideias de abnegação. A mistura desses elementos adicionais na fé desviou a atenção das pessoas da ideia de que Jesus era tudo o que os cristãos precisavam para estar bem com Deus.

> Cristo morreu para que você não precise seguir as regras deste mundo que dizem: 'Não toque, não experimente!' Essas regras são baseadas em comandos e ensinamentos humanos que parecem sábios com sua falsa humildade e tratamento severo do corpo, mas não têm valor duradouro.

Na segunda parte da carta, Paulo escreveu sobre como os cristãos devem se comportar. Os crentes devem se concentrar em fazer coisas de Deus, não coisas más.

> Tire o seu antigo eu e coloque o seu novo eu. Isso significa acabar com a raiva, deixar de dizer mentiras sobre os outros, palavrões, imoralidade sexual, maus desejos e egoísmo. Como povo escolhido de Deus, mostre

compaixão, bondade, humildade, mansidão e paciência. Suportai-vos uns aos outros e perdoai-vos uns aos outros, assim como Jesus fez. Mais importante, ame os outros para que todos fiquem juntos. Aja com sabedoria em relação a pessoas de fora e aproveite ao máximo todas as oportunidades. Suas conversas devem ser cheias de paciência e bondade enquanto você fala com os outros.

Carta aos Efésios

Paulo escreveu uma carta mais longa e mais sofisticada à igreja em Éfeso que era semelhante à sua carta aos Colossenses. Ele enviou as duas cartas mais ou menos ao mesmo tempo enquanto estava na prisão em Roma. Ele morava em Éfeso há vários anos, então conhecia bem seu público. Não havia nenhuma razão específica para escrever além de continuar ensinando a igreja sobre o que significava ser a igreja.

Enquanto sua carta aos Colossenses enfatizava Jesus como o cabeça da igreja, sua carta aos Efésios enfocava a igreja como o corpo de Cristo, uma coleção de pessoas escolhidas que foram adotadas na fé. A natureza geral da carta indica que provavelmente era para ser enviada às outras igrejas da região. Como a carta aos Colossenses, sua carta tinha duas partes principais — uma sobre ideias cristãs corretas e a outra sobre como viver a fé no mundo.

A primeira parte da carta afirma que sempre foi parte do plano maior de Deus que todas as pessoas na terra tivessem um relacionamento amoroso com Deus, não apenas os judeus. As três formas de Deus desempenharam um papel no desenvolvimento e continuação do plano geral de Deus. Deus 'Pai' escolheu os crentes; o Filho (Jesus) santificou as pessoas por meio de sua morte, que perdoou todos os pecados do mundo; e o Espírito guiava as pessoas que viviam na terra. Paulo enfatizou que as pessoas não fizeram nada para ganhar qualquer status especial com Deus. Foi inteiramente a graça de Deus, um dom gratuito e imerecido que veio aos crentes por causa de sua fé em Jesus.

Você estava anteriormente morto em seus pecados, mas agora você está vivo em Cristo — seus pecados estão perdoados. A graça nos salvou por causa de nossa fé; é um dom gratuito de Deus, não pelo que fizemos para que possamos nos gabar disso. Somos obra de Deus e fomos criados para fazer boas obras. Deus nos preparou para fazer isso há muito tempo.

Judeus e gentios são agora um grupo com cidadania no céu. O propósito de Deus era criar uma nova humanidade das duas, fazendo assim a paz. Os gentios não são mais estrangeiros e estrangeiros, mas concidadãos do povo de Deus e membros da família de Deus que foi edificada sobre o fundamento dos apóstolos e profetas. Jesus é a principal pedra angular — nele todo o edifício é unido e se eleva para se tornar o templo santo de Deus. Em Jesus, você é a igreja que está sendo construída para estar onde o Espírito de Deus vive.

Paulo se via simplesmente como servo de Deus para ajudar a revelar esse plano geral aos gentios. Ele não queria que ninguém sentisse pena dele enquanto estivesse na prisão. Ele estava fazendo o que deveria fazer. Ele só queria que os crentes entendessem o incrível amor que Deus tinha por eles e continuassem crescendo em sua fé e amor uns pelos outros.

Essas ideias foram desenvolvidas na segunda parte da carta — um extenso conjunto de instruções e encorajamento para viver em paz uns com os outros, apesar de sua diversidade, para que o mundo veja um exemplo de como as pessoas devem viver como uma só na terra.

Mostrar unidade dentro de um grupo diversificado tinha implicações para os indivíduos (como eles deveriam viver suas próprias vidas como novas criaturas) e para o grupo (como a diversidade da igreja deveria operar em unidade). Cada pessoa tinha um papel diferente, assim como as diferentes partes do corpo ajudam o corpo inteiro a funcionar. Paulo escreveu muitas das mesmas coisas que escreveu aos colossenses sobre como os cristãos devem viver suas vidas e como viver em uma comunidade de fé. Ele expandiu seus pontos de vista sobre os papéis dentro da família.

Submetam-se uns aos outros por respeito a Cristo. Esposas, submetam-se a seus maridos como se submetem ao Senhor. Maridos, amem suas esposas como Cristo amou a igreja e se entregou por ela para santificá-la. Amem suas esposas como se fossem seu próprio corpo. Quem ama sua esposa ama seu próprio corpo, assim como Jesus ama a igreja.

Filhos, obedeçam a seus pais. Pais, não irritem seus filhos. Crie-os com treinamento e instrução sobre o Senhor. Escravos, obedeçam a seus senhores com respeito e sinceridade. Mestres, tratem seus escravos da mesma maneira. Não os ameace, pois nosso Mestre no céu não mostra favoritismo. Sirva aos outros como se estivesse servindo ao Senhor, que nos recompensará com base no que fizermos, e não em se somos escravos ou livres.

Paulo terminou sua carta encorajando a igreja a estar em guarda contra o mal enquanto se fortalece para manter e expandir a fé. Usando a analogia da armadura de um soldado, ele descreveu ferramentas defensivas e ofensivas para combater os esquemas do diabo. 'Nossa luta não é contra carne e sangue, mas contra os poderes das trevas neste mundo e contra as forças espirituais do mal.'

Carta aos Filipenses

Filipos era uma cidade importante na Macedônia e a primeira cidade na Europa que Paulo visitou. Era uma próspera colônia romana, e os gentios da igreja eram cidadãos romanos que sustentavam Paulo financeiramente. Ele escreveu sua carta quando estava na prisão em Roma e é muito pessoal. Ele deu uma atualização sobre suas viagens e agradeceu o apoio financeiro. Ele falou sobre como estava em prisão domiciliar e disse que estar na prisão ajudando a espalhar o evangelho — os guardas da prisão e vários oficiais romanos estavam ouvindo as boas novas sobre Jesus.

Paulo encorajou os filipenses a permanecerem firmes em sua fé e se alegrarem quando foram perseguidos por causa de sua fé. Ele não estava preocupado em morrer — ele ganharia com isso estando ainda mais perto de Deus. Ele escreveu sobre a importância de ser humilde e usou Jesus como o exemplo máximo de humildade, que não era considerada uma virtude entre as pessoas que viviam naquela época.

Seja unânime e não faça nada por ambição egoísta. Seja humilde e valorize os outros e os interesses deles acima dos seus. Em seus relacionamentos com os outros, tenha a mesma atitude que Jesus teve. Mesmo sendo uma forma de Deus, ele não considerava a igualdade com Deus como algo que deveria usar a seu favor. Em vez disso, ele se tornou um servo humano e foi obediente a Deus, morrendo de forma humilhante na cruz. Como resultado, Deus o honrou por estar no lugar mais alto e lhe deu o nome que está acima de todo nome. Tudo no céu, na terra e debaixo da terra se curvará a ele, e todos dirão que Jesus Cristo é o Senhor.

Paulo falou sobre suas próprias credenciais como um judeu devoto. Ele poderia ter se gabado de sua formação religiosa e santidade. Mas estes eram agora irrelevantes; ele abriu mão de seus privilégios na comunidade religiosa para crer em Jesus e promover as boas novas. Ele ainda estava aprendendo e tentando entender mais Jesus, mesmo que isso significasse morrer por sua fé.

Não se preocupe com nada. Em todas as situações, apresente seus pedidos a Deus orando com agradecimento. A paz de Deus que está além do nosso entendimento guardará seus corações e mentes. Tudo o que for verdadeiro, tudo o que for nobre, tudo o que for correto, tudo o que for puro — se algo for excelente ou digno de louvor — pense nessas coisas. Aprendi a estar em paz em todas as situações. Eu sei o que é passar necessidade e ter fartura, estar com fome ou bem alimentado. Posso fazer todas as coisas em Cristo que me dá força e o que preciso.

Paulo disse que a cidadania de um cristão está no céu e os crentes são embaixadores do reino de Deus para aqueles que vivem na terra. O cristianismo representou um novo modelo de pensar e viver, e o Espírito transforma e protege os crentes em sua missão neste mundo.

Cartas aos Líderes da Igreja

Paulo escreveu cartas durante e depois que esteve na prisão em Roma para pastores que moravam nas áreas que ele havia visitado. Várias das cartas foram ditadas a escribas que foram autorizados a colocar as ideias de Paulo em suas próprias palavras. Isso levou alguns a duvidar de que Paulo era o autor. As cartas se concentravam principalmente na organização da liderança da igreja, nos ensinamentos sobre a boa conduta no mundo e no tratamento de falsos ensinamentos.

Tito

Paulo escreveu uma carta a seu amigo Tito, um grego gentio que se tornou crente durante a primeira viagem de Paulo à Ásia Menor. Tito estava com Paulo e Barnabé quando eles foram a Jerusalém para contar aos líderes da igreja sobre a conversão dos gentios, e ele foi usado como exemplo durante a discussão sobre a necessidade da circuncisão entre os gentios.

Tito foi deixado na ilha de Creta durante uma das viagens de Paulo e acabou se tornando o líder de todas as igrejas da ilha.

Paulo escreveu para guiar Tito quando nomeou líderes ('anciãos') para liderar as igrejas locais na ilha. Os anciãos deveriam mostrar os frutos do espírito (por exemplo, ser paciente, gentil, hospitaleiro, auto-controlado, disciplinado). Eles precisavam ter uma fé forte: agindo com santidade, apegando-se firmemente à mensagem cristã, encorajando os outros com o ensino correto e se opondo aos que não acreditavam, sendo fiéis às suas esposas e não sendo violentos ou bebendo muito álcool. Na verdade, essas qualidades devem ser exibidas por todos os crentes, inde-pendentemente de sua posição ou gênero. Isso ajudaria as pessoas a res-peitar e admirar aqueles que seguiram a Jesus.

Paulo disse a Tito para reprimir os judeus que estavam dizendo coisas ruins sobre os crentes gentios que não seguiam os costumes judaicos. Ele também disse a Tito para ensinar todos os crentes a não se rebelarem contra os líderes do governo, fazer o bem sempre que pudessem e evitar falar sobre controvérsias tolas e inúteis. Aqueles que causavam divisões deveriam ser advertidos várias vezes, e se continuassem com esse compor-tamento, deveriam ser evitados.

Filemom

A carta mais curta de Paulo (uma página) foi escrita enquanto ele era prisioneiro em Roma. Ele conheceu e converteu um escravo chamado Onésimo (que significa 'útil') enquanto ambos estavam na prisão. O escravo pertencia a Filemom, um cristão que morava em Colossos e diri-gia uma igreja doméstica. Paulo já havia ajudado Filemom a se tornar um crente enquanto eles estavam em Éfeso. Onésimo havia tomado um pouco do dinheiro de Filemom e fugido para Roma. Onésimo estava sendo libertado da prisão, e Paulo o convenceu a retornar a Filemom e ser útil em vez de inútil como um escravo desaparecido.

A carta de Paulo incentivou Filemom a acolher Onésimo novamente e tratá-lo como concrente e não puni-lo ou matá-lo como faria com um escravo fugitivo típico. Paulo prometeu pagar a Filemom o dinheiro que Onésimo lhe devia. Paulo deu a entender que Filemom deveria libertar Onésimo da escravidão e que Filemom devia um favor a Paulo por causa de sua própria conversão.

(Onésimo foi libertado por Filemom e se tornou bispo da igreja em Éfeso; Filemom tornou-se bispo da igreja em Gaza. Ambos os homens acabaram sendo mortos pelos romanos por causa de sua fé.)

Timóteo

Paulo escreveu duas cartas a Timóteo, o cristão meio gentio de Listra que era seu companheiro de viagem. Embora Timóteo fosse jovem, Paulo o deixou encarregado de liderar a grande e diversificada igreja de Éfeso devido suas habilidades de pregação e ensino.

Em sua primeira carta, Paulo advertiu Timóteo sobre vários judeus que estavam ensinando ideias incorretas sobre o que era necessário para ser um cristão. A ênfase deles era obedecer às leis de Moisés, não amar os outros e ter fé em Jesus. A lei ainda era útil quando tratava de criminosos, mentirosos, rebeldes, traficantes de escravos e aqueles que praticavam a imoralidade sexual.

Paulo também escreveu sobre como organizar os cultos e a igreja. Ele deu instruções sobre como orar, como as mulheres deveriam se vestir e quem deveria falar e ensinar durante o culto. Ele deu a Timóteo muitas das mesmas instruções que deu a Tito sobre as qualificações para os anciãos (também chamados de bispos), e discutiu as qualificações dos diáconos.

Ele deu conselhos a Timóteo sobre como manter sua saúde e observou que pagar os anciãos por seu trabalho era uma boa ideia. Ele o encorajou a buscar a piedade e mostrar fé, amor, perseverança e gentileza para com os outros. Finalmente, Paulo lhe deu conselhos sobre como lidar com os crentes em todas as áreas da vida: velhos e jovens, casados, viúvos ou solteiros, escravos e seus senhores, aqueles acusados de pecado, ricos e pobres.

> Contente-se com o que você tem. Quem quer ficar rico cai na armadilha. Muitos desejos tolos são prejudiciais e arruínam as pessoas, pois o amor ao dinheiro causa todo tipo de mal. Alguns que estão ansiosos por dinheiro deixaram a fé e tiveram muitos problemas. Aqueles que são ricos nesta vida não devem se orgulhar ou colocar sua esperança em suas posses que podem ser incertas. Eles devem colocar sua esperança em Deus, que provê ricamente tudo o que precisamos para sermos felizes. Ordene-lhes que façam o bem e sejam ricos em

boas obras, sendo generosos e dispostos a compartilhar. Desta forma, eles armazenarão seus tesouros no céu.

A segunda carta de Paulo a Timóteo foi escrita muito mais tarde, quando ele estava novamente na prisão em Roma. Ele estava sofrendo em uma cela de prisão fria porque era cristão. Paulo acreditava que em breve seria morto pelos romanos sob Nero, e foi o último registro de qualquer um dos escritos de Paulo. Todos os cristãos estavam sendo perseguidos na época e muitos de seus seguidores o abandonaram, então ele estava se sentindo sozinho.

Embora Paulo estivesse deprimido, ele encorajou Timóteo a manter a fé e não ter medo de morrer por causa de sua fé. O sofrimento fazia parte da vida cristã, e morrer significava estar mais perto de Deus. Paulo advertiu Timóteo sobre falsos mestres que passavam tempo discutindo sobre coisas que não eram importantes. Aqueles que se opusessem a ele deveriam ser tratados com gentileza para que caíssem em si, se arrependessem e se voltassem para a verdade.

Paulo também disse a Timóteo para continuar pregando e ensinando a partir das escrituras, que o tornaram sábio e o fizeram entender as palavras e pensamentos de Deus. As escrituras foram todas úteis para ensinar, corrigir e treinar outros na vida santa. As escrituras inspiradas ajudam a equipar os cristãos para toda obra boa.

Paulo terminou sua última carta pedindo a Timóteo que o visitasse na prisão. Lucas foi a única pessoa que restou em Roma que o confortou e encorajou. (Não há nada escrito sobre se Timóteo chegou a Roma antes de Paulo ser executado.)

Capítulo 23

Outras Cartas aos Crentes

Apóstolos Enviam Cartas Gerais à Igreja

Paulo escreveu para seus irmãos crentes a maior parte das cartas da Bíblia, mas outras cartas foram escritas pelos apóstolos Pedro e João e os dois meios-irmãos de Jesus, Tiago e Judas. Uma outra carta foi escrita por um autor desconhecido para os judeus em geral. Este capítulo resume essas cartas.

As Cartas de Pedro

Pedro escreveu duas cartas aos crentes. A primeira carta foi enviada aos crentes gentios nas cidades que Paulo visitou e que estavam sendo atacados verbal e fisicamente por sua fé. O ponto principal da carta era encorajar os crentes a permanecerem fortes em sua fé enquanto sofriam em tempos difíceis, assim como Jesus fez. Os crentes devem amar uns aos outros, ser bons cidadãos e ter boas famílias para passar uma boa impressão aos outros. No final, seus esforços seriam recompensados no céu.

Deus se agrada quando você sofre e persevera por fazer o bem. Vocês são um povo escolhido, uma nação santa e uma possessão especial de Deus para que possam falar sobre Jesus que o chamou das trevas para sua maravilhosa luz. Sua beleza não deve vir do que você veste — deve ser o seu eu interior, a beleza imperecível de um espírito gentil e tranquilo. Esteja sempre preparado para dar uma resposta a todos que lhe perguntarem por que você tem esperança, mas faça isso com respeito e gentileza. Acima de tudo, amem-se profundamente, pois o amor cobre muitos pecados. Esteja alerta e sóbrio porque seu inimigo, o diabo, anda em volta como um leão que ruge procurando alguém para devorar. Resista a ele e permaneça firme na fé porque você sabe que a família dos crentes em todo o mundo está passando pelo mesmo tipo de sofrimento.

A segunda carta de Pedro é mais curta e se concentra em uma questão diferente: resistir aos falsos mestres e malfeitores que influenciaram a igreja. A diversidade da igreja primitiva trouxe consigo novas ideias que não eram consistentes com os ensinamentos de Pedro, Paulo e outros líderes cristãos, e Pedro quis enfatizar os ensinamentos básicos da igreja.

Ele começou dizendo aos crentes que crescessem em sua fé. 'Empenhem-se para acrescentar à sua fé as virtudes da bondade, do conhecimento, do domínio próprio, da perseverança, da piedade, da fraternidade, e do amor. Porque, se essas qualidades estiverem crescendo em suas vidas, elas te ajudarão a ser operantes e produtivos.' Então ele escreveu que os verdadeiros profetas sempre falam por Deus e da parte de Deus e não confiam em sua própria interpretação pessoal para tentar influenciar os pensamentos e ações dos outros; falsos mestres contam histórias para explorar os crentes crédulos.

Um desses falsos ensinamentos era que Jesus não voltaria e não haveria um julgamento final. Pedro enfatizou novamente que Jesus voltaria e seria o juiz final. O mal seria destruído com fogo, assim como o mal foi destruído pela água nos dias de Noé. O dia era desconhecido porque 'um dia é como mil anos' para o Senhor. Finalmente, os falsos mestres seriam julgados com severidade.

Carta de Tiago

Tiago era um meio-irmão de Jesus que inicialmente não seguia Jesus, mas se tornou um crente após a ressurreição. Tiago liderou a igreja de Jerusalém que Paulo abordou ao discutir questões relacionadas aos gentios. Sua carta foi endereçada a judeus que viviam fora da Palestina. Sua carta enfatizava principalmente o que significava seguir Jesus e não falava muito sobre as ideias cristãs.

A carta é basicamente um manual para a conduta cristã correta, por isso presume que aqueles que a liam já haviam sido judeus bem-informados, que agora eram cristãos. O livro divaga em diferentes direções e discute diferentes tópicos.

Alegre-se quando enfrentar provações, pois as provas de sua fé produzem perseverança, que leva à maturidade. Quem persevera recebe a coroa da vida …. Se lhe falta sabedoria, peça a Deus e a receberá. Mas quando você perguntar, acredite e não duvide. Caso contrário, você não receberá o que pediu .... Se você é tentado, é porque você tem desejos maus. Esses desejos dão origem ao pecado. Deus não faz a tentação; só as coisas boas vêm de cima. Está na natureza imutável de Deus fazer o bem e não fazer o mal .... Não apenas ouça a palavra de Deus — faça o que ela diz .... Aqueles que se consideram religiosos, mas não controlam sua língua, têm uma religião sem valor .... Uma pessoa com uma religião pura cuida de órfãos e viúvas em sua angústia e não é poluída pelos caminhos deste mundo .... Não favoreça os ricos e aqueles que são bonitos. Ame todos igualmente. A riqueza dos ricos será destruída por causa de sua autoindulgência .... Não coloque muita fé em seus próprios planos. Você não sabe o que vai acontecer no futuro. Pode acontecer se Deus quiser que aconteça .... Confesse seus pecados uns aos outros e orem uns pelos outros para que sejam curados. As orações dos justos são poderosas e eficazes.

A outra mensagem principal de Tiago vem em seu ataque àqueles que veem uma diferença entre as pessoas que afirmam ter fé e aquelas que praticam boas ações. As duas coisas caminham juntos: 'A fé de uma pessoa está morta se não for acompanhada também de ação. A fé de nossos antepassados sempre foi demonstrada pelo que eles fizeram.'

Cartas de Judas e João

Judas era irmão de Tiago e meio-irmão de Jesus. Como a primeira carta de Pedro, a carta de Judas se concentrou em abordar falsos ensinamentos que estavam se espalhando na igreja. Não há nada escrito neste livro muito curto (menos de uma página) sobre seu público e os falsos ensinamentos. Judas simplesmente fala fortemente contra os falsos mestres que deturparam o conceito de graça e o papel de Jesus. Esses mestres difamavam coisas que não entendiam. Judas listou muitos exemplos do julgamento de Deus e disse que os falsos mestres seriam punidos um dia, assim como Deus puniu os falsos profetas e mestres que viveram entre os judeus.

Cartas de João

João era pescador antes de se tornar um dos 12 discípulos originais. Ele escreveu um longo relato sobre a vida de Jesus e escreveu três cartas gerais aos cristãos no final do primeiro século d.C. Ele provavelmente morava em Éfeso na época.

João escreveu sua primeira carta para encorajar e fortalecer a igreja enquanto falsos ensinamentos se infiltravam nela. A heresia do gnosticismo estava se desenvolvendo na época, que sustentava a crença de que todas as coisas físicas são más e apenas o espírito é bom. Isso significava que era o espírito de Jesus que contava, não seu corpo; alguns acreditavam que Jesus nem mesmo era humano. Essa crença levou os gnósticos a viverem vidas imorais porque guardar a lei não tinha consequências. Os gnósticos se orgulhavam de suas crenças e desprezavam aqueles que não acreditavam no mesmo que eles.

João se opõe a cada uma das visões gnósticas. Como testemunha ocular e amigo pessoal próximo, João experimentou a realidade da vida física de Jesus. Jesus era Deus em forma física. João também enfatizou a vida correta, a humildade e o amor ao próximo. Um verdadeiro cristão acreditava que Jesus era o Messias e o Filho de Deus, obedecia aos mandamentos de Jesus, vivia uma vida boa e amava outros cristãos.

O amor é isso: Jesus Cristo morreu por nós. Devemos estar dispostos a morrer por nossos irmãos e irmãs. Se alguém tem bens materiais e vê um irmão ou irmã em necessidade, mas não os ajuda, como pode o amor de Deus estar nessa pessoa? Não amemos com palavras, mas com ações. Amemo-nos uns aos outros, porque o amor vem de Deus. Todo aquele que ama é nascido de Deus. Quem não ama não conhece a Deus, porque Deus é amor. Não há medo no amor. O amor perfeito expulsa o medo porque o medo tem a ver com o castigo. Nós amamos porque Jesus nos amou primeiro. Jesus deu esta ordem: Quem ama a Deus deve também amar seu irmão e irmã.

A segunda carta de João tinha apenas alguns parágrafos. Ele escreveu para alertar a igreja sobre falsos mestres que influenciavam a igreja sem seu conhecimento. João disse que a igreja não deveria ter nada a ver com essas pessoas. João também repetiu os dois pontos que destacou em sua primeira carta: a necessidade de os membros da igreja obedecerem aos mandamentos de Jesus e amarem uns aos outros.

A terceira carta de João também foi curta. Ele a enviou para instruir um amigo sobre como lidar com uma situação incomum na igreja. Um irmão que havia sido enviado por João para apoiar várias igrejas não foi aceito pelo líder de uma das igrejas. Esse líder agia com maldade, controlava as pessoas e até expulsou alguns crentes que haviam ajudado outros irmãos visitantes. João agradeceu ao amigo por ter ajudado os irmãos visitantes e indiretamente avisou ao líder que em breve lidaria com ele pessoalmente.

Carta aos Hebreus

Hebreus foi escrito para os judeus para convencê-los de que Jesus era superior a todos os outros heróis do Antigo Testamento. Era para evitar que os crentes judeus voltassem ao judaísmo. Embora Hebreus seja considerado uma carta, é estruturado como um ensaio. Começa discutindo como Deus havia falado primeiro através dos profetas, mas então falou através de Jesus.

> Deus falou anteriormente aos nossos antepassados através dos profetas muitas vezes e de várias maneiras, mas nestes últimos dias, Deus falou conosco através de Jesus. Ele foi designado herdeiro de todas as coisas, e Deus o usou para fazer o universo. Jesus é a representação exata de Deus e mantém o mundo unido por suas palavras. Agora que ele nos purificou de nossos pecados, ele está sentado à direita de Deus no céu. Ele é muito superior a qualquer anjo no céu.

O autor frequentemente se refere a Jesus como sendo 'superior' aos heróis do Antigo Testamento. O autor explica como Cristo é melhor que o Antigo Testamento, melhor que os anjos, melhor que Moisés, melhor que Josué, melhor que todos os sacerdotes e melhor que Abraão. A Nova Aliança — o sacrifício de Jesus purificou as pessoas de seus pecados e fornece vida eterna a todo o povo de Deus, a igreja — é melhor do que a Antiga Aliança. O sacrifício de Jesus é melhor do que os sacrifícios realizados sob a Antiga Aliança, e experimentar Jesus é melhor do que experimentar os eventos no Monte Sinai. Jesus é o grande sumo sacerdote que intercede pelo povo a Deus e é também o Juiz.

> A palavra de Deus é viva e mais afiada do que qualquer espada de dois gumes. Ela julga nossos pensamentos e atitudes ocultos. Nada está escondido da vista de Deus. Tudo é aberto e exposto diante de Deus, a quem devemos prestar contas. Temos um sumo sacerdote que pode simpatizar com nossas fraquezas. Jesus foi tentado de todas as maneiras, assim como nós, mas não pecou.

Jesus veio ao mundo como o sacrifício final; era impossível que o sangue de bodes e novilhos redimisse pecados. Sacrifícios para eliminar a mancha do pecado não eram mais necessários. Mas a libertação do pecado não deu às pessoas permissão para usar essa liberdade para continuar pecando. Em vez disso, o foco de um cristão deve ser 'incentivar-nos uns aos outros ao amor e às boas obras.' Aqueles que têm fé em Jesus devem ser ousados e perseverar em tempos difíceis e não serem tímidos.

A fé é a certeza daquilo que esperamos e a confiança nas coisas que não vemos. Nossa fé nos ajuda a crer no que Deus fez. Foi a fé Abraão que o levou a deixar sua casa em Ur e ir para Canaã e a saber que ele e Sara poderiam gerar um filho mesmo com sua idade avançada. Tivemos fé em Deus quando Moisés nos guiou pelas águas para escapar dos egípcios. Quase todos morreram antes de ver a terra prometida, mas podiam vê-la de longe e não duvidavam porque tinham fé nas promessas de Deus para nós.

Pela fé caíram os muros de Jericó, e pela fé a prostituta Raabe não foi morta porque acolheu os espias. Não tenho tempo para falar sobre Gideão, Baraque, Sansão, Jefté, Davi, Samuel e os profetas. Pela fé eles conquistaram reinos, fizeram justiça e ganharam o que foi prometido. Eles fecharam a boca dos leões, extinguiram a fúria das chamas e escaparam do fio da espada. Sua fraqueza se transformou em força quando eles se tornaram poderosos na batalha.

Outros foram torturados e se recusaram a ser soltos para que tivessem uma ressurreição ainda melhor. Alguns enfrentaram vaias, espancamentos e prisão. Eles foram mortos por apedrejamento, serrados em dois e mortos à espada. Eles usavam peles de ovelhas e cabras e eram pobres e sem-teto, perseguidos e maltratados. Eles vagavam em desertos e montanhas, vivendo em cavernas e buracos no chão.

Já que estamos cercados por uma nuvem tão grande de testemunhas, livre-se de tudo o que nos impede e do pecado que nos aprisiona. Fortaleça seus braços fracos e joelhos fracos e corra a corrida que enfrentamos com perseverança. Fixe seus olhos em Jesus que suportou a cruz e agora está sentado ao lado do trono de Deus.

O autor termina dizendo aos judeus que continuem vivendo uma vida moral e amorosa, praticando hospitalidade aos estranhos e lembrando-se daqueles que estavam na prisão e que sofriam por serem maltratados.

CAPÍTULO 24

Predições Sobre o Futuro

Mensagens Misteriosas Preveem um Final Cataclísmico

Jesus havia falado sobre o reino de Deus como se ele já existisse na terra, mas também como se ainda estivesse por vir. Ele disse que um rei julgaria as pessoas como um pastor que separa as ovelhas dos bodes, enviando ovelhas para o céu e bodes para o inferno. Jesus falou em particular com seus discípulos quando eles lhe perguntaram sobre os acontecimentos do 'fim dos tempos.' Jesus lhes disse:

> Você ouvirá falar de guerras e rumores de guerras, terremotos e fomes — mas essas são apenas dores de parto. Haverá tribulações e muitos vão te odiar porque você me segue. Muitos cairão e trairão outros, e falsos profetas enganarão muitos. O fim virá depois que o evangelho for pregado a todas as nações. Quando você vir o Anticristo de pé no Templo, como Daniel previu, você precisa fugir o mais rápido que puder. A perseguição será como nenhuma outra, e se os tempos não fossem abreviados, ninguém sobreviveria. Os falsos profetas lhe dirão que Jesus voltou e o fim está chegando, mas não acredite neles, pois essas outras coisas devem acontecer primeiro.

Os cristãos pensavam que Jesus logo voltaria como rei para salvá-los do abuso e da perseguição. A esperança deles não era de evitar tempos terríveis, mas de que logo estariam com Jesus. Ele contou parábolas sobre estar pronto para seu retorno — os crentes precisavam estar preparados como uma mulher pura que esperava por um possível marido que pudesse aparecer a qualquer momento.

Mas no final do primeiro século d.C., ficou claro que Jesus não voltaria tão cedo. Os romanos haviam destruído Jerusalém e o Templo e, de acordo com as previsões sobre o retorno do Messias, ambos precisavam existir. Ninguém sabia quando aconteceriam as previsões sobre quando ele voltaria, eliminaria o mal e julgaria todos os que viviam no mundo.

Durante seu ministério, Jesus contou uma parábola sobre a coexistência do bem e do mal.

O reino dos céus é como o que aconteceu com o fazendeiro que semeou boas sementes de trigo em seu campo. Enquanto todos dormiam, seu inimigo plantou sementes de ervas daninhas no campo de trigo e saiu em silêncio. Quando o trigo brotou, o joio também apareceu. Os trabalhadores do agricultor lhe perguntaram: 'Você não semeou boa semente em seu campo? De onde vieram as ervas daninhas?'

O fazendeiro respondeu: 'Um inimigo fez isso.'

Os servos perguntaram ao homem: 'Devemos arrancar as ervas daninhas?'

O homem respondeu: 'Não, se você arrancar o joio, também arrancará um pouco do trigo. Deixe ambos crescerem juntos até a colheita. Então direi aos ceifeiros que recolham as ervas daninhas e as amarrem em feixes que serão queimados. Então direi a eles que juntem o trigo e o tragam para o meu celeiro.'

Então Jesus pode não voltar por muito tempo. Enquanto isso, os crentes vivem ao lado daqueles que não acreditam como eles. Os crentes vivem na terra com sua cidadania no céu; as igrejas são como pequenas colônias que mostram ao resto do mundo um pouco de como será o céu. O reino de Deus veio em parte, mas estará completo quando Jesus voltar e o mal for destruído.

Muitas previsões se tornaram realidade sobre os israelitas e o Messias, mas ainda existem previsões que não se cumpriram. Essas previsões se relacionam principalmente com o 'fim dos tempos', o retorno do Messias e a separação das pessoas que vão para o céu ou para o inferno. Algumas dessas previsões são altamente simbólicas e repletas de imagens vívidas, e os profetas que as receberam de Deus não sabiam o que significavam. Mas eles as escreveram para que outros pudessem entendê-las mais tarde. Por causa da perseguição contínua, os cristãos estavam interessados em quaisquer detalhes que pudessem ter sobre quando sua dor terminaria. Eles suportaram com esperança em vez de sentir pena de si mesmos.

Perto do final do primeiro século, João, o pescador que foi um dos primeiros discípulos, foi um pastor em Éfeso. Ele resistiu aos romanos que queriam matar os cristãos porque eles não juravam fidelidade ao imperador e o adoravam (Daniel enfrentou essa situação quando não adorou o rei Nabucodonosor). Os romanos enviaram João para morar sozinho na ilha grega de Patmos.

Dificuldade em Entender a Literatura Apocalíptica

Quando João estava em Patmos, ele escreveu o livro do **Apocalipse** usando um tipo de literatura popular da época que se relacionava com a destruição do mundo. A literatura apocalíptica usava linguagem altamente simbólica, como animais estranhos e números especiais, e geralmente carecia de detalhes importantes. O conteúdo era difícil de entender e poderia significar muitas coisas diferentes. Esse tipo de literatura foi usado por alguns profetas do Antigo Testamento e autores do Novo Testamento.

Os cristãos estavam sendo perseguidos por não obedecerem às leis romanas que violavam os princípios de sua fé.[9] João queria se comunicar com os membros da igreja à distância, mas era perigoso para ele ser claro em suas cartas. Como a vida de quem receberia a carta poderia estar em perigo se a carta fosse lida por oficiais romanos, João usou termos que tinham duplo sentido ou só seriam entendidos pelos crentes. Era semelhante a como uma equipe atlética ou membros de uma comunidade clandestina usam sinais e termos secretos para se comunicar uns com os outros: suas palavras estavam em código e não deveriam ser interpretadas literalmente. Por exemplo, ele falou sobre os males da Babilônia, mas na verdade ele estava falando sobre os males do império romano. Ele costumava usar o número sete para simbolizar completude (sete cidades e colinas, sete selos, sete estrelas, sete trombetas).

Incentivo às Sete Igrejas

Os três primeiros capítulos de Apocalipse foram dirigidos a sete igrejas na Ásia Menor, começando com Éfeso. As cidades estavam conectadas por uma estrada principal, e a carta deveria ser enviada para a próxima igreja por uma rota circular.

A perseguição fez com que os crentes em cada cidade comprometessem suas crenças e ações para se misturar com os descrentes. João escre-

---

[9] Na última década do primeiro século, o imperador romano Domiciano perseguiu severamente os cristãos. Ele deu a si mesmo o título de 'Senhor e Deus' e queria que todos o adorassem.

veu para encorajá-los a resistir à tentação de adorar o imperador romano e permanecer fiel às suas crenças. Os crentes deveriam ter esperança porque Deus está no comando e no fim vencerá a guerra contra o mal.

João ajustou suas mensagens à situação específica que cada igreja local enfrentava. Por exemplo, Laodiceia era uma cidade próspera, e as pessoas em sua igreja eram preguiçosas e autossuficientes. Embora a cidade fosse um centro econômico, João disse que a igreja era espiritualmente pobre; embora a cidade produzisse roupas bonitas, João disse que os crentes estavam nus; embora a cidade tivesse uma escola de medicina, ele disse que a igreja era cega. As fontes termais da região eram boas para banho, e a água fria era refrescante no calor. A água quente que fluía para a cidade através dos aquedutos ficava morna quando chegava até eles, e a água morna era usada para provocar vômitos. João disse aos da igreja estas palavras de Deus:

> Assim, porque você é morno, nem frio nem quente, estou a ponto de vomitá-lo da minha boca. Você diz: Estou rico, adquiri riquezas e não preciso de nada. Não reconhece, porém, que é miserável, digno de compaixão, pobre, cego e que está nu. Repreendo e disciplino aqueles que eu amo.

Mas apesar da preguiça e do orgulho da Igreja, João a lembrou da bondade de Deus. Deus diz: 'Eis que estou à porta e bato. Se alguém ouvir a minha voz e abrir a porta, entrarei e cearei com você.' A escolha está sempre lá para que o indivíduo responda, sem ser forçado, ao convite para conhecer Deus. Um tema central das escrituras é que depois do pecado e do julgamento, Deus provê amor e graça ao invés de punição.

O Fim da História

Depois de escrever para as sete igrejas, João escreveu sobre visões do futuro que vinham de Deus como uma mensagem para todos os crentes. Ele descreveu um conjunto de eventos associados ao fim dos tempos, quando Jesus retornará do céu. Haverá 'dores de parto' que sinalizam que os eventos finais estão chegando, e então os eventos finais ocorrerão.

João descreveu os eventos finais da história em termos de um 'arrebatamento' (cristãos indo para o céu), uma 'tribulação' (anos de intensa perseguição aos cristãos, acompanhados por muitos desastres naturais e guerras), uma 'besta' (um poder maligno que usa seus poderes contra os cristãos), o Anticristo (um falso profeta identificado pelo número 666)[10], uma batalha final entre as forças do bem e do mal no Armagedom (um vale no norte de Israel), um 'milênio' (mil anos de paz), e o retorno de Cristo, que derrota todos os poderes das trevas e queima todo o mal. O reino de Deus será então estabelecido no céu e na terra sem que nenhum mal esteja presente.

Não está claro como todos esses personagens e acontecimentos funcionam juntos. Algumas pessoas acreditam que o arrebatamento virá primeiro, depois a tribulação, seguida pela segunda vinda de Cristo e o milênio. Então ocorre um ataque final do mal, após o qual Cristo volta pela terceira vez e derrota o mal em uma batalha final. Outros acreditam que os cristãos experimentarão o arrebatamento após a tribulação; depois disso vem o milênio, seguido pelo retorno de Cristo e o julgamento final. Outra visão é que já estamos no milênio e a tribulação virá antes do arrebatamento.

Há uma justificativa para cada visão, e outras combinações são possíveis. Mas por causa dos mistérios do simbolismo e da falta de detalhes sobre como e quando os eventos acontecerão, ninguém sabe realmente como todos esses eventos irão se desenrolar. Muitos estudiosos acreditam que os eventos se aplicam em um sentido geral e podem ser interpretados no contexto de eventos em vários momentos da história, com o ponto principal de que os cristãos devem perseverar e ter esperança em tempos de extrema dificuldade. Nesta perspectiva, as revelações do Apocalipse não se destinam a prever eventos específicos no futuro. Para muitos crentes, basta saber que existirá um final feliz, apesar de um processo doloroso.

Um sinal de que o fim dos tempos se aproxima é a construção do Templo pela terceira vez em Jerusalém. Prevê-se que o Anticristo servirá no Templo, apenas para se voltar contra os judeus e persegui-los. Muitos desastres naturais, como terremotos, fome e escuridão, estão previstos

---

[10] O significado de 666 é desconhecido. Foram feitas tentativas de identificar a pessoa usando um sistema de numeração associado ao alfabeto. Muitos estudiosos pensam que simbolizava a incompletude (o número 7 simbolizava a completude, então 666 chegava perto, mas não era exatamente 777), e pode também se referir a um imperador romano. Os holandeses pensaram que estava relacionado ao ano em que perderam a grande batalha naval, 1666. Muitos alegaram que Adolf Hitler cumpriu as condições do Anticristo.

para ocorrer nos dias finais.[11] João confirmou alguns detalhes que Isaías e Paulo disseram que aconteceria sobre o retorno de Jesus: aqueles que morreram voltarão à vida como Jesus fez, e toda criatura, morta ou viva, se curvará e honrará Jesus como o Rei e Senhor do universo.

Uma série de coisas terríveis estão previstas para acontecer antes da batalha final entre o bem e o mal. As forças do bem são lideradas por um rei brilhante, o 'Leão de Judá', a 'Raiz de Davi' (Jesus), 'digno de receber poder, riqueza, sabedoria, força, honra, glória e louvor.' Vários desastres naturais, pragas, guerras e terror serão realizados por homens maus.

O mal se tornará muito forte e difundido na tentativa desesperada do inferno de derrotar as forças do bem. Mas, finalmente, Deus terá visto o suficiente e será a hora do julgamento. Uma batalha entre muitas nações ocorrerá em Armagedom, e a descrição da batalha se assemelha muito à guerra moderna — os sons de jatos estrondosos, bombas e mísseis caindo do céu, flashes de luz e destruição generalizada. As forças do mal atacam o céu, mas são derrotadas pelo exército de anjos de Deus, liderados pelo arcanjo Miguel. Babilônia é destruída por causa de sua imoralidade, religiões falsas e os confortos do materialismo. Os indivíduos são então julgados, e os incrédulos serão esmagados como uvas em um lagar. Deus então lança a maioria dos poderes malignos em um lago de fogo.

O mal ainda existe, mas não tem influência na terra, o que leva a um longo período de paz. Isso mostra às pessoas como a vida pode ser sem a influência do mal. Mais tarde, Satanás será solto e as forças do mal cercarão o povo de Deus, mas o fogo virá do céu. Satanás e todas as forças do mal restantes serão lançados no lago de fogo, onde serão atormentados dia e noite por toda a eternidade — eles finalmente terão o que merecem.

Um Novo Céu e uma Nova Terra

Os que estão no céu se regozijarão com a destruição do mal e cantarão: 'Aleluia, porque o Senhor, Deus Todo-Poderoso, reina.' A cidade santa de Jerusalém será restaurada na terra, e a morada de Deus (o céu) estará entre o povo. O rei dirá de seu trono:

---

[11] A criação da nação de Israel em 1948, após quase 1.900 anos sem status de nação, levou alguns cristãos e judeus a acreditarem que é um sinal de que o fim dos tempos está chegando. Desastres naturais mais graves e mudanças no clima do mundo apoiam suas crenças.

Não haverá mais lágrimas em seus olhos e não haverá mais morte ou choro ou dor — as coisas antigas já passaram e eu fiz tudo novo! Está feito. Eu sou o Alfa e o Ômega, o Princípio e o Fim. A quem tiver sede darei água de graça da fonte da água da vida. Os vencedores herdarão tudo isso. Eu serei seu Deus, e eles serão meus filhos.

A fundação e as paredes da cidade santa são espetaculares. Não há sol nem lua porque a glória de Deus sempre a ilumina; não há escuridão nem noite. Aqueles cujos nomes estão escritos no livro da vida viverão como a noiva de Deus para sempre. Assim como no livro de Jó, a dor e o sofrimento do povo de Deus são finalmente recompensados — a perseverança dos fiéis resulta em um final feliz. As batalhas espirituais têm sido épicas ao longo dos tempos, mas a guerra chega ao fim. Há vitória total, e o mal é destruído para sempre.

João termina escrevendo que foi Jesus quem lhe disse para escrever sobre sua visão para a igreja. Jesus diz a todos: 'Venho em breve. Que os que têm sede venham a mim.' Amém.

Epílogo

O Apocalipse foi o último livro escrito por uma testemunha ocular da vida de Jesus que foi incluído na Bíblia. O movimento cristão cresceu rapidamente em todo o Império Romano graças, em parte, aos 200 anos de paz no império na época e a um excelente sistema de estradas. Isso tornou mais fácil para as pessoas viajarem com segurança por longas distâncias. Os judeus se espalharam por todo o império depois que Jerusalém foi destruída em 70 d.C., e trouxeram consigo uma compreensão do Deus de Abraão, a história dos israelitas e todos os profetas. Isso tornou as mensagens daqueles que espalhavam as notícias sobre Jesus mais compreensíveis.

Embora o cristianismo fosse uma religião ilegal e muitos crentes fossem mortos em todo o império, um relato escrito por volta de 200 d.C. dizia que os cristãos 'enchiam as cidades, ilhas, fortalezas, vilas, mercados, o próprio exército, tribos, empresas, o Palácio Imperial, o Senado, o Fórum.' Em outras palavras, os cristãos eram encontrados em todos os lugares.

A propagação do cristianismo foi influenciada pelas promessas de vida após a morte aos crentes e pela queda prevista do Império Romano. Justino Mártir tentou convencer o governo romano de que os cristãos eram bons cidadãos, embora não adorassem os deuses romanos, mas foi morto com alguns de seus discípulos em 165 d.C. Outros líderes cristãos foram perseguidos e mortos de maneira dramática e macabra. Por causa da forte perseguição contra os cristãos, a maioria dos crentes na época pensava que estava no meio da tribulação. O Império Romano finalmente parou de perseguir os cristãos em 313 d.C. durante o governo de Constantino. Mais de 1.700 anos depois, os cristãos ainda são perseguidos e maltratados em algumas partes do mundo.

Em 1517, um monge na Alemanha chamado Martinho Lutero levantou preocupações sobre as práticas e ideias religiosas da Igreja Católica Romana. Seus protestos levaram ao movimento protestante, e vários estudiosos religiosos iniciaram novas formas de igreja. Desde aquela época, muitos outros grupos protestantes ('denominações') se formaram com base em suas diferentes visões religiosas. O poder da igreja era reduzido à medida que a interpretação das escrituras de cada crente se tornava mais aceitável. Se as pessoas não concordavam com o que estava sendo ensinado ou qualquer outra coisa que estava acontecendo na igreja, elas simplesmente saíam e iam para outro lugar ou não continuavam fazendo parte de nenhuma igreja. Enquanto isso, a Igreja Católica é liderada por uma pessoa (o Papa) e permanece intacta enquanto continua mudando suas tradições ao longo do tempo.

Nos últimos 200 anos, tem havido mais interesse de alguns grupos de cristãos em espalhar o evangelho por todo o mundo, às vezes enquanto prestam serviços necessários a outros, como educação e assistência médica. As palavras finais de Jesus na terra ordenaram aos crentes que 'fizessem discípulos de todas as nações' (a 'Grande Comissão' encontrada em Mateus 28:19-20). A palavra nação se aplica a diferentes tipos de pessoas, não a governos, e esse comando motivou muitos a encontrar grupos de pessoas no mundo que ainda não ouviram as mensagens de Jesus e a comunicar essas mensagens ao seu povo em termos que eles entendam.

No início de 1800, um pregador chamado Charles Finney iniciou um movimento de reavivamento para levar as pessoas a retornar à igreja e converter as pessoas ao cristianismo. Ele usou diferentes métodos para aumentar o número de convertidos. Uma nova maneira de definir um cristão e uma igreja bem-sucedidos tornou-se o número de pessoas que tomaram a decisão de seguir a Jesus.

Nos últimos 150 anos, as igrejas protestantes nos Estados Unidos diferiram significativamente em sua abordagem de várias questões sociais, como escravidão e relações raciais, e questões religiosas, como a veracidade das escrituras e a importância de cuidar da necessidades físicas das pessoas. Essas diferenças levaram a muitas divisões dentro da igreja. O rótulo Cristão agora significa muitas coisas diferentes.

Aqueles que se dizem cristãos representam cerca de 30% da população mundial, e o cristianismo é o maior grupo religioso do mundo. Cerca de metade dos 2,4 bilhões de cristãos são católicos, e a maioria se encontra na África, Ásia e América Latina. Os muçulmanos representam o segundo maior grupo religioso (cerca de 25% da população mundial), e o islamismo tem a taxa de crescimento mais rápida entre as principais religiões do mundo.

Perspectiva do Autor

Os primeiros capítulos da Bíblia descrevem a bela criação de Deus que foi danificada pelas forças do mal. As pessoas receberam a capacidade de distinguir entre o certo e o errado e a liberdade de escolher sua própria maneira de viver. Aqueles que são egoístas e não seguem a Deus acabam prejudicando a si mesmos e aos outros. Deus sempre perdoa e ama todas as pessoas, mesmo que ninguém seja perfeito. O apoio de Deus às pessoas geralmente ajuda inclusive aqueles que não acreditam, enquanto, ao mesmo tempo, o mal no mundo também afeta aqueles que seguem a Deus. A vida nem sempre é justa e muitas vezes não sabemos o que vai acontecer em nossas vidas.

Forças do Mal Ainda Existem

As previsões feitas no livro do Apocalipse sobre a destruição do mal obviamente ainda não se tornaram realidade. Muitas coisas ruins no mundo ainda causam dor, sofrimento e morte.

As forças do mal afetam silenciosamente muitos aspectos da vida e tentam perturbar as forças do bem nos indivíduos e na sociedade. A maldade e a injustiça ainda são sinais de influências malignas.

Paulo disse àqueles em Éfeso: 'A nossa luta não é contra pessoas, mas contra os poderes e autoridades e as forças espirituais do mal.' (Efésios 6:12). Os caminhos do mal podem ser atraentes, mas Satanás se apresenta como 'um anjo de luz' e influencia as pessoas a seguirem o caminho errado. O resultado final da ação maligna é muitas vezes alguma forma de terrível dor, e ninguém sabe quando o mal neste mundo terminará.

Aqueles que seguem e praticam os ensinamentos de Jesus representam o reino dos céus para os outros na terra. Assim como os embaixadores de hoje em outros países não obedecem às leis que violam as leis e os requisitos de seu país de origem, os cristãos devem viver neste mundo, mas não violar os requisitos de Deus. Individualmente e como grupo, os cristãos devem ser exemplos do amor e do perdão de Deus. O povo de Deus, a igreja, deve ter uma maneira diferente de pensar e agir. Os cristãos devem ser o principal modelo de Deus para o mundo sobre como as pessoas devem viver na terra e promover a paz em meio ao conflito.

Ser Embaixador de Deus é Muito Desafiador

Ser um embaixador eficaz não é uma tarefa fácil. Os cristãos não são exemplos perfeitos, e a igreja está constantemente sendo atacada por forças do mal que concentram seus esforços nos crentes e nas organizações que eles criam. Uma estratégia usada pelas forças do mal é reduzir a influência e as mensagens da igreja. Isso é feito criando divisões, distrações e dúvidas e tornando as coisas pequenas importantes enquanto as coisas mais importantes são ignoradas. Isso faz com que os cristãos se concentrem em falar sobre ideias religiosas em vez de agir com amor.

Outra maneira pela qual as forças do mal afetam a igreja é influenciando lentamente os cristãos a abraçar a cultura dos não-cristãos. Paulo advertiu os cristãos sobre isso: 'Não se amoldem ao padrão deste mundo, mas transformem-se pela renovação da sua mente' (Romanos 12:2). O mundo pensa que o sucesso é definido pela riqueza, saúde e vida confortável de uma pessoa. Por essa definição, muitos cristãos são bem-sucedidos, mas nada disso proporciona felicidade duradoura ou alegria interior.

Relativamente poucos crentes fazem uma diferença significativa no mundo porque isso requer seguir as prioridades de Deus. Fazer a diferença requer auto sacrifício, às vezes até a morte. Todos devemos decidir o que fazer com nossas vidas, pelo que viver e pelo que morrer; nossa vida e morte devem ter significado. Seguir a Jesus exige que as pessoas façam sacrifícios e ajudem os outros.

A parábola de Jesus do agricultor que semeou sementes, descrita no Capítulo 16, discute esse desafio. Dois dos três tipos de sementes que se enraízam não produzem colheita. Um tipo refere-se àqueles que caem quando as coisas ficam difíceis porque ainda não estão maduros em sua fé. O outro tipo refere-se àqueles que são sufocados pelas preocupações, riquezas e prazeres da vida.

Fazendo o que é Necessário

Os cristãos são chamados a combater as forças do mal com amor e compaixão e a promover a justiça para todas as pessoas. Deus exige que as pessoas 'Pratiquem a justiça, amem a fidelidade e andem humildemente com o seu Deus.' (Miquéias 6:8). Jesus condenou os fariseus por fazerem de sua religião um espetáculo, mas não fazerem essas três coisas. Na verdade, Jesus só se irritou quando falou com líderes religiosos que diziam uma coisa mas faziam outra, que julgavam os outros com severidade e que usavam a religião para promover seus próprios interesses.

A mensagem de Miquéias é simples, mas vivê-la é muito difícil. Só é possível através do processo lento e constante de se tornar mais como Jesus e ser guiado pelo espírito de Deus para agir de maneira a proporcionar cura e esperança aos outros. A tarefa é mais fácil quando somos apoiados por quem faz essas coisas. O reino de Deus na Terra cresceu rapidamente porque os primeiros cristãos amavam os outros de maneiras incomuns. Eram as ovelhas que alimentavam os famintos, davam de beber aos sedentos, convidavam o estrangeiro a entrar, vestiam os nus, cuidavam dos doentes e visitavam os presos. A verdadeira fé e crença são mostradas através das ações de alguém, não pelas suas palavras.

Os cristãos que refletem o caráter de Deus exibem certos tipos de 'frutos.' Paulo disse aos primeiros crentes: 'O fruto do Espírito é amor, alegria, paz, paciência, amabilidade, bondade, fidelidade, mansidão e domínio próprio' (Gálatas 5:22-23). Aqueles que se dizem cristãos, mas não exibem esses frutos, não são bons modelos a se seguir. Reconheceremos cristãos maduros por seu amor pelos outros, não pelo que eles dizem que acreditam.

Vale a pena?

Encontrei profunda felicidade e significado estudando os acontecimentos e ensinamentos da Bíblia e buscando uma vida que serve aos outros. Minhas crenças são demonstradas através de minhas ações, e as experiências da minha vida e de outros me convenceram de que Deus é muito real e Jesus é o melhor exemplo a se seguir.

Minha vida se desenrolou de maneiras não planejadas e tem sido uma aventura incrível. Me deixei levar pelo fluxo da vida e fiquei aberto a todas as possibilidades. Como Abrão quando foi chamado por Deus enquanto morava em Ur, eu escutei e agi sem saber para onde iria em seguida. Não tenho medo de arriscar e quero fazer a diferença e ter uma vida com sentido. Agora vejo como e por que Deus fechou as portas que eu buscava enquanto abria outras que eram mais compatíveis com os planos de Deus. A mão invisível de Deus me abençoou por toda a minha vida. Eu passei por sofrimentos humanos normais, mas também fui poupado de dificuldades extremas e muitas tentações. Quando vivi milagres, eles vieram no momento certo. Eles me convenceram que Deus está sempre presente, então não preciso me preocupar.

Não preciso de provas concretas e científicas da existência de Deus para acreditar ou agir, pois 'nem tudo que conta pode ser contado' (uma citação atribuída a Albert Einstein). Há uma quantidade esmagadora de evidências da presença de Deus no mundo. Muitos experimentaram coisas que não têm explicação lógica.

Minha fé e experiências me dão esperança para o futuro e inspiração e energia para amar os outros sem esperar nada em troca. Quanto mais eu vivo, mais estou convencido de que amor e trabalho são o que o mundo precisa agora mais do que nunca, mesmo que não haja recompensa após a morte. Jesus é uma luz guia confiável que muitas vezes permanece invisível. Ele usou seu poder para o bem dos outros, não para si mesmo. Aqueles que estudam e seguem seu exemplo de amor, trabalho, perdão, humildade e graça enquanto vivem em um mundo violento farão do mundo de hoje um lugar melhor.

Uma vida de serviço pode ser exaustiva e às vezes perigosa, mas não precisa levar ao esgotamento. Os galhos de uma árvore não lutam para produzir frutos — eles simplesmente permanecem conectados à árvore viva. Quando uma pessoa está com sede de água fresca em um deserto seco, ela encontra um poço e aciona a manivela de uma bomba repetidamente até que a água saia. Desde que a linha da bomba se estenda suficientemente fundo em águas doces, o uso da bomba produz água facilmente. A bomba é um instrumento para abençoar os necessitados e continua a funcionar independentemente de quantas vezes seja acionada. O segredo para se manter fresco para um serviço constante é permanecer conectado à fonte viva de água que sustenta a vida.

A vida cristã pode ser arriscada. Falar a verdade, principalmente para quem está no poder, é necessário para que o mundo seja um lugar melhor. Eu tive vários trabalhos em que falar a verdade a quem estava no poder acabou com a minha carreira. Mas isso também resultou em uma vida melhor para os indivíduos e para a sociedade. Ao longo da história, aqueles que falaram a verdade às vezes perderam seus empregos, foram presos e até mesmo foram mortos. Aqueles que permanecem conectados à fonte viva têm a coragem de falar a verdade em amor e defender o que é certo. Correr riscos pode levar ao fracasso aos olhos dos outros, mas Deus usa pessoas imperfeitas e suas fraquezas para realizar as mudanças desejadas. Dessa forma, Deus recebe a glória, e aqueles que obedecem a Deus nunca realmente falham.

Se este livro o levou a querer mais informações sobre a Bíblia e suas mensagens, considere a possibilidade de contar a um amigo de sua confiança que seja cristão sobre o motivo pelo qual deseja saber mais. Você também pode querer ler alguns Capítulos ou livros de uma das versões da Bíblia mencionadas no Apêndice C. Considere também entrar em contato com um ou dois pastores ou sacerdotes próximos a você e informe-os sobre seus interesses e o porquê de você estar entrando em contato. Pergunte quais eles acham que são as principais mensagens da Bíblia e sobre as reuniões que sua congregação tem. Considere participar de várias reuniões como visitante — cada reunião tem sua própria 'energia' e cultura, então veja o que parece certo para você. Coletivamente, essas etapas o ajudarão a continuar sua jornada e a decidir o que fazer a seguir.

APÊNDICES

APÊNDICE A

Livros da Bíblia

O número de 'capítulos' que cada livro contém está em parênteses.

**Antigo Testamento
(39 Livros)**

Gênesis (50)	Oséias (14)	
Êxodo (40)	Joel (3)	
Levítico (27)	Amós (9)	
Números (36)	Obadias (1)	
Deuteronômio (34)	Jonas (4)	
Josué (24)	Miqueias (7)	
Juízes (21)	Naum (3)	
Rute (4)	Habacuque (3)	
1 Samuel (31)	Sofonias (3)	
2 Samuel (24)	Ageu (2)	
1 Reis (22)	Zacarias (14)	
2 Reis (25)	Malaquias (4)	
1 Crônicas (29)		
2 Crônicas (36)		
Esdras (36)		
Neeemias (13)		
Ester (10)		
Jó (42)		
Salmos (150)		
Provérbios (31)		
Eclesiastes (12)		
Cânticos (8)		
Isaías (66)		
Jeremias (52)		
Lamentações (5)		
Ezequiel (48)		
Daniel (12)		

**Novo Testamento
(27 Livros)**

Mateus (28)
Marcos (16)
Lucas (24)
João (21)
Atos (28)
Romanos (16)
1 Coríntios (16)
2 Coríntios (13)
Gálatas (6)
Efésios (6)
Filipenses (4)
Colossenses (4)
1 Tessalonicenses (5)
2 Tessalonicenses (3)
1 Timóteo (6)
2 Timóteo (4)
Tito (3)
Filemom (1)
Hebreus (13)
Tiago (5)
1 Pedro (5)
2 Pedro (3)
1 João (5)
2 João (1)
3 João (1)
Judas (1)
Apocalipse (22)

APÊNDICE B

Cronologia dos Principais Personagens e Eventos Bíblicos

(datas aproximadas)

Velho Testamento	
Pré-história	
Adão e Eva	Criação do mundo
Noé	Grande dilúvio
Patriarcas (1850–1240 a.C.)	
Abraão e Sara	Promessas de se tornar o povo de Deus
Isaque e Rebeca	Isaque abençoa Jacó
Esaú, Jacó, Raquel, and Lia	Jacó parte e volta para Canaã
Jacó e seus 12 filhos	Jacó e sua família se mudam para o Egito
Moisés e Arão	Êxodo do Egito, Deus dá as leis
Josué	Israelitas entram e ocupam Canaã
Juízes e Opressores (1240–1050 a.C.)	
Débora e Baraque	Vitória sobre os cananeus de Hazor
Gideão	Vitória sobre os invasores do leste
Jefté	Vitória sobre os amonitas
Sansão	Vitória over os filisteus
Eli e Samuel	Batalhas contra os filisteus
Boaz e Rute	O filho do estrangeiro precede o futuro-rei
Reis (1050–930 a.C.)	
Saulo	Primeiro rei de Israel, com muitos defeitos
Davi	Herói e rei israelita mais significativo
Salomão	Rei sábio expande o território de Israel

Reino Dividido (930–586 a.C.)

Amós, Elias, Eliseu, Isaias	Israelitas no Reino do Norte escravizados pelos assírios (722 a.C.)
Isaías, Miqueias, Jeremias	Pessoas do Reino do Sul (Judá) exilados na Babilônia

Exílio e Retorno (586–400 a.C.)

Ezequiel e outros profetas	Judeus se estabelecem na Babilônia, muitos retornam
Daniel e Ester	Judeus exilados prosperam na Babilônia e na Pérsia
Esdras e Neemias	Jerusalém e o Templo são reconstruídos

Novo Testamento

O Nascimento e a Preparação de Jesus (5 a.C.-7 d.C.)

Maria, José e Jesus	Deus se torna humano
João Batista	Previsões do Messias se tornam realidade

O Ministério de Jesus (25–28 d.C.)

Doze discípulos	Milagres atraem grandes multidões
Líderes religiosos judeus	Novas ideias desafiam as regras existentes
Líderes políticos romanos	Jesus é morto, mas volta à vida

Líderes Espalham Boas-Novas (28–95 d.C.)

Doze discípulos	Notícias sobre Jesus se espalham em Israel
Saulo (Paulo)	As boas novas se estendem aos gentios
Crentes na Ásia e Europa	Apóstolos ajudam igrejas em dificuldades

Apêndice C

Sugestões de Leituras Complementares

Bíblias de Estudo incluem mais informações sobre a Bíblia para ajudar os leitores a entender as histórias e seus significados. Essas versões geralmente incluem mais informações históricas, mapas, glossários, índices, significados de palavras, notas sobre a Geografia, explicações dos personagens e eventos mencionados na Bíblia e listas de tipos específicos de conteúdo (por exemplo, parábolas, profecias, milagres). Algumas Bíblias de estudo incluem artigos informativos que fornecem mais contexto às histórias da Bíblia e tempos antigos.

Traduções parafraseadas da Bíblia mais legíveis foram criadas para ajudar os leitores a entender o que foi escrito. As melhores paráfrases estão listadas abaixo.

- The *New Testament in Modern English* escrita por J.B. Phillips, um clérigo anglicano. Esta tradução foi publicada pela primeira vez em 1958 usando grafias britânicas, e algumas edições não incluem números de versículos. Phillips não traduziu o Antigo Testamento para um texto mais legível.
- The *Good News Bible* é uma tradução da Bíblia pela American Bible Society. O Novo Testamento foi publicado originalmente em 1966 com o nome Good News for Modern Man. A Bíblia completa foi concluída em 1976. Ela usa uma linguagem simplificada que as crianças podem ler. Este livro também é conhecido como Tradução das Boas Novas e é usado em muitos países e por muitas denominações.
- *The Living Bible* foi criada em inglês por Kenneth Taylor em 1971 e foi traduzida para vários idiomas. Taylor o escreveu para que seus filhos entendessem o texto das histórias quando sua família lesse o livro juntos. Uma versão atualizada (*New Living Translation*) foi publicada em 1996.

- *The Message: The Bible in Contemporary Language* foi escrita por Eugene Peterson, um pastor e autor presbiteriano americano. Esta tradução usa modos americanos modernos de falar. A tradução de toda a Bíblia foi concluída em 2002.

Apêndice D

Glossário de Termos Importantes

E ste apêndice explica termos-chave (pessoas, locais geográficos, conceitos) discutidos em A Pequena Bíblia Simplificada. Eles aparecem em ordem alfabética no capítulo em que são mencionados pela primeira vez e não se repetem nesta lista, mesmo que ocorram novamente em outro capítulo. Em alguns casos, mais de uma pessoa ou local tem o mesmo nome. Por exemplo, há várias pessoas que têm o nome de José e estão listadas separadamente no capítulo em que são mencionadas pela primeira vez.

INTRODUÇÃO

Cânone	A coleção de documentos contidos na Bíblia
Deus	Nome dado à força suprema do universo que tem três partes; às vezes chamado de Senhor
Graça	Um presente ou favor não merecido
Israel	Canaã, área onde os israelitas (judeus) viviam
Israelitas	O povo escolhido do Deus de Israel
Senhor	Outra palavra para Deus
Palestina	Nome atual de Canaã, a Terra Prometida ('Terra Santa')
Oração	Uma forma de interação humana com um poder divino
Espírito	Uma parte de Deus (Espírito Santo)

PARTE 1: ANTIGO TESTAMENTO

Capítulo 1   O Começo

Abel	Segundo filho nascido de Adão e Eva, morto por Caim
Abrão/Abraão	Homem que viveu em Ur e se mudou para Canaã com sua esposa, Sarai/Sara; primeiro pai dos judeus
Adão	Primeiro homem criado por Deus que viveu no Jardim do Éden com Eva

Anjos	Seres cósmicos que podem ser bons ou maus e às vezes interagem com humanos
Aser	Filho de Jacó e Zilpa
Berseba	Cidade desértica no sul de Canaã e local de nascimento de Isaac
Bila	Serva de Raquel e esposa de Jacó que teve dois filhos (Dan e Naftali)
Caim	Primeiro filho nascido de Adão e Eva que matou seu irmão Abel
Canaã	Terra prometida a Abrão e hoje chamada de Palestina ('Terra Santa')
Aliança	Acordo feito entre Deus e o povo de Deus
Dan	Filho de Jacó e Bila
Diná	Filha de Jacó e Lia
Egito	Grande império localizado a sudoeste da Palestina e uma área frequentemente visitada pelos israelitas em tempos de crise
Esaú	Filho mais velho de Isaque e Jacó, perdeu o direito de primogenitura e a bênção de seu irmão Jacó, casou-se com mulheres estrangeiras e saiu de casa para morar em Edom
Eva	Primeira mulher criada por Deus, viveu no Jardim do Éden com Adão
Dilúvio	Catástrofe usada por Deus para destruir todos os humanos, que terminou com um arco-íris, significando que Deus nunca destruirá todos os humanos novamente
Gade	Filho de Jacó e Zilpa
Jardim do Éden	Lar idílico de Adão e Eva antes de pecarem
Agar	Serva egípcia de Sara que deu à luz a Ismael (Abraão era o pai)
Harã	Área no norte da Mesopotâmia que era o lar de Rebeca, Labão e suas filhas Raquel e Lia
Isaque	Filho de Abraão e Sara ('filho da promessa') que teve dois filhos (Esaú e Jacó)
Ismael	Filho de Abraão e Agar que vivia a leste do rio Jordão
Issacar	Filho de Jacó e Lia
Jacó	Filho mais novo de Isaque que obteve a primogenitura e a bênção de Esaú e que teve 12 filhos e uma filha com suas quatro esposas
José	Filho de Jacó e Raquel que se tornou um líder no Egito
Judá	Filho de Jacó e Lia
Labão	Irmão de Rebeca, pai de Raquel e sogro de Jacó

Lia	Uma das esposas de Jacó que teve seis de seus filhos
Levi	Filho de Jacó e Lia
Levites	Descendentes de Levi que eram sacerdotes ou trabalhavam para apoiar atividades religiosas
Naftali	Filho de Jacó e Bila
Noé	Homem fiel que construiu uma arca para salvar todas as criaturas vivas de um dilúvio maciço
Raquel	Esposa de Jacó que teve dois filhos (José e Benjamim)
Rebeca	Esposa de Isaque que teve dois filhos (Esaú e Jacó)
Rúben	Filho de Jacó e Lia
Sarai/Sara	Esposa de Abrão/Abraão
Satanás	Anjo do mal líder que foi expulso do céu e o 'príncipe deste mundo' que perde a batalha final com Deus pelo controle do universo (também chamado de diabo)
Simão	Filho de Jacó e Lia
Ur	Cidade no sul da Mesopotâmia e sul da Babilônia, onde Abrão e Sarai viveram antes de se mudarem para Canaã
Zebulom	Filho de Jacó e Lia
Zilpa	Esposa de Jacó que teve dois filhos (Gade e Aser)

Capítulo 2	**Jacó Retorna a Canaã**
Benjamim	Filho de Jacó e Raquel e o filho mais novo de Jacó
Edom	Região montanhosa a leste do extremo sul do Mar Salgado (também conhecida como Seir, que significa 'áspero') onde Esaú foi morar
Efraim	Filho mais novo de José e sua esposa egípcia, foi abençoado por Jacó
Gósen	Área fértil no norte do Egito, onde os israelitas se estabeleceram depois de deixar Israel durante uma época de fome
Israel	Nome dado a Jacó depois de lutar com um anjo antes de conhecer Esaú
Israelitas	Descendentes de Jacó
Manassés	Filho mais velho de José e sua esposa egípcia
Rio Nilo	Principal rio que atravessa o Egito para o norte
Faraó	Um rei egípcio

Potifar	Líder dos guarda-costas do Faraó
Siquém	Cidade nas colinas de Israel central, perto de Samaria

Capítulo 3	**A Vida no Egito**
Arão	O irmão mais velho de Moisés que se tornou o primeiro Sumo Sacerdote
Êxodo	A partida e as viagens dos israelitas do Egito após anos de tratamento severo
Hebraico	Língua falada pelos israelitas; uma palavra usada para indicar algo judaico
Jetro	Sacerdote midianita que ajudou Moisés
Midiã	Área sudeste da Península do Sinai e área leste da península, para onde Moisés foi inicialmente para escapar dos egípcios
Moisés	Filho de pais levitas e irmão mais novo de Arão; ele foi adotado pela filha de Faraó, levou os israelitas para fora do Egito e através do deserto, e foi o autor de vários livros da Bíblia
Páscoa	Celebração da noite em que Deus passou sobre as casas dos israelitas e matou os primogênitos de todas as outras famílias que viviam no Egito pouco antes do Êxodo
Deserto	Nome dado às áreas próximas e na Península do Sinai depois que os israelitas deixaram o Egito; um termo geral para descrever terras desoladas

Capítulo 4	**Os Israelitas Deixam o Egito**
Arca da Aliança	Uma caixa coberta com ornamentos que continha relíquias sagradas dos judeus
Josué	Líder que foi com Moisés ao Monte Sinai e foi um dos espiões que disse que Canaã poderia ser conquistada. Mais tarde liderou a invasão bem-sucedida de Canaã
Maná	Substância doce crocante ('pão') que aparecia no chão pela manhã durante os dias que os israelitas passaram no deserto
Monte Sinai	Montanha mais alta da Península do Sinai, localizada perto do extremo sul da península, onde Moisés conheceu Deus e recebeu os 10 mandamentos
Mar Vermelho	Grande corpo de água entre o Egito e a Arábia com dois ramos ao norte (Golfo de Acaba e Golfo de Suez)
Arrepender-se	O ato de reconhecer o erro e depois 'virar' em outra direção para buscar a ação correta e mais apropriada
Sábado	O último dia da semana, um dia de descanso

Tabernáculo	Uma rede de tendas e pátios móveis que Deus habitou antes da construção do Templo em Jerusalém
Dez Mandamentos	Mandamentos de Deus dados a Moisés no Monte Sinai
Ano do Jubileu	O ano após sete ciclos de sete anos (a cada 50 anos) em que as dívidas são canceladas; termo usado nos escritos de Isaías que anunciavam a chegada do Messias

Capítulo 5	A Vida no Deserto
Calebe	Um dos dois espiões que disse que os israelitas poderiam conquistar Canaã e foi autorizado a entrar em Canaã
Jericó	Grande cidade murada ao noroeste do Mar Salgado
Nazireus	Pessoas que se dedicam a servir a Deus por um determinado período de tempo e concordam em não raspar a cabeça ou consumir qualquer tipo de uva ou tocar em um morto
Mar Salgado	Grande corpo de água salgada onde termina o rio Jordão (Mar Morto)

Capítulo 6	A Ocupação de Canaã
Ai	Cidade perto de Jericó onde várias batalhas se desenrolaram
Cidades de refúgio	Seis cidades administradas pelos levitas que ofereciam asilo e proteção para qualquer um que matasse involuntariamente uma pessoa (homicídio) até que seu caso fosse a julgamento
Gibeão	Área ao norte de Jerusalém cujo povo enganou os israelitas para que fizessem um acordo de paz
Hazor	Cidade poderosa no norte de Canaã
Hebrom	Cidade localizada cerca de 40 quilômetros ao sul de Jerusalém
Fenícia	Área ao norte da Palestina ao longo da costa do Mediterrâneo
Raabe	Prostituta que escondeu dois espiões israelenses em Jericó, mãe de Boaz
Siló	Cidade com significância religiosa no norte de Israel

Capítulo 7	Israel Luta em Canaã
Amonitas	Descendentes de Ben-Ami (filho de Ló) que viviam a leste do rio Jordão
Baal	Principal Deus local dos não-judeus que viviam em Canaã

Baraque	Homem que viveu no norte de Canaã que lutou com Débora para derrotar o exército de Hazor
Belém	Cidade perto de Jerusalém e local de nascimento de Jesus
Boaz	Marido de Rute, pai de Jessé e avô de Davi
Davi	Filho de Jessé que matou Golias, vivia em Jerusalém foi o segundo rei de Israel e pai de Salomão
Débora	Profetiza e juíza que liderou a batalha com Baraque para derrotar o exército de Hazor
Dalila	A namorada de Sansão que o fez revelar o segredo de sua força
Gideão	Profeta incomum que confirmou o chamado de Deus para combater os midianitas
Jefté	Líder incomum de Gileade que derrotou os amonitas, mas tragicamente matou seu único filho
Midianitas	Pessoas que viveram na região de Midiã (norte do Mar Vermelho)
Noemi	Sogra de Rute e parente de Boaz (marido de Rute)
Obede	Filho de Boaz e Rute e pai de Jessé
Orfa	Nora de Naomi (a outra era Rute)
Otoniel	Juiz e líder militar e irmão mais novo de Calebe que derrotou os inimigos do norte de Israel
Filisteus	Pessoas que vivem na Filístia, uma nação localizada na costa do Mar Mediterrâneo (sudoeste de Canaã)
Profeta	Uma pessoa que fala a verdade de Deus aos outros, muitas vezes aos que estão no poder, e que pode fazer previsões sobre o futuro
Rute	Nora moabita de Noemi que se casou com Boaz
Sansão	Herói judeu falho conhecido por sua força vinda de seus longos cabelos

Capítulo 8	Coroando um Rei Unificador
Ana	Mãe de Samuel
Jessé	Pai de Davi e neto de Boaz e Rute
Jônatas	Filho de Saul e amigo íntimo de Davi
Samuel	Importante profeta e juiz quando Israel escolheu seu primeiro rei
Saulo	Primeiro rei de Israel; o nome hebraico de Paulo

Capítulo 9	Rei Davi e Rei Salomão
Bate-Seba	Esposa de Urias que se tornou esposa de Davi e mãe de Salomão
Cidade de Davi	Outro nome para Jerusalém, onde Davi serviu como rei
Damasco	A cidade mais importante da Síria, a nordeste da Palestina
Jeroboão	Funcionário que trabalhou para Salomão, que se tornou o primeiro rei do Reino do Norte
Natã	Profeta que confrontou Davi sobre seu relacionamento com Bate-Seba
Fenícios	Pessoas que moravam na Fenícia
Roboão	O filho de Salomão que se tornou o primeiro rei do Reino do Sul
Salomão	Filho de Davi e Bate-Seba, que se tornou um sábio rei de Israel, construiu o Templo em Jerusalém e foi autor de vários livros do Antigo Testamento
Templo	Edifícios e pátios em Jerusalém onde os judeus honravam e adoravam a Deus
Urias	O marido de Bate-Seba cuja morte em batalha foi planejada por Davi
Sião	Outro nome para Jerusalém por causa de sua colina chamada Monte Sião

Capítulo 10	O Reino Dividido
Acabe	Rei no Reino do Norte, marido de Jezabel
Acazias	Rei no Reino do Sul, filho de Jeorão
Amós	Profeta no Reino do Norte
Babilônia	Maior cidade da Mesopotâmia (perto da atual cidade de Bagdá)
Elias	Principal profeta no Reino do Norte
Eliseu	Profeta que foi proeminente no Reino do Norte depois que Elias desapareceu
Gentios	Pessoas que não são judias
Oséias	Profeta no Reino do Norte
Emanuel	Um nome dado ao Messias ('Deus conosco')
Isaías	Grande profeta que escreveu para ambas as partes do reino dividido
Israel	Nome dado ao Reino do Norte

Jeorão	Rei no Reino do Sul que compartilhou seu reinado com seu pai Josafá
Josafá	Rei no Reino do Sul que compartilhou seu reinado com seu filho Jeorão
Jezabel	Esposa cruel do rei Acabe
Manassés	Rei com o reinado mais longo no Reino do Sul e filho de Ezequias
Miqueias	Profeta para o Reino do Sul
Naamã	Sírio que foi curado de uma doença de pele por Eliseu
Samaria	Área no norte da Palestina habitada em grande parte por não-judeus

Capítulo 11	Os Dois Reinos Caem
Edomitas	Pessoas que viviam em Edom (uma área a sudeste de Canaã)
Habacuque	Profeta no Reino do Sul
Ezequias	Rei no Reino do Sul
Jeremias	Profeta no Reino do Sul
Judeus	Outra palavra para os israelitas (não-gentios)
Joel	Profeta no Reino do Sul
Jonas	Profeta aos assírios que evitou o chamado de Deus indo para a Espanha
Josias	Rei no Reino do Sul
Mesopotâmia	Área geral com terras férteis ao longo dos rios Tigre e Eufrates (atualmente no Iraque)
Naum	Profeta no Reino do Sul
Nínive	Capital da Assíria
Obadias	Profeta no Reino do Sul
Samaritanos	Pessoas que viviam em Samaria e eram desprezadas pelos judeus
Sofonias	Profeta no Reino do Sul

Capítulo 12	Vida no Exílio, depois Restauração
Abede-Nego	Homem fiel treinado na Babilônia e um dos três judeus que sobreviveram queimados em uma fornalha
Aramaico	Dialeto sírio amplamente utilizado no Oriente Próximo para conduzir negócios e diplomacia; uma língua usada na Palestina, além do hebraico
Artaxerxes	Rei na Pérsia, filho de Xerxes

Ciro, o Grande	Rei persa durante o tempo em que os israelitas estavam no exílio
Daniel	Líder religioso e político que viveu na Babilônia e sobreviveu sendo jogado aos leões
Ester	Esposa judia do rei persa Xerxes
Ezequiel	Profeta judeu incomum que viveu na Babilônia
Esdras	Líder judeu que viveu no exílio na Babilônia e que obteve permissão para que os judeus retornassem à Palestina
Ageu	Profeta para os judeus que retornaram à Palestina e defendeu a reconstrução do Templo
Hamã	Primeiro-ministro da Pérsia que tentou se livrar de todos os judeus
Magos	Sacerdotes do Zoroastrismo
Malaquias	Profeta para aqueles que vivem na cidade reconstruída de Jerusalém e o último profeta que viveu durante o período do Antigo Testamento
Misael	Homem fiel treinado na Babilônia e um dos três judeus que sobreviveram a serem queimados em uma fornalha
Mardoqueu	Tio de Ester que viveu na Pérsia
Neemias	Judeu que serviu como copeiro do rei persa e voltou a Jerusalém para reconstruir seus muros e portões
Sadraque	Homem fiel treinado na Babilônia que foi um dos três judeus que sobreviveram a serem queimados em uma fornalha
Xerxes	Rei persa durante o tempo de Ester e Mardoqueu
Zacarias	Profeta para os judeus que retornaram à Palestina e que defendeu a reconstrução do Templo
Zoroastrismo	Religião persa

Capítulo 13	**Livros Únicos no Antigo Testamento**
Bildade	Um dos personagens do livro de Jó que diz a Jó por que ele está sofrendo
Eliú	Um dos personagens do livro de Jó que diz a Jó por que ele está sofrendo
Elifaz	Um dos personagens do livro de Jó que diz a Jó por que ele está sofrendo
Jó	Personagem principal do livro de Jó que sofre muito, mesmo sendo fiel a Deus
Salmos	Livro de poesia do Antigo Testamento; um tipo de poesia judaica (Salmo)
Provérbios	Livro de literatura sapiencial do Antigo Testamento; ditados sábios

| Társis | Uma cidade na Espanha para onde Jonas fugiu em vez de ir para Nínive |
| Zofar | Um dos personagens do livro de Jó que diz a Jó por que ele está sofrendo |

PARTE 2: NOVO TESTAMENTO

Capítulo 14   A Chegada do Messias

Alexandre, o Grande	Líder grego que conquistou grande parte do mundo e ajudou a ampliar a influência da cultura grega antes da época de Jesus
André	Um dos primeiros discípulos de Jesus, pescador e irmão de Simão
Bartolomeu	Um dos 12 discípulos (também conhecido como Natanael)
César Augusto	Imperador romano na época do nascimento de Jesus que ordenou um censo
Cafarnaum	Cidade no Mar da Galileia, no norte da Palestina, onde Jesus viveu durante seu ministério
Cristo	Palavra grega para Messias, outra palavra para Jesus
Discípulos	Pessoas que aprendem com um mestre; homens que viajaram com Jesus
Essênios	Judeus que se retiraram do mundo e viveram vidas simples perto do Mar Salgado
Gabriel	Anjo que revelou o nascimento de João a Zacarias e o nascimento de Jesus a Maria
Galileus	Pessoas que viviam no norte da Palestina e eram vistas com desprezo porque muitas vezes se casavam com não-judeus e não gostavam dos forasteiros que viviam em suas comunidades
Evangelho	'Boas novas' sobre o presente gratuito de Jesus, a vida eterna
Grego	Língua falada e escrita na Grécia e em toda e além da região do Mediterrâneo durante o tempo de Jesus; uma pessoa da Grécia
Hanukkah	Celebração judaica para relembrar a vitória sobre os gregos em 142 a.C.
Helenistas	Judeus que seguiam as tradições gregas
Herodes	Rei romano encarregado da Palestina na época do nascimento de Jesus
Herodes Antipas	Governador romano da Galileia quando Jesus estava vivo
Herodianos	Judeus que seguiam as tradições e crenças romanas
Tiago	Pescador e irmão de João que foi um dos 12 discípulos de Jesus e posteriormente autor de um livro bíblico

Jesus	Filho de Maria e José e a forma humana de Deus que nasceu em Belém e que recebeu muitos nomes. Cumpriu as previsões do Antigo Testamento sobre o Messias (Cristo)
João	Pescador e irmão de Tiago que esteve entre os primeiros discípulos de Jesus e que escreveu vários livros contidos na Bíblia
João Batista	Profeta incomum e amigo de Jesus que preparou os israelitas para o ministério de Jesus
José	O pai de Jesus
Lucas	Médico gentio e companheiro de viagem de Paulo que escreveu um livro (Lucas) sobre a vida de Jesus e um livro (Atos) sobre o que aconteceu entre os discípulos depois que Jesus deixou a terra
Maria	A mãe de Jesus
Messias	O Ungido que foi predito para salvar os judeus de seus opressores (Cristo em grego)
Nazaré	Cidade na Galileia 110 quilômetros ao norte de Jerusalém e cidade natal de Jesus
Pedro	Primeiro discípulo escolhido por Jesus que se tornou o líder da igreja (também conhecido como Simão e Simão Pedro)
Fariseus	Líderes religiosos judeus influentes que aderiram de perto às leis de Moisés
Filipe	Um dos 12 discípulos de Jesus que mais tarde pregou em vários lugares da Palestina
Rabino	mestre religioso ou erudito judeu
Romano	Pessoas que lideraram um vasto império que durou mais de 500 anos em grande parte da Europa, norte da África e partes do sudoeste da Ásia
Roma	Maior cidade da Itália e centro do Império Romano
Saduceus	Pequeno grupo de líderes religiosos judeus influentes que enfatizavam a moralidade em vez de obedecer às regras religiosas
Sinédrio	Um grupo diversificado de líderes judeus que vigiavam a vida religiosa dos judeus e tinham poderes para puni-los
Escribas	Pessoas que escreveram documentos importantes (muitas vezes de natureza religiosa) e eram especialistas em direito
Mar da Galileia	Um lago muito grande no norte de Israel (também conhecido como Lago Tiberíades)
Simeão	Um homem velho que Deus prometeu que veria o Messias
Simão	Discípulo também chamado Pedro ou Simão Pedro

Sinagoga	Local de culto para os judeus e aqueles que acreditam no judaísmo
Zacarias	Sacerdote que se casou com Isabel e tornou-se pai de João Batista em idade avançada
Zelotes	Judeus que se rebelaram contra as potências estrangeiras que ocuparam a Palestina e estavam dispostos a lutar e morrer por sua causa

Capítulo 15	Atos de Jesus
Abismo	Um espaço muito profundo e vasto, uma palavra que descreve o inferno
Apóstolo	Um mensageiro de Deus
Belzebu	Outra palavra para Satanás/diabo
Caná	Vila onde ocorreu o casamento em que Jesus transformou água em vinho
Joana	Mulher que administrava a casa de Herodes e sustentava Jesus e os discípulos financeiramente
Judas	Um dos 12 discípulos e meio-irmão de Jesus que escreveram o livro Judas
Judas Iscariotes	Homem com experiência financeira que foi discípulo e entregou Jesus aos líderes judeus
Lázaro	Bom amigo de Jesus que ressuscitou dos mortos
Marta	Irmã de Maria Madalena e Lázaro
Maria Madalena	Mulher que ajudou Jesus, irmã de Lázaro e Marta, e a primeira pessoa a ver Jesus após sua ressurreição (muitas vezes chamada de Maria)
Mateus	Judeu cobrador de impostos, também conhecido como Levi, que se tornou um dos 12 discípulos de Jesus
Nain	Cidade na Galileia onde Jesus ressuscitou um homem dentre os mortos
Nicodemos	Judeu religioso que conheceu Jesus secretamente e ajudou a enterrá-lo após a crucificação
Parábola	Uma história simples contada para transmitir uma mensagem importante
Ressurreição	Quando uma pessoa volta à vida depois de estar morta
Jovem governante rico	Homem que perguntou a Jesus o que ele deve fazer para ter a vida eterna
Simão, o Zelote	Um dos 12 discípulos originais de Jesus
Susana	Mulher que sustentou Jesus e os discípulos financeiramente

Thomas	O discípulo que duvidou que Jesus voltou à vida
Zaqueu	Cobrador de impostos judeu que subiu em uma árvore para ver Jesus

Capítulo 16	Ensinamentos de Jesus
Regra de Ouro	Parte do Sermão da Montanha (Mateus 7:12) que Jesus disse resumir a mensagem do Antigo Testamento
Bom Samaritano	Parábola contada por Jesus sobre um samaritano que cuidou de um homem que foi atacado em uma estrada perigosa depois que judeus devotos não fizeram nada para ajudar o homem
Filho Pródigo (Pai Pródigo)	Parábola sobre um homem que tem dois filhos, o mais novo dos quais pede sua herança cedo e a desperdiça em uma vida selvagem, mas é generosamente recebido em casa mais tarde por um pai amoroso
Sermão da Montanha	O mais longo conjunto consecutivo de ensinamentos de Jesus no início de seu ministério, que inclui 'as bem-aventuranças' e a oração do Senhor (o texto completo é encontrado em Mateus 5–7)

Capítulo 17	Prisão, Julgamento e Execução
Barrabás	Israelita rebelde que foi libertado em vez de Jesus
Getsêmani	Jardim onde Jesus orou antes de sua prisão e onde sua prisão ocorreu
Gólgota	Colina em Jerusalém onde Jesus foi morto na cruz ('lugar da caveira')
José	Um homem de Arimateia que permitiu que Jesus fosse enterrado em seu novo túmulo
Última Ceia do Senhor	'Refeição' comemorativa consistindo de pão e vinho que os cristãos tomam com outros crentes para lembrar o corpo e o sangue de Jesus dados por seus seguidores (também conhecido como a Última Ceia com Jesus e seus discípulos algumas horas antes de Jesus ser preso)
Pôncio Pilatos	Governador romano da Judeia quando Jesus estava vivo

Capítulo 18	Vida Após a Morte
Emaús	Aldeia perto de Jerusalém onde Jesus conversou com dois homens após sua ressurreição
José	Um dos filhos de Maria, mãe de Jesus (ela também teve filhos chamados Tiago, Simão e Judas)
Matias	Homem selecionado para ser o décimo segundo discípulo para substituir Judas Iscariotes

Testemunha	Uma pessoa que observa um evento e às vezes conta aos outros sobre isso (mártir, em grego)

Capítulo 19	**Os Apóstolos Respondem e Espalham**
Ananias	1. Homem que vendeu terras, mas mentiu sobre o preço de venda; 2. Homem em Damasco que ajudou Saulo (Paulo) a recuperar a visão
Antióquia	Cidade na costa no canto nordeste do Mar Mediterrâneo, onde os crentes foram chamados pela primeira vez de cristãos (atualmente na Síria)
Ásia Menor	Região localizada na atual Turquia
Barnabé	Cristão judeu que viajou e pregou com Paulo
Igreja	Um grupo de cristãos, palavra usada para descrever todos os cristãos
Cornélio	Soldado romano que mandou chamar Pedro, resultando em novas formas de pensar os gentios e as regras judaicas
Diáconos	Pessoas escolhidas para ajudar a administrar as funções de apoio de uma igreja
Dorcas	Mulher cristã idosa que foi ressuscitada dos mortos por Pedro
Gamaliel	Fariseu que convenceu o Sinédrio a não matar os apóstolos
Jope	Cidade na costa do Mediterrâneo onde Pedro ressuscitou Dorcas dos mortos antes que Cornélio o chamasse
Lida	Cidade onde Pedro curou um homem paralítico por oito anos
Paulo	Fariseu que perseguiu os cristãos até sua dramática conversão e mais tarde se tornou o principal evangelista para os gentios (também conhecido como Saulo, seu nome hebraico)
Pentecostes	Após a ascensão de Jesus, o dia em que o Espírito deu aos crentes a capacidade de falar em outra língua; um dia celebrado pelos cristãos
Safira	Esposa de Ananias que vendeu terras, mas mentiu sobre o preço de venda
Saulo	Nome hebraico de Paulo
Shavuot	Grande festival judaico realizado 50 dias após o segundo dia da Páscoa (também o dia em que os cristãos celebram o Pentecostes)
Simão	Um curtidor que morava em Jope onde Pedro se hospedou antes de visitar Cornélio
Estêvão	Um dos diáconos originais que foi martirizado depois de falar com o Sinédrio
Tarso	Cidade costeira no sul da Turquia e lar de Saul/Paulo

O Caminho	Termo dado inicialmente ao movimento religioso baseado nos ensinamentos de Jesus

Capítulo 20	**As Viagens de Paulo**
Apolo	Estudioso judeu e cristão de Alexandria, Egito
Áquila	Fazedor de tendas judeu que viajou com Paulo e pregou em Corinto e Éfeso, casado com Priscila
Artemis	Deusa da fertilidade em Éfeso
Atenas	Maior cidade e capital da Grécia
Bereia	Cidade na Macedônia (norte da Grécia) onde Paulo, Silas e Timóteo pregaram para uma população judaica bem-educada
Corinto	Uma cidade portuária perto de Atenas, onde Paulo pregou e viveu 18 meses
Concílio de Jerusalém	Líderes cristãos judeus que debateram a exigência de circuncisão por cristãos gentios
Derbe	Cidade na Ásia Menor onde Paulo e Barnabé pregaram
Efésios	Pessoas que moravam na cidade de Éfeso
Éfeso	Maior cidade na costa ocidental da Ásia Menor (perto da atual Izmir)
Galácia	Região na Turquia central onde Paulo pregou e enviou cartas
Hermes	Um dos deuses da antiga religião grega
Icônio	Cidade na Ásia Menor onde Paulo e Barnabé pregaram
Jasão	Homem que hospedou os apóstolos em Tessalônica e foi preso
Lídia	Mulher de negócios que se tornou cristã em Filipos
Listra	Cidade na Ásia Menor onde Paulo e Barnabé pregaram
Macedônia	Uma área ao norte da Grécia
Perga	Cidade na costa sul da Turquia
Filipos	Uma grande cidade na Macedônia
Antioquia da Pisídia	Cidade na Ásia Menor onde Paulo e Barnabé pregaram
Priscilla	Fazedor de tendas judeu que viajou com Paulo e pregou em Corinto e Éfeso e se casou com Áquila
Silas	Companheiro de viagem de Paulo
Tessalonicenses	Pessoas que vivem na cidade macedônica de Tessalônica

Tessalônica	Grande capital da Macedônia
Timóteo	Companheiro de viagem de Paulo, Silas e Lucas, que mais tarde se tornou o bispo de Éfeso
Zeus	O deus supremo na religião grega antiga

Capítulo 21	**De Jerusalém a Roma**
Agripa	Rei romano da Palestina que Festo consultou sobre o caso de Paulo
Creta	Grande ilha grega no mar Mediterrâneo
Félix	Governador romano de Cesareia que ouviu o caso contra Paulo e o manteve na prisão
Festo	Governador romano de Cesareia que substituiu Félix e ouviu o apelo de Paulo para ser julgado em Roma (também conhecido como Porcius Festus)
Malta	Pequena ilha perto da costa sul da Itália, onde o navio de Paulo naufragou enquanto ele viajava para Roma
Marcos	Judeu cristão que viajou com Paulo e Barnabé e depois com Pedro; ele escreveu o primeiro livro sobre a vida de Jesus
Nero	Imperador romano que matou cristãos durante o primeiro século d.C.

Capítulo 22	**Cartas de Paulo aos Crentes**
Colossos	Cidade na Ásia Menor perto de Laodiceia cujos cristãos receberam uma carta de Paulo
Colossenses	Pessoas que viviam em Colossos (localizado na Turquia central)
Frutos do Espírito	A lista de Paulo das fortes evidências de que o espírito de Deus está vivo em uma pessoa (Gálatas 5:22–23)
Capítulo de Amor	Parte da carta de Paulo aos crentes de Corinto (1 Coríntios 13)
Onésimo	Escravo fugitivo que se tornou cristão na prisão, retornou ao seu mestre (Filemom) e tornou-se bispo de Éfeso
Tito	Grego gentio que viajou com Paulo e Barnabé e se tornou o líder da igreja na ilha de Creta

Capítulo 23	**Outras Cartas aos Crentes**
Gnosticismo	Crença de que toda a matéria é má e só o espírito é bom

Hebreus	Nome de um livro do Novo Testamento escrito para os judeus
Filemom	Gentio convertido por Paulo que liderou uma igreja doméstica em Colossos, e que aceitou seu escravo fugitivo (Onésimo) a pedido de Paulo

Capítulo 24	Previsões Sobre o Futuro
Anticristo	Falso profeta que engana os judeus durante a tribulação final
Apocalipse	Eventos relacionados ao fim dos tempos
Armagedom	Local de uma batalha final descrita em Apocalipse (hebraico para 'montanha de Megido')
Besta	Um poder maligno que se opõe aos cristãos em Apocalipse
Domiciano	Imperador romano que se considerava um deus
Laodiceia	Cidade rica na Ásia Menor
Miguel	Líder de um exército de anjos em uma batalha celestial contra Satanás e demônios, como descrito em Apocalipse
Milênio	Um período de mil anos de paz descrito no Apocalipse que ocorre antes do julgamento final
Patmos	Ilha grega perto de Éfeso onde João escreveu Apocalipse
Arrebatamento	O ato dos cristãos de irem para o céu
Apocalipse	Último livro da Bíblia, que contém literatura apocalíptica (o título grego significa 'revelação')
Sete Cidades	Cidades mencionadas no livro do Apocalipse
Tiatira	Cidade na Ásia Menor que foi uma das sete igrejas mencionadas em Apocalipse
Tribulação	Prazo para um período de intensa perseguição aos cristãos antes do julgamento final

EPÍLOGO

Grande Comissão	Ordem de Jesus para que seus seguidores fizessem discípulos em todas as nações

Apêndice E

Referências das Escrituras

As seções de citações deste livro são paráfrases das escrituras encontradas nas versões do Antigo e do Novo Testamento. A maioria das citações são mais próximas da Nova Versão Internacional (NVI) da Bíblia e estão listadas na ordem em que aparecem neste livro. Aspas exatas são indicadas por um asterisco (*) e são frases curtas usadas em muitas versões.

Capítulo	Livro Bíblico, Capítulo, Versículo		
1	Gênesis	12	2–3
1	Gênesis	22	12, 18
1	Gênesis	27	28–29
2	Gênesis	45	4–11
2	Gênesis	46	3–4
3	Êxodo	2	7
3	Êxodo	3	4–22
3	Êxodo	4	1–4, 6–17, 22–23
3	Êxodo	5	1
4	Êxodo	19	3–6
4	Êxodo	20	1–17
4	Êxodo	21	12–18, 23–24
4	Êxodo	22	18–25, 29–30
4	Êxodo	23	1–4, 8–10
4	Êxodo	32	26
4	Levítico	17	11
4	Levítico	19	18
5	Números	6	24–26*
5	Números	11	14–15

5	Números	13	17–20
5	Números	14	8–9, 11–12, 15–20, 29–34
5	Números	16	29–30
5	Números	33	51–53, 55–56
5	Deuteronômio	4	25–27, 29–31
5	Deuteronômio	6	4–5
5	Deuteronômio	9	5–6
5	Deuteronômio	11	18–19, 26–29
5	Deuteronômio	30	2, 6, 10–12, 15–16, 19
6	Josué	24	14–15
7	Juízes	16	28
7	Rute	1	16–17
7	Rute	2	10–13
8	1 Samuel	1	11, 17
8	1 Samuel	10	24
8	1 Samuel	15	22–23
8	1 Samuel	16	7
8	1 Samuel	17	34–36, 45–46
8	1 Samuel	18	7
9	2 Samuel	7	9–10, 12–16
9	2 Samuel	12	1–14
9	1 Reis	8	25, 27, 41–43, 46–51
10	1 Reis	18	27, 36, 39
10	2 Reis	6	16–17
10	Oséias	12	6
10	Isaías	1	11, 13, 15–17
10	Isaías	28	16–17
10	Isaías	17	13
10	Isaías	40	31
10	Isaías	42	16
10	Isaías	43	1–2, 19
10	Isaías	53	3–5, 7, 9–12

10	Isaías	57	21
10	Isaías	58	1–10
10	Isaías	61	1–3
10	Isaías	2	2–4
10	Miqueias	6	8
10	Miqueias	7	18
11	Jeremias	1	4, 7–8
11	Naum	1	3, 7
11	Habacuque	2	4
11	Lamentações	3	22–23, 25
12	Jeremias	29	5–7
12	Ezequiel	36	22–27
12	Ezequiel	37	24
12	Daniel	2	27–28, 47
12	Daniel	3	16–18
12	Daniel	6	16, 22
12	Ageu	2	4–7, 9
12	Zacarias	2	4
12	Zacarias	7	9–14
12	Zacarias	8	16, 23
12	Ester	3	8–9
12	Ester	4	16
12	Malaquias	3	1–7
12	Malaquias	4	6
13	Provérbios	3	35
13	Provérbios	1	7, 20–23, 33
13	Provérbios	4	23–27
13	Provérbios	6	6–11
13	Provérbios	10	1–5, 8–9, 12–13
13	Provérbios	15	1–4
13	Provérbios	22	1–2, 6, 9, 16
13	Provérbios	25	21–22

13	Eclesiastes	1	2*, 9, 14*
13	Eclesiastes	3	1–8
13	Jó	1	1, 3, 21
13	Jó	2	9, 10
13	Jó	19	25–26
13	Jó	27	4–6
13	Jó	38	4–5, 19, 24–25
13	Jonas	4	2–3, 8, 10–11
13	Cânticos	8	6
13	Salmos	1	1–6
13	Salmos	23	1–6
13	Salmos	100	1–5
14	Lucas	1	13–19, 28*, 30–33, 35–36
14	Lucas	1	42, 45, 69–77
14	Mateus	1	20–23
14	Lucas	2	10–12, 14
14	Lucas	2	29–31, 34–35
14	Mateus	2	15
14	Lucas	2	48–49
14	Mateus	3	2, 3
14	Lucas	3	4–5, 7–9
14	João	1	23
14	Lucas	3	11, 14
14	Lucas	3	16–17
14	João	1	29
14	Mateus	3	14–15, 17
14	Mateus	4	3–4
14	Lucas	4	3, 4, 6–12
14	Mateus	4	6–10
14	Mateus	4	17
14	Lucas	4	18–19, 21

14	Lucas	4	23–29
14	Lucas	4	34–35
14	Lucas	5	5
14	Lucas	5	8
14	João	1	46–47
15	João	4	9–26, 29
15	João	3	2–21
15	Lucas	7	43–50
15	João	12	8
15	Lucas	19	8–10
15	Lucas	18	22–27
15	João	2	4, 10
15	Mateus	9	5–6
15	Marcos	2	9–11
15	Lucas	7	6–8
15	Mateus	8	10, 13
15	Marcos	8	24
15	João	5	8*, 14
15	Lucas	8	45–48
15	Mateus	15	24–28
15	Mateus	12	25–28, 31
15	Mateus	8	29, 32
15	Lucas	8	28, 30
15	João	11	21–22, 25–27, 39, 41–43
15	Lucas	5	31–32, 34–38
15	João	2	16–20
15	Lucas	20	3–4
15	Mateus	14	28, 31
15	Mateus	8	26
15	Lucas	10	5*
15	Mateus	11	3–5, 10, 18–19
16	Mateus	15	7–10, 17–20

16	Marcos	7	6–18, 21–23
16	Mateus	23	25–26
16	Lucas	11	39, 41
16	Marcos	2	25–27
16	Mateus	12	3–7, 11–12
16	Lucas	6	9
16	Lucas	10	27–37
16	Lucas	15	3–10
16	Lucas	15	22–24, 29–32
16	Lucas	14	16–24
16	Mateus	20	12–16
16	Mateus	18	23–35
16	Mateus	13	3–8, 18–23
16	Mateus	5	3–10*
16	Mateus	5	11–16, 21–24, 27–30, 38–47
16	Mateus	6	1–4, 19–20, 25–27, 33–34
16	Mateus	7	1–5
16	Mateus	7	12–27
16	Mateus	7	7–11
16	Mateus	11	25–30
16	João	8	19, 31–32
16	João	6	30–31
16	João	6	32–40, 51
16	João	6	53–58
16	João	6	68–69
16	Mateus	10	37–38
16	Lucas	14	26–33
16	Mateus	10	16–23, 28, 32–33, 39
16	Mateus	25	21, 26–27, 34–45
16	Lucas	18	10–14
16	Mateus	23	4–7, 23, 27–36
16	Lucas	11	46, 52

16	Lucas	20	45–47
16	Mateus	21	31–32, 38–43
16	Marcos	12	14–17
17	João	6	35
17	João	11	25
17	João	10	1–18
17	João	11	47–50
17	Zacarias	9	9
17	Mateus	21	9*
17	João	13	8
17	João	13	12–15
17	Lucas	22	19
17	Mateus	26	26–28
17	Marcos	10	42–45
17	Mateus	26	2, 31–34
17	João	13	33–35, 37–38
17	João	14	2–12, 16–19, 26
17	João	15	1–8, 18–20, 25
17	João	16	33
17	Mateus	26	39–42, 45–46, 52–56
17	Mateus	26	63–68
17	Mateus	27	9
17	Mateus	26	73
17	Mateus	27	11, 13
17	Mateus	27	17–18, 20–23
17	João	19	7, 11
17	João	18	36–38
17	Lucas	23	14–15, 21
17	João	19	14–15, 30
17	Mateus	27	24–25, 29, 40–43
17	Lucas	23	34, 39–43, 46
17	Mateus	27	46, 54

17	João	19	25–27, 36–37
18	Lucas	24	5–7, 36–37
18	João	20	13–16
18	Lucas	24	17–24, 26
18	Lucas	24	36, 38–39
18	João	20	25–29
18	Lucas	24	44–49
18	Mateus	28	18–20
18	João	21	15–17*, 19*
18	Atos	1	7–8, 11
19	Atos	2	22–24, 30–32, 36, 38, 40
19	Atos	3	6, 12–16, 22–23
19	Atos	4	9–12
19	Atos	5	9
19	Atos	5	28–32, 35–39
19	Atos	6	1–4
19	Atos	7	56
19	Atos	9	4–6, 15, 17
19	Atos	8	32–33
19	Atos	10	15, 28–29, 34–36, 42–43
19	Atos	11	17
20	Atos	13	46–47
20	Atos	14	11*, 15–17
20	Atos	15	7–11, 14–20
20	Atos	16	17–18
20	Atos	16	28, 31
20	Atos	17	22–23
20	Atos	19	13–15, 28, 34
20	Atos	20	35
21	Atos	22	25
21	Atos	23	6, 11
21	Atos	26	17–18

21	Atos	28	26–28
22	Gálatas	5	14, 16–23
22	Gálatas	6	1–4, 9–10
22	1 Tessalonicenses	4	3, 11–12
22	1 Tessalonicenses	5	13–18
22	1 Coríntios	1	27
22	1 Coríntios	3	1–6, 10
22	1 Coríntios	5	9–13
22	1 Coríntios	7	9
22	1 Coríntios	2	16
22	1 Coríntios	9	19–23
22	1 Coríntios	10	13
22	1 Coríntios	14	18–19
22	1 Coríntios	12	16–24, 26
22	1 Coríntios	13	1–13
22	1 Coríntios	15	51–52, 54–55
22	2 Corintios	12	7, 9
22	Romanos	3	11–12, 20, 22–23
22	Romanos	5	12–17
22	Romanos	8	28, 31, 38
22	Romanos	5	3–4, 12, 17
22	Romanos	12	1–21
22	Romanos	13	1–7
22	Colossenses	1	15–20
22	Colossenses	2	20–23
22	Colossenses	3	5–10, 12–14
22	Colossenses	4	5–6
22	Efésios	2	1–6, 8–9, 11–22
22	Efésios	5	21–29
22	Efésios	6	1–9
22	Efésios	6	12
22	Filipenses	2	2–11

22	Filipenses	4	6–8, 11–13
22	1 Timóteo	6	6–10, 17–19
23	1 Pedro	2	9, 20
23	1 Pedro	3	3–4, 15
23	1 Pedro	4	8
23	1 Pedro	5	8–9
23	2 Pedro	1	5–8
23	Tiago	1	2–7, 13–17, 22, 26–27
23	Tiago	2	1–4, 8–9, 20–24
23	Tiago	4	4, 13–15
23	Tiago	5	1–5, 16
23	1 João	3	16–18
23	1 João	4	7–8, 18–21
23	Hebreus	1	1–4
23	Hebreus	4	12–15
23	Hebreus	10	24
23	Hebreus	11	1, 3, 8, 11, 13, 16, 26–40
23	Hebreus	12	1–2, 12
24	Mateus	24	6–23
24	Mateus	13	24–29
24	Apocalipse	3	15–17, 19–20
24	Apocalipse	5	5, 12
24	Apocalipse	19	6
24	Apocalipse	21	4–7
24	Apocalipse	22	12–13, 17, 20
Epílogo	Mateus	28	19–20

APÊNDICE F

Alinhamento com Livros da Bíblia

Os capítulos deste livro fornecem os pontos principais dos livros bíblicos mostrados na tabela abaixo (os números dos capítulos estão anotados quando é aplicável). Aqueles que lerem todos os livros bíblicos listados terão lido a Bíblia inteira.

Capítulo	Livros Bíblicos
1	Gênesis 1–31
2	Gênesis 32–48
3	Gênesis 48–50, Êxodo 1–12
4	Êxodo 13–40, Levítico
5	Números, Deuteronômio
6	Josué
7	Juízes, Rute
8	1 Samuel
9	2 Samuel, 1 Reis, 1–2 Crônicas
10	2 Reis, Amós, Oséias, Isaías, Miqueias
11	Jeremias, Joel, Sofonias, Obadias, Naum, Habacuque, Lamentações
12	Ezequiel, Daniel, Ageu, Zacarias, Ester, Esdras, Neemias, Malaquias
13	Provérbios, Eclesiastes, Jó, Jonas, Cânticos, Salmos
14	Lucas 1–5, João 1, Mateus 1–4
15	Lucas 5–10, 18–21; João 2–5, Mateus 8–9, 11–12, 14–15, 17
16	Lucas 11–21, João 6–9, Mateus 5–7, 10–25, Marcos
17	Lucas 22–23, João 10–19, Mateus 26–27
18	Lucas 24, João 20–21, Mateus 28, Atos 1
19	Atos 1–11
20	Atos 12–20
21	Atos 21–28

22	Gálatas, 1–2 Tessalonicenses, 1–2 Coríntios, Romanos, Colossenses, Efésios, Filipenses, Tito, Filemom, 1–2 Timóteo
23	1–2 Pedro, Tiago, Judas, 1–3 João, Hebreus
24	Mateus 13 e 24, Apocalipse

Apêndice G

Mapas

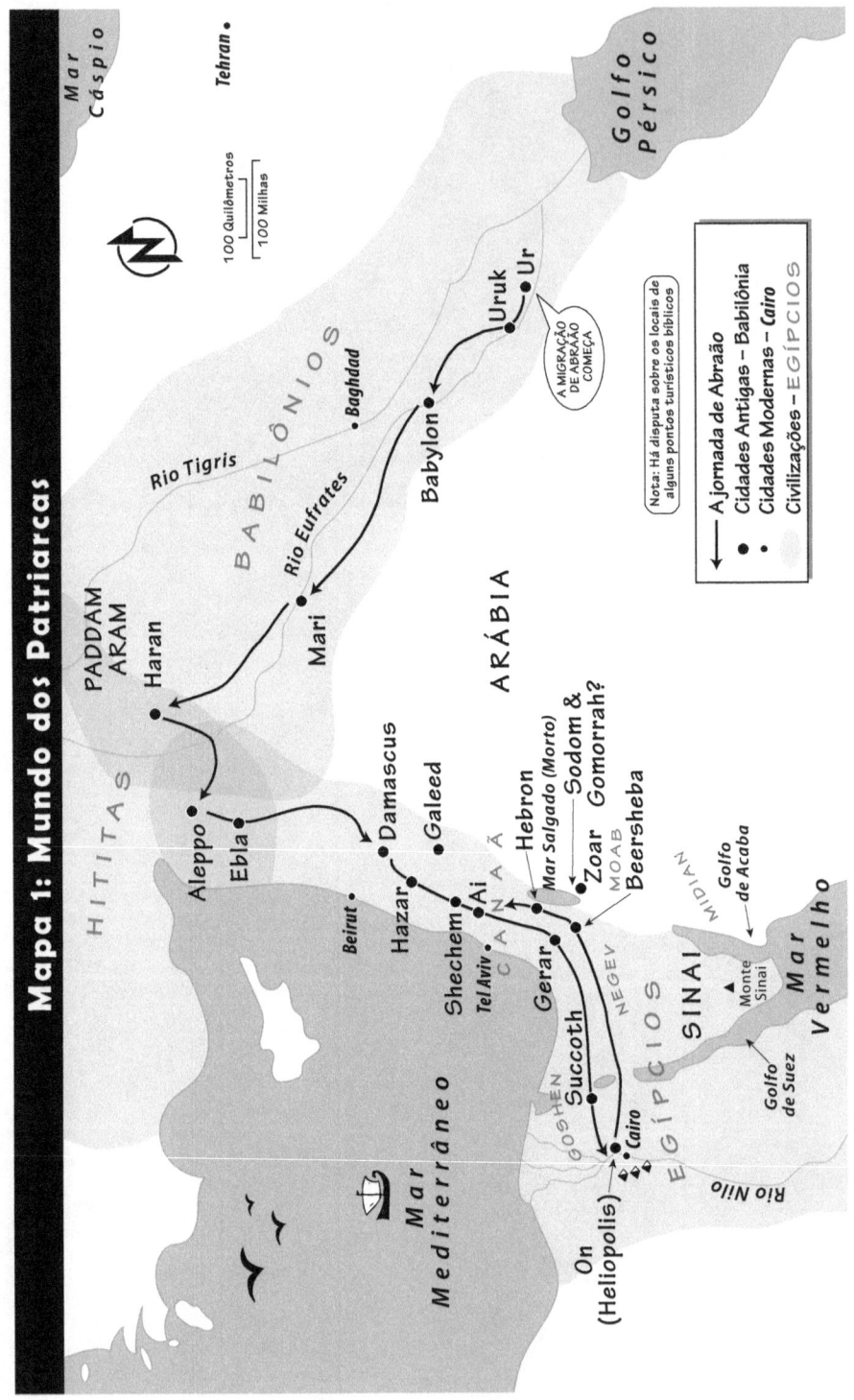

Mapa 1: Mundo dos Patriarcas

Mapa 2: Moisés e o Êxodo

Mapa 3: As 12 Tribos e a Conquista de Canaã

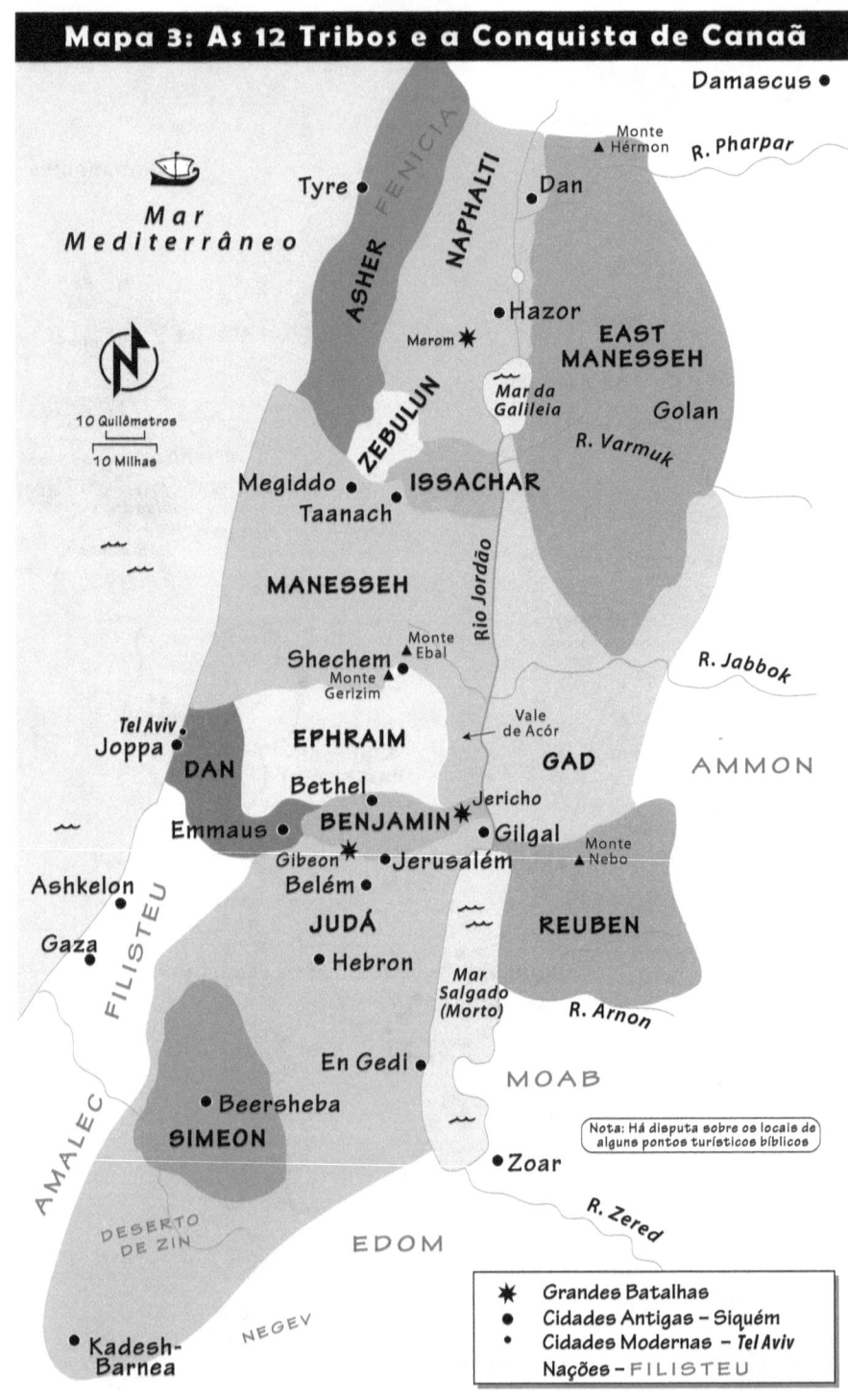

Damascus

Monte Hérmon

R. Pharpar

Tyre

FENÍCIA

ASHER

NAPHALTI

Dan

Mar Mediterrâneo

Merom

Hazor

EAST MANESSEH

Golan

Mar da Galileia

R. Varmuk

10 Quilômetros

10 Milhas

ZEBULUN

Megiddo

ISSACHAR

Taanach

Rio Jordão

MANESSEH

Monte Ebal

Shechem

Monte Gerizim

R. Jabbok

Tel Aviv

Joppa

EPHRAIM

Vale de Acór

GAD

AMMON

DAN

Bethel

Jericho

Emmaus

BENJAMIN

Gilgal

Monte Nebo

Gibeon

Jerusalém

Belém

Ashkelon

FILISTEU

JUDÁ

REUBEN

Gaza

Hebron

Mar Salgado (Morto)

R. Arnon

En Gedi

MOAB

Nota: Há disputa sobre os locais de alguns pontos turísticos bíblicos

Beersheba

SIMEON

Zoar

AMALEC

R. Zered

DESERTO DE ZIN

EDOM

NEGEV

Grandes Batalhas

Cidades Antigas – Siquém

Cidades Modernas – *Tel Aviv*

Nações – FILISTEU

Kadesh-Barnea

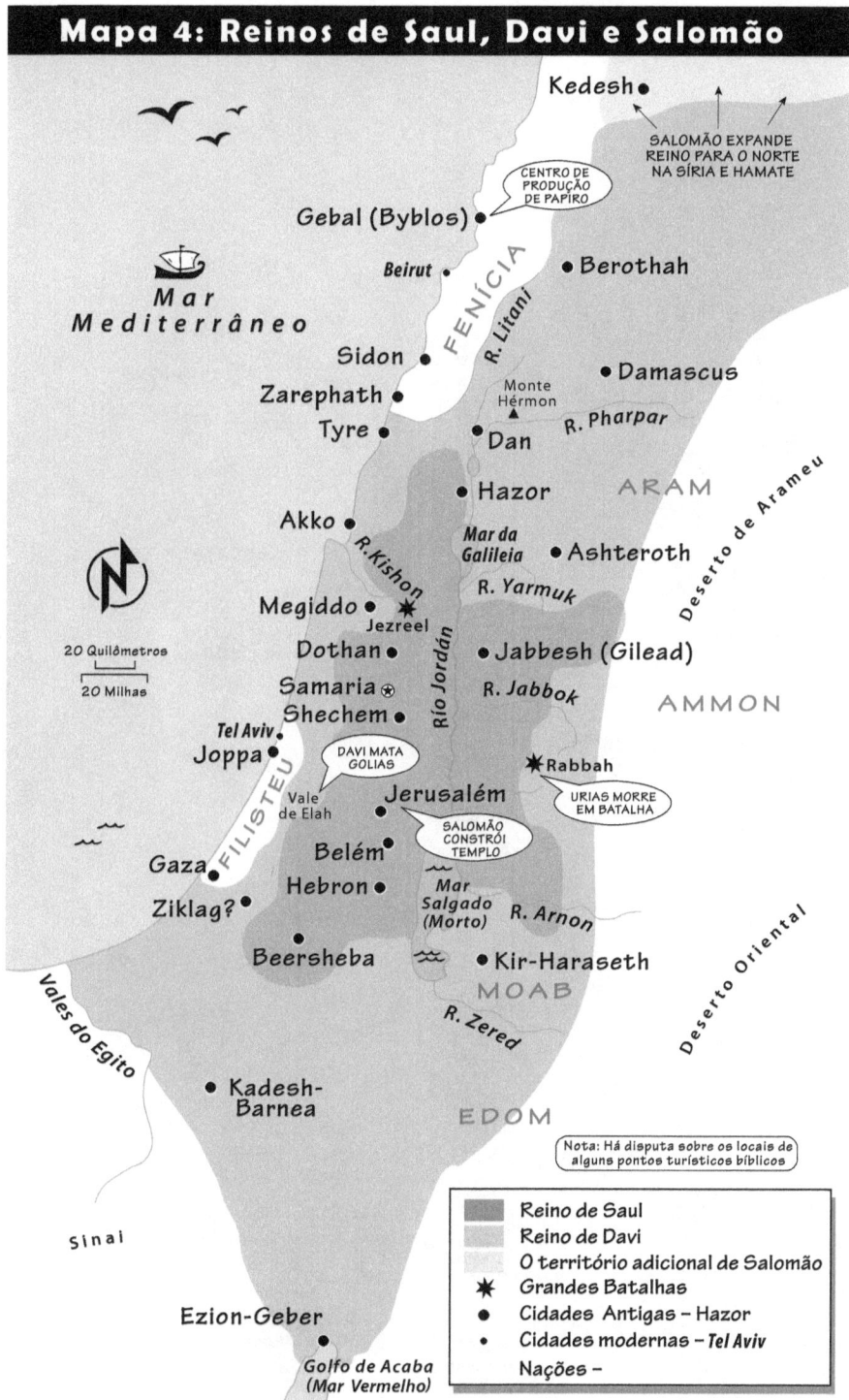

Mapa 4: Reinos de Saul, Davi e Salomão

Kedesh

SALOMÃO EXPANDE
REINO PARA O NORTE
NA SÍRIA E HAMATE

CENTRO DE
PRODUÇÃO
DE PAPIRO

Gebal (Byblos)

FENÍCIA

R. Litani

Beirut

Berothah

*Mar
Mediterrâneo*

Sidon

Damascus

Zarephath

Monte
Hérmon

R. Pharpar

Tyre

Dan

ARAM

Hazor

Deserto de Arameu

Akko

*Mar da
Galileia*

Ashteroth

Megiddo

R. Kishon

Jezreel

R. Yarmuk

20 Quilômetros

Dothan

Rio Jordán

Jabbesh (Gilead)

20 Milhas

Samaria

R. Jabbok

AMMON

Shechem

Tel Aviv

DAVI MATA
GOLIAS

Joppa

FILISTEU

Rabbah

Vale
de Elah

Jerusalém

URIAS MORRE
EM BATALHA

SALOMÃO
CONSTRÓI
TEMPLO

Belém

Gaza

Hebron

*Mar
Salgado
(Morto)*

Ziklag?

R. Arnon

Deserto Oriental

Beersheba

Kir-Haraseth

Vales do Egito

MOAB

R. Zered

Kadesh-
Barnea

EDOM

Nota: Há disputa sobre os locais de
alguns pontos turísticos bíblicos

Reino de Saul
Reino de Davi
O território adicional de Salomão
★ Grandes Batalhas
● Cidades Antigas – Hazor
• Cidades modernas – *Tel Aviv*
Nações –

Sinai

Ezion-Geber

*Golfo de Acaba
(Mar Vermelho)*

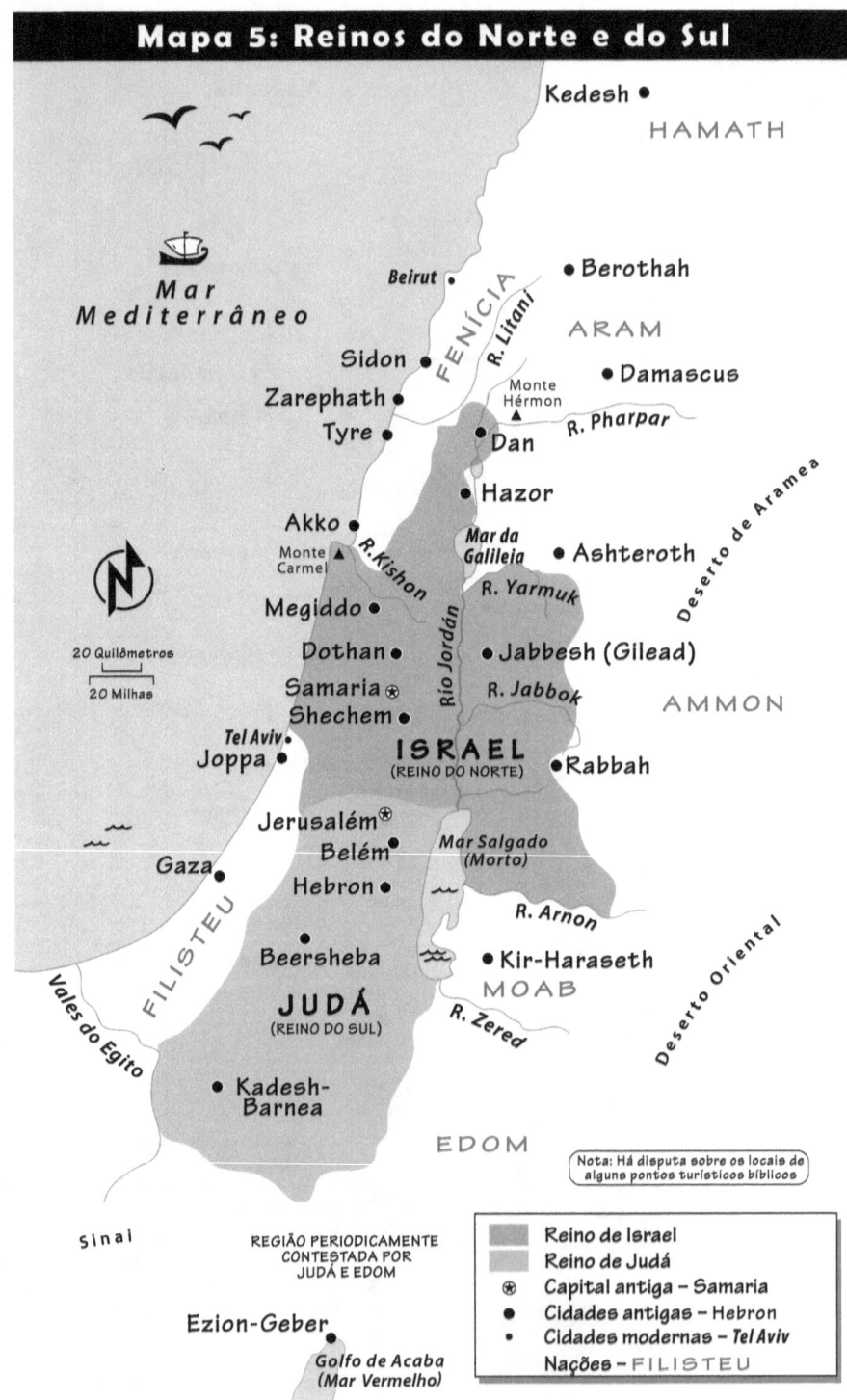

Mapa 5: Reinos do Norte e do Sul

Kedesh •

HAMATH

Mar
Mediterrâneo

Beirut

• Berothah

Sidon •

FENÍCIA

R. Litani

ARAM

• Damascus

Zarephath •

Monte
Hérmon

R. Pharpar

Tyre •

• Dan

• Hazor

Akko •

Mar da
Galileia

• Ashteroth

Monte
Carmel

R. Kishon

Deserto de Aramea

Megiddo •

R. Yarmuk

20 Quilômetros

Dothan •

Río Jordán

• Jabbesh (Gilead)

20 Milhas

Samaria ⊛
Shechem •

R. Jabbok

AMMON

Tel Aviv •
Joppa •

ISRAEL
(REINO DO NORTE)

• Rabbah

Jerusalém ⊛

Gaza •

Belém •

Mar Salgado
(Morto)

Hebron •

R. Arnon

Beersheba •

~

• Kir-Haraseth

JUDÁ
(REINO DO SUL)

MOAB

R. Zered

Deserto Oriental

EDOM

Nota: Há disputa sobre os locais de
alguns pontos turísticos bíblicos

Sinai

Vales do Egito

FILISTEU

REGIÃO PERIODICAMENTE
CONTESTADA POR
JUDÁ E EDOM

Reino de Israel
Reino de Judá
⊛ Capital antiga – Samaria
• Cidades antigas – Hebron
• Cidades modernas – Tel Aviv
Nações – FILISTEU

Ezion-Geber •

Golfo de Acaba
(Mar Vermelho)

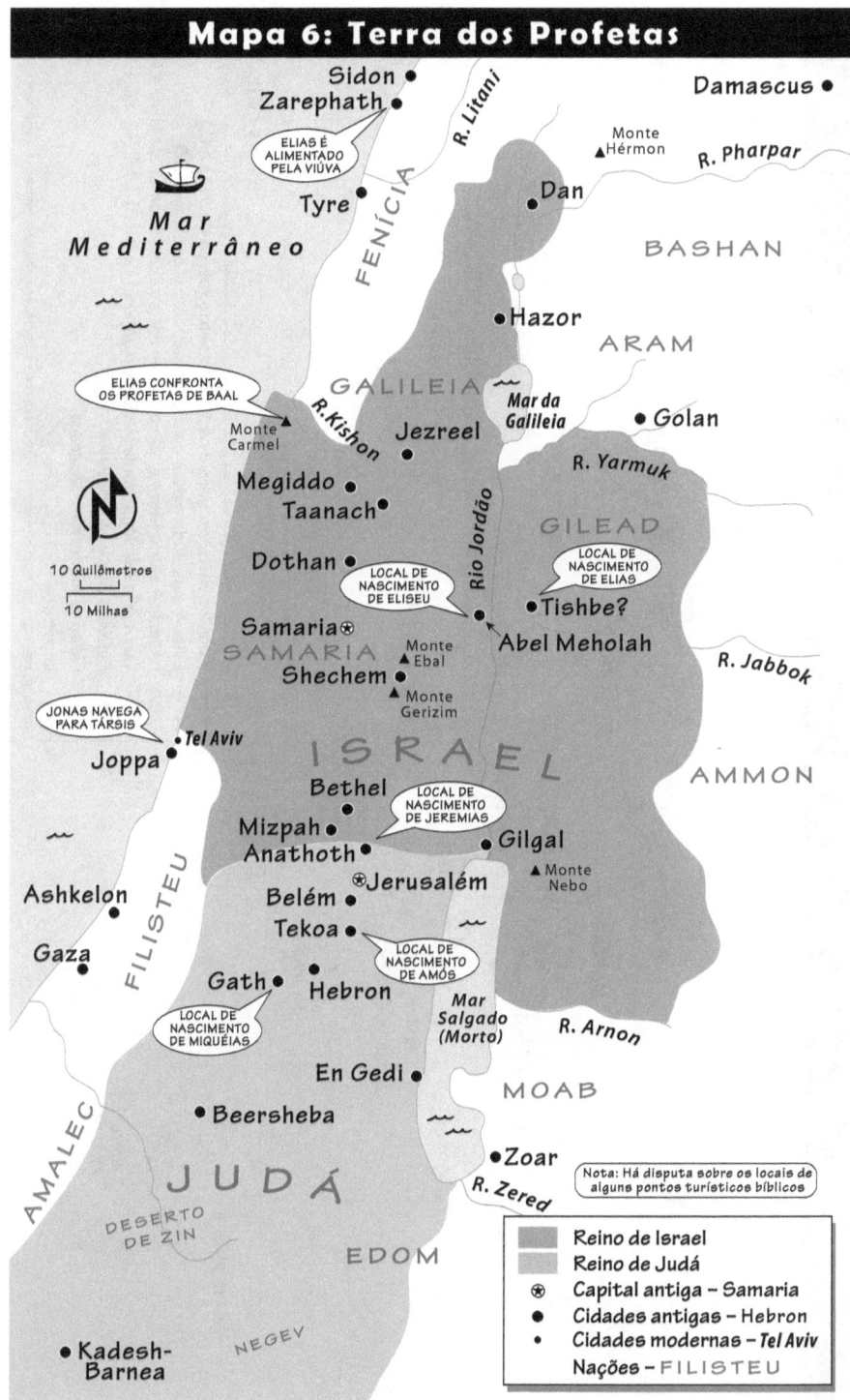

Mapa 6: Terra dos Profetas

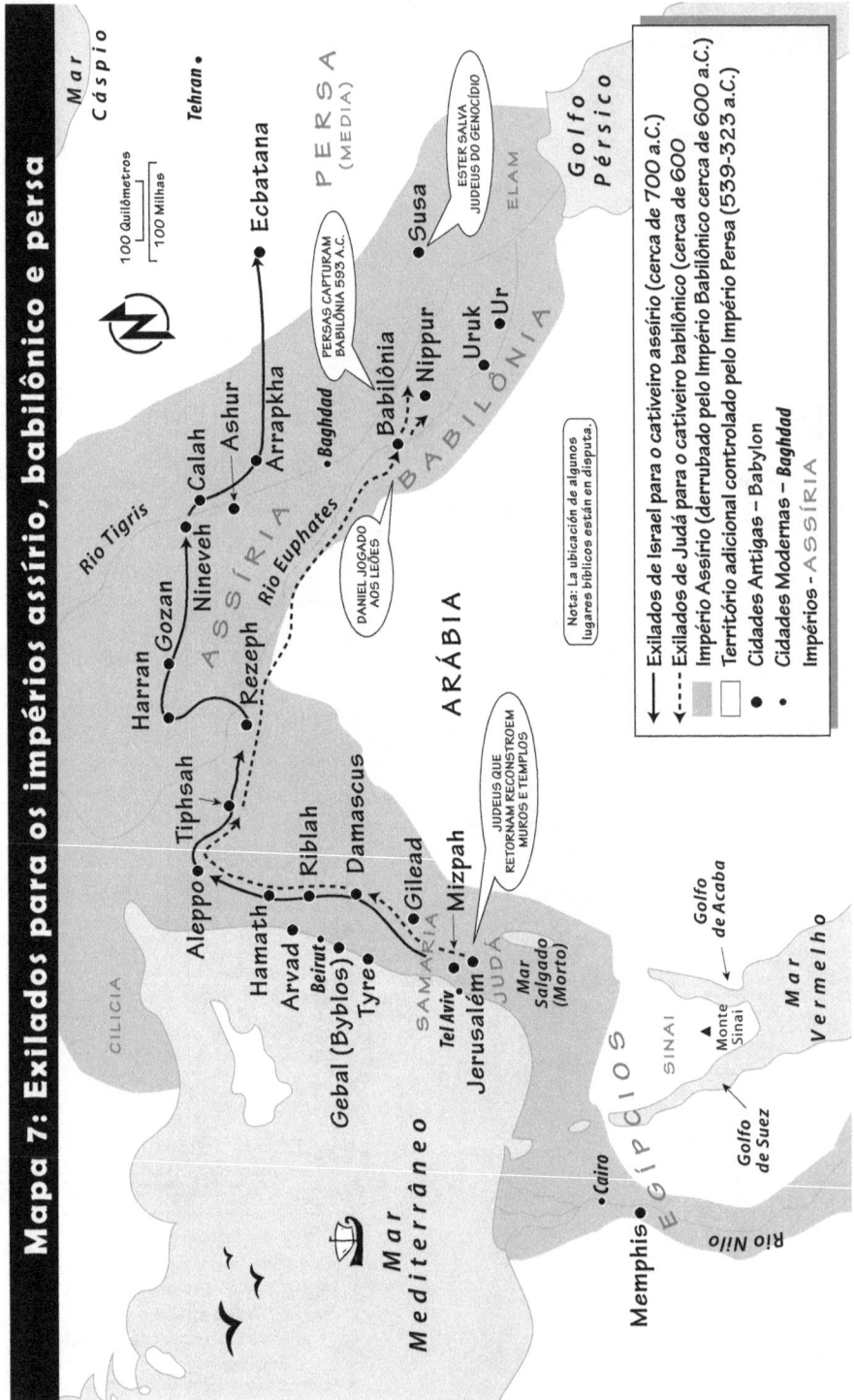

Mapa 7: Exilados para os impérios assírio, babilônico e persa

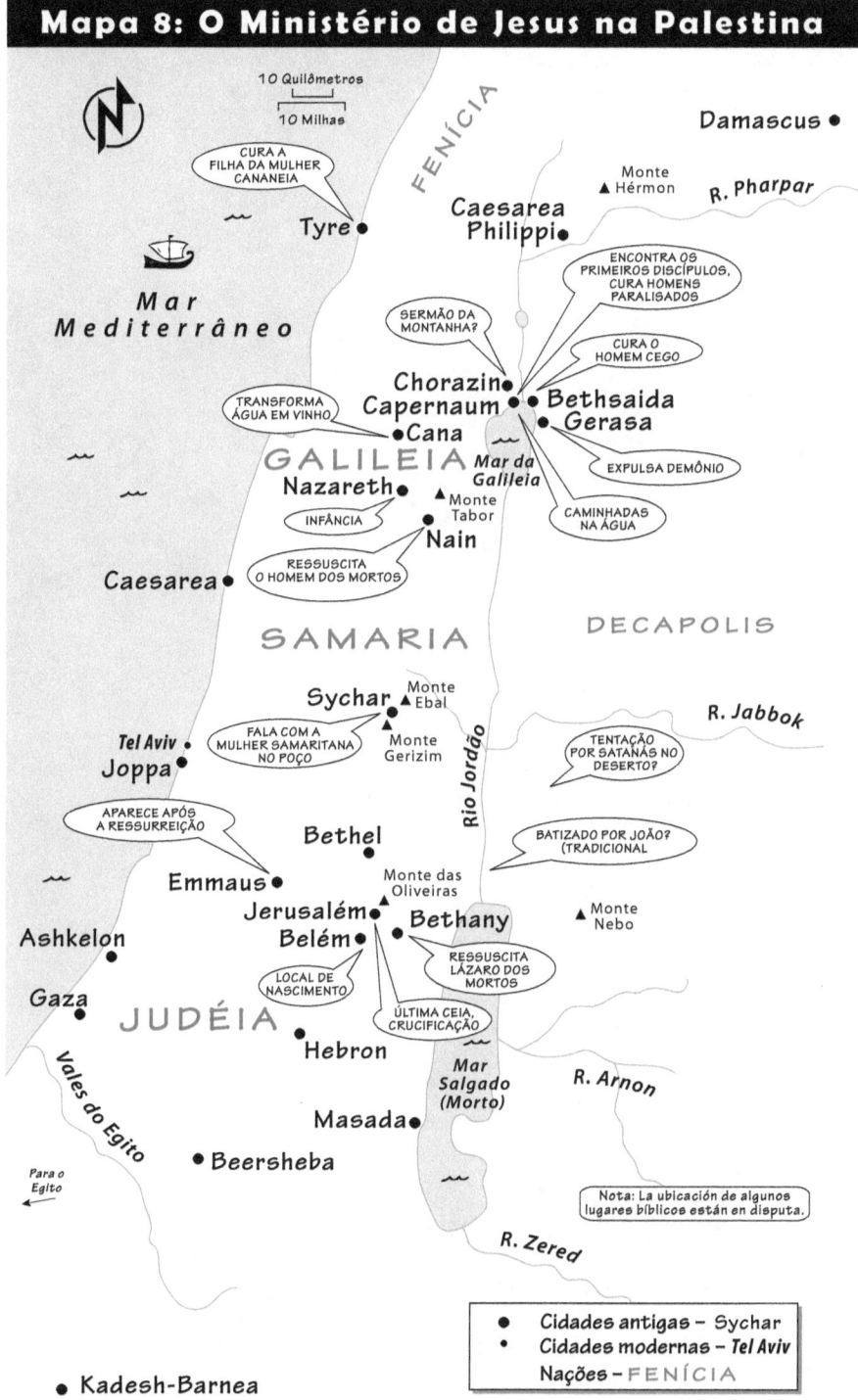

Mapa 8: O Ministério de Jesus na Palestina

10 Quilômetros
10 Milhas

Damascus ●

FENÍCIA

CURA A
FILHA DA MULHER
CANANEIA

Monte
▲ Hérmon

R. Pharpar

Caesarea
Philippi ●

Tyre ●

ENCONTRA OS
PRIMEIROS DISCÍPULOS,
CURA HOMENS
PARALISADOS

Mar
Mediterrâneo

SERMÃO DA
MONTANHA?

CURA O
HOMEM CEGO

Chorazin ●
Capernaum ● ● Bethsaida
● Cana ● Gerasa

TRANSFORMA
ÁGUA EM VINHO

GALILEIA Mar da
Galileia

EXPULSA DEMÔNIO

Nazareth ●
▲ Monte
Tabor

CAMINHADAS
NA ÁGUA

INFÂNCIA

Nain

Caesarea ●

RESSUSCITA
O HOMEM DOS MORTOS

SAMARIA

DECAPOLIS

Sychar ● Monte
▲ Ebal

R. Jabbok

FALA COM A
MULHER SAMARITANA
NO POÇO

Tel Aviv ●

Joppa ●

▲ Monte
Gerizim

Rio Jordão

TENTAÇÃO
POR SATANÁS NO
DESERTO?

APARECE APÓS
A RESSURREIÇÃO

Bethel ●

BATIZADO POR JOÃO?
(TRADICIONAL

Emmaus ●

Monte das
Oliveiras

▲ Monte
Nebo

Ashkelon ●

Jerusalém ●
Belém ●

▲

● Bethany

RESSUSCITA
LÁZARO DOS
MORTOS

Gaza ●

LOCAL DE
NASCIMENTO

JUDÉIA

ÚLTIMA CEIA,
CRUCIFICAÇÃO

Hebron ●

Mar
Salgado
(Morto)

R. Arnon

Masada ●

Vales do Egito

● Beersheba

Para o
Egito
←

Nota: La ubicación de algunos
lugares bíblicos están en disputa.

R. Zered

● Cidades antigas – Sychar
• Cidades modernas – Tel Aviv
Nações – FENÍCIA

● Kadesh-Barnea

Mapa 9: As primeiras viagens dos apóstolos

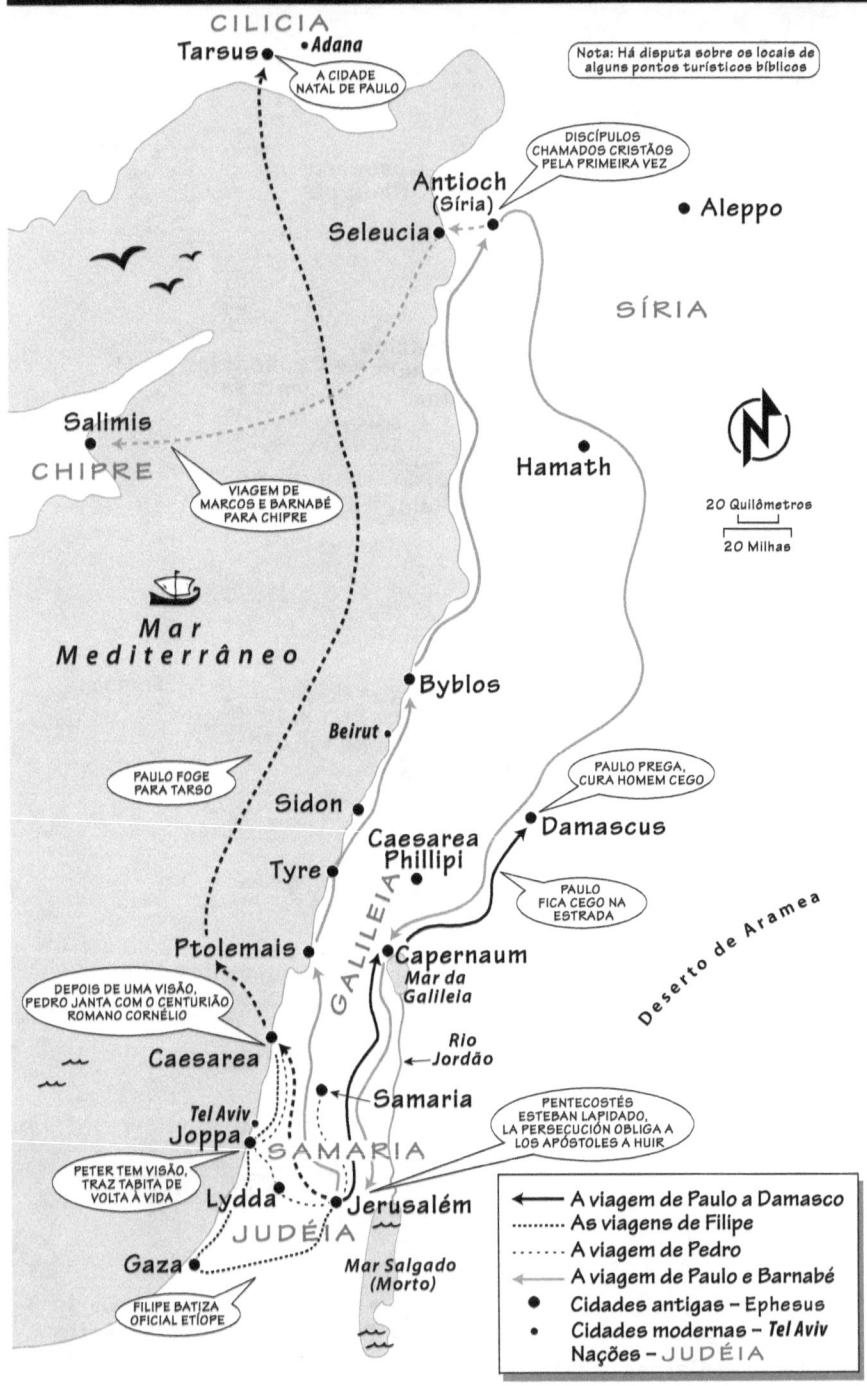

CILICIA
Tarsus • *Adana*

A CIDADE
NATAL DE PAULO

Nota: Há disputa sobre os locais de
alguns pontos turísticos bíblicos

DISCÍPULOS
CHAMADOS CRISTÃOS
PELA PRIMEIRA VEZ

Antioch
(Síria)

• Aleppo

Seleucia •

SÍRIA

Salimis

CHIPRE

VIAGEM DE
MARCOS E BARNABÉ
PARA CHIPRE

• Hamath

20 Quilômetros

20 Milhas

*Mar
Mediterrâneo*

• Byblos

Beirut •

PAULO FOGE
PARA TARSO

PAULO PREGA,
CURA HOMEM CEGO

Sidon •

Caesarea
Phillipi

• Damascus

Tyre •

PAULO
FICA CEGO NA
ESTRADA

GALILEIA

Deserto de Aramea

Ptolemais •

Capernaum

*Mar da
Galileia*

DEPOIS DE UMA VISÃO,
PEDRO JANTA COM O CENTURIÃO
ROMANO CORNÉLIO

*Rio
Jordão*

Caesarea •

• Samaria

Tel Aviv •

Joppa •

SAMARIA

PENTECOSTÉS
ESTEBAN LAPIDADO,
LA PERSECUCIÓN OBLIGA A
LOS APÓSTOLES A HUIR

PETER TEM VISÃO,
TRAZ TABITA DE
VOLTA À VIDA

Lydda •

• Jerusalém

JUDÉIA

Gaza •

*Mar Salgado
(Morto)*

FILIPE BATIZA
OFICIAL ETÍOPE

←	A viagem de Paulo a Damasco
·········	As viagens de Filipe
- - - -	A viagem de Pedro
←	A viagem de Paulo e Barnabé
•	Cidades antigas – *Ephesus*
•	Cidades modernas – *Tel Aviv*
	Nações – JUDÉIA

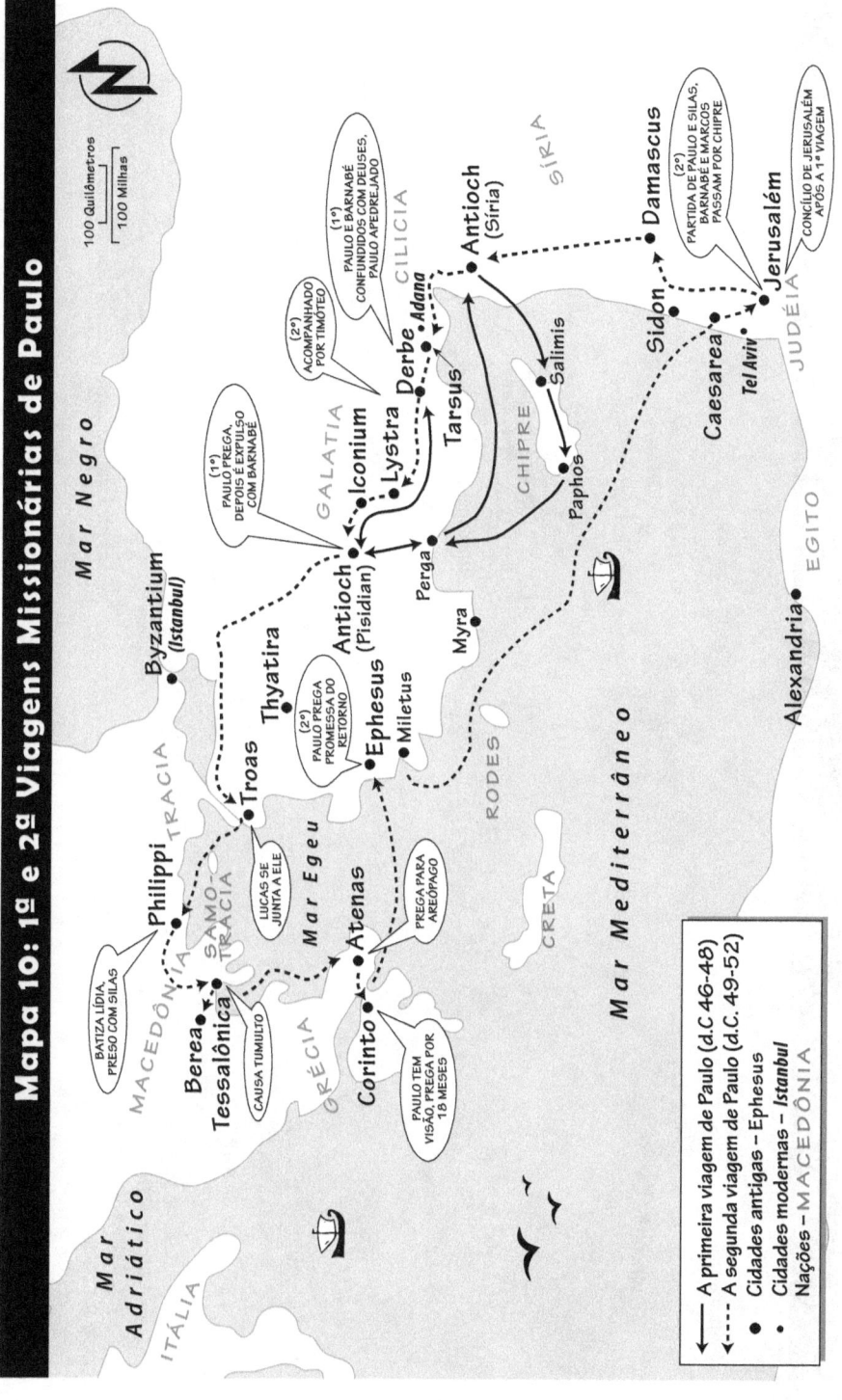

Mapa 10: 1ª e 2ª Viagens Missionárias de Paulo

100 Quilômetros
100 Milhas

Mar Negro

Mar Adriático

ITÁLIA

Byzantium *(Istanbul)*

TRÁCIA

Philippi

MACEDÔNIA

BATIZA LÍDIA, PRESO COM SILAS

SAMO TRÁCIA

Berea

Tessalônica

CAUSA TUMULTO

GRÉCIA

Troas

Thyatira

(2ª) PAULO PREGA PROMESSA DO RETORNO

Ephesus

Mileto

Mar Egeu

LUCAS SE JUNTA A ELE

Atenas

PREGA PARA AREOPAGO

Corinto

PAULO TEM VISÃO, PREGA POR 18 MESES

Antioch (Pisidian)

GALATIA

Iconium

Lystra

(1ª) PAULO PREGA, DEPOIS É EXPULSO COM BARNABÉ

(2ª) ACOMPANHADO POR TIMÓTEO

Derbe

Adana

(1ª) PAULO E BARNABÉ CONFUNDIDOS COM DEUSES, PAULO APEDREJADO

Perga

Myra

RODES

CRETA

Mar Mediterrâneo

CILICIA

Tarsus

Antioch (Síria)

SIRIA

Salimis

Paphos

CHIPRE

Damascus

(2ª) PARTIDA DE PAULO E SILAS, BARNABÉ E MARCOS PASSAM POR CHIPRE

Sidon

Caesarea

Tel Aviv

Jerusalém

CONCÍLIO DE JERUSALÉM APÓS A 1ª VIAGEM

JUDÉIA

EGITO

Alexandria

Mar Mediterrâneo

A primeira viagem de Paulo (d.C 46-48)
A segunda viagem de Paulo (d.C. 49-52)
Cidades antigas – Ephesus
Cidades modernas – *Istanbul*
Nações – MACEDÔNIA

287

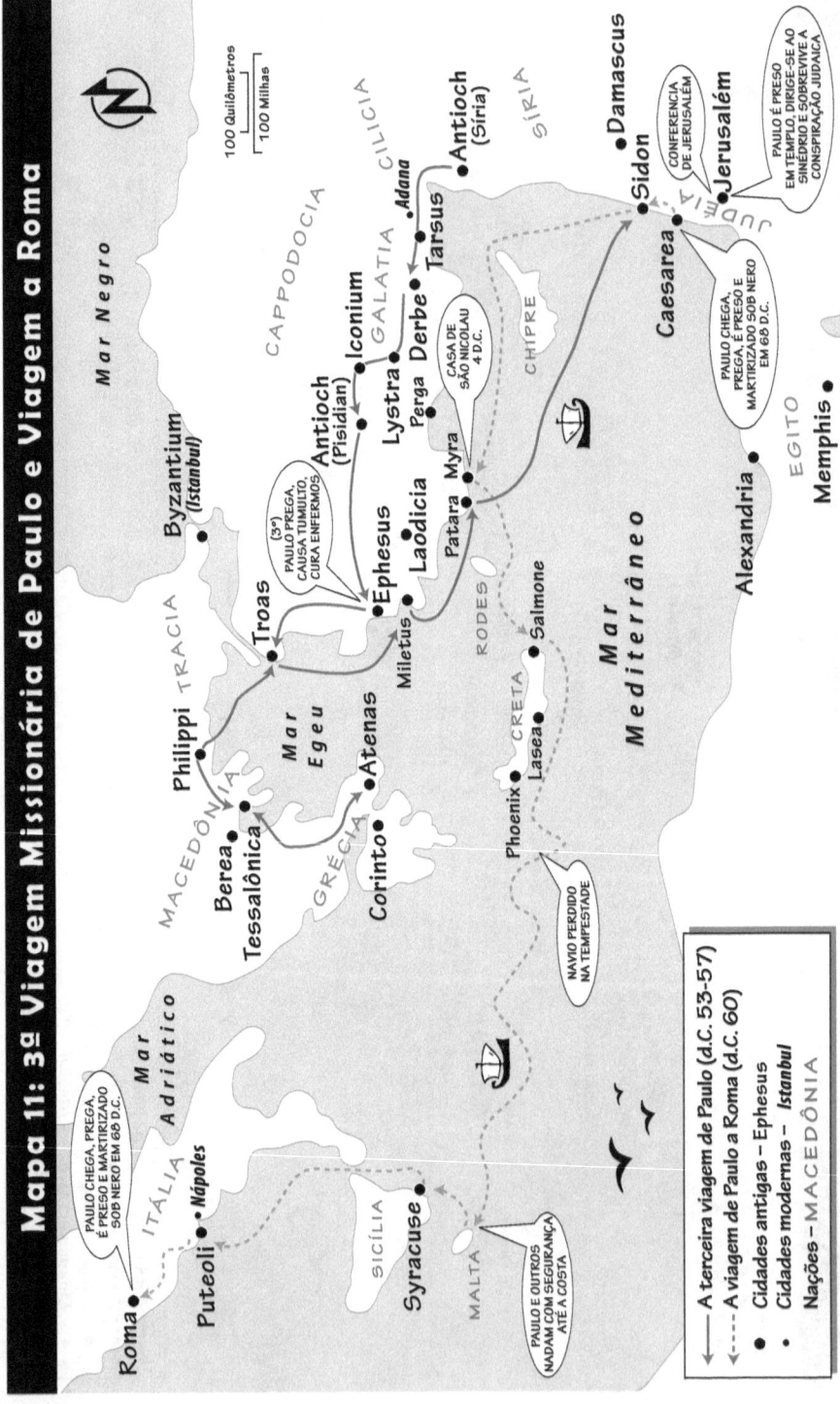

Mapa 11: 3ª Viagem Missionária de Paulo e Viagem a Roma